A LA FRANÇAISE

CORRECT FRENCH FOR ENGLISH SPEAKERS

A la française

Correct French
for
English Speakers

Marie Gontier Geno

UNIVERSITY
PRESS OF
AMERICA

Lanham • New York • London

Library of Congress Cataloging-in-Publication Data
Geno, Marie Gontier.
[Clef]
A la française : correct French for English speakers / Marie
Gontier Geno.
p.   cm.
English and French.
Originally published: Clef. Burlington, Vt. : IDC Publications, 1985.
Includes index.
1. French language—Textbooks for foreign speakers—English.
2. French language—Usage—Handbooks, manuals, etc.   I. Title.
[PC2129.E5G46   1992]   448.2'421—dc20   92–17766 CIP

ISBN 0–8191–8737–2 (pbk. : alk. paper)

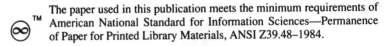

À mes étudiants

Sur l'Auteur

Venue de France aux Etats-Unis en 1960, Marie Geno a enseigné dans le département de français et à l'école française d'été de Middlebury College et, depuis 1966 fait partie du corps enseignant de l'Université du Vermont.

INTRODUCTION

A *la française*, qui traite des difficultés courantes du français pour anglophones, est le fruit de vingt-cinq ans d'enseignement de cette langue aux Etats-Unis à l'échelon universitaire. Parmi la collection impressionnante de fautes diverses commises par les étudiants de niveau intermédiaire et même avancé, un certain nombre sont particulièrement tenaces. Ce sont elles qui font l'objet de cet ouvrage. Bien d'autres auraient pu y figurer, mais, étant donné la nature du livre, une sélection s'imposait.

Puisque la langue de départ est l'anglais, toutes les entrées sont en anglais. Les difficultés, d'ordre grammatical et lexical, ne sont pas présentées en deux parties séparées, mais sont classées ensemble par ordre alphabétique pour rendre le manuel facile à consulter.

Les explications en français sont aussi concises que possible. Souvent des tableaux les remplacent, comme ceux des conjonctions de subordination ou ceux des pronoms personnels.

De nombreuses listes, comme celle des participes passés invariables ou celle des genres des noms géographiques, permettent de trouver rapidement des renseignements utiles.

Ce livre n'est ni une grammaire ni un dictionnaire. Chaque entrée est traitée en fonction des difficultés qu'elle présente. Les entrées grammaticales mettent essentiellement l'accent sur les différences entre l'anglais et le français. Ainsi, l'entrée sur les adverbes ne parle que de leur place par rapport aux verbes qu'ils modifient, et celle sur les articles met en relief les différences d'emplois dans les deux langues. Les entrées lexicales sont limitées aux problèmes de traduction qu'elles créent. Ainsi le verbe *to make* ne se traduit pas toujours par *faire* et l'entrée qui lui est consacrée offre une liste d'expressions courantes où il se traduit autrement. La terminologie grammaticale française utilisée est simplement expliquée dans des entrées comme: *clauses*, *functions* ou *moods*.

Les fautes d'orthographes typiques sont rassemblées dans l'entrée *spelling mistakes*.

De nombreux renvois permettent de compléter certaines questions et des astérisques marquent, tout au long de l'ouvrage, les mots qui font l'objet d'entrées particulières.

Le signe ⊖ est inspiré d'un panneau de signalisation routière internationale. Il indique un sens interdit (*do not enter* en anglais). De plus, en français, un *sens interdit* peut aussi vouloir dire *a forbidden meaning*. C'est à cause de ce jeu de mots qu'il a été choisi pour marquer les traductions interdites, les mots qui ne sont pas français, et les faux amis. Pour ces derniers, un index à la fin des entrées donne leur traduction correcte.

A la française peut être utilisé comme supplément d'un livre de composition ou de conversation, comme manuel de correction ou comme ouvrage de référence. Il s'adresse à tous les anglophones qui ont déjà une connaissance de base de la langue française 1) aux élèves de lycée ayant eu un minimum de trois ou quatre ans de français; 2) aux étudiants d'université, à partir du niveau intermédiaire; 3) et à tous ceux qui s'intéressent à la langue française, qu'ils l'utilisent professionnellement ou non.

A la française is the product of over twenty-five years of experience in teaching French at the university level in the United States. It is designed to help English speakers to overcome numerous and common difficulties in their study of French. An impressive collection of varied mistakes made by students at both intermediate and advanced levels has shown that certain problems arise with great frequency and tenacity; these form the *raison d'être* of this book. Many more could have appeared here, but a choice had to be made.

Since the errors usually stem from the English thought process, all entries are in that language. Grammatical and lexical difficulties are presented together, alphabetically, for quick and easy reference.

The explanations, in French, are as concise as possible; they are often replaced by tables, such as those dealing with subordinate conjunctions or personal pronouns. Numerous lists, like those on invariable participles or genders of geographical names, present useful information most readily.

This book is neither a grammar nor a dictionary. Each entry deals only with the difficulty at hand. Grammatical entries emphasize essentially the differences between English and French. For example, the entry for adverbs deals only with their placement in relation to the verb they modify; the entry for articles puts the stress on the difference in usage between the languages. Lexical entries are limited to the problems created in translation. For example, the verb *to make* is not always translated by *faire*, thus this entry offers a list of expressions where it is translated differently.

French grammatical terminology used here is simply explained in entries like: *clauses*, *functions*, or *moods*. Typical errors in spelling are gathered under a separate entry for spelling mistakes.

Numerous cross-references aid in completing the explanation of some problems, and asterisks throughout the book indicate words which are the subject of a special entry.

The symbol ⊖ is inspired by an international roadsign. It indicates *Do Not Enter* in English; *Sens Interdit* in French. However, *sens interdit* can also mean *a forbidden meaning*. Because of this play on words, the symbol was chosen to indicate "forbidden" (unacceptable) translations, words which are not French, and false friends. For these last-named items, an index at the end of the book gives their correct translation.

A la française can be used as a supplemental book for either composition or conversation courses, as a correcting manual, and as a general reference book. It is designed for those anglophones who already have a basic knowledge of the French language: 1) for high school students with a minimum of three to four years of study; 2) for college students, from the intermediate through advanced levels; 3) for all those interested in the French language, whether they use it professionally or not.

Marie G. Geno
University of Vermont

REMERCIEMENTS

Je tiens à remercier d'abord tous mes anciens étudiants sans lesquels cet ouvrage n'aurait pu être conçu.

Merci à Alton O. Roberts, Directeur de l'Instructional Development Center de l'Université du Vermont, pour son encouragement et ses suggestions pour la présentation du livre.

Je suis particulièrement reconnaissante envers Barbara Schegerin, amoureuse de la langue française, qui a mis au point le difficile manuscrit avec une compétence, une patience et un dévouement inestimables.

Enfin, je remercie Tom, mon mari, pour avoir inlassablement lu et relu les épreuves à leurs différents stades, pour m'avoir prodigué son soutien et ses conseils si précieux tout au long de cette aventure.

M.G.G.

ABRÉVIATIONS

adjective	adj	adjectif
adverb	adv	adverbe
article	art	articles
auxiliary	aux	auxiliaire
British	Brit	britannique
conditional	cond	conditionel
conjunction	conj	conjonction
example	ex	exemple
et cetera	etc	et cetera
familiar	fam	familier
feminine	f	féminin
figuratively	fig	figuré
impersonal	impers	impersonnel
indefinite	indef	indéfini
indicative	ind	indicatif
infinitive	inf	infinitif
masculine	m	masculin
noun	n	nom
oneself	o.s.	
participle	part	participe
past participle	pp	participe passé
personal	pers	personnel
plural	pl	pluriel
preposition	prep	préposition
present	prés	présent
pronoun	pron	pronom
	qch	quelque chose
	qn	quelqu'un
singular	sing	singulier
somebody	sb	
something	sth	
subjunctive	sub	subjonctif
verb	v	verbe
intransitive verb	vi	verbe intransitif
transitive verb	vt	verbe transitif

ability

proficiency	aptitude (à faire qch)
capacity (non-legal)	capacité (de faire qch)
capacity (legal)	*habilité* (terme juridique) capacité aptitude légale
competence	compétence (en qch) (pour faire qch)
cleverness, skill, talent	habileté, talent

about

- approximately

about 200 people	**dans les** 200 personnes **à peu près** 200 personnes **environ** 200 personnes
He spoke for about one hour.	Il a parlé **à peu près** une heure. Il a parlé **environ** une heure.
It's about 5:30.	Il est **à peu près** 5h 30. Il est **environ** 5h 30.
They come back at about 3:00.	Ils reviennent **vers** 3h. Ils reviennent **vers les** 3h. Ils reviennent **à environ** 3h. Ils reviennent **sur les** 3h.

- place

It fell about here.	C'est tombé **vers** ici. C'est tombé **à peu près** ici.

- time, immediate future

The bus is about to leave.	L'autobus est **sur le point de** partir. L'autobus **va** partir.

- concerning

| Do you have any news about their trip? | Avez-vous des nouvelles **de** leur voyage? **au sujet de** leur voyage? **concernant** leur voyage? **sur** leur voyage? |
| This film is about... | Ce film **concerne**... Ce film **parle de**... Dans ce film, **il s'agit de**... |

❢ *ce film s'agit de*

(Dans cette dernière expression, *il* est toujours impersonnel.)

What about me?	Et moi (alors)?
What do you think about it?	Qu'en pensez-vous?
What about it?	Et alors? Et après?
to inquire about	se renseigner **sur/au sujet de**
to talk about	parler **de/sur/au sujet de**
to wonder about	se poser des questions **sur/au sujet de**
to write about	écrire **sur/au sujet de**
to know about sth be knowledgeable about be informed about have heard about	s'y connaître **en (matière de)** savoir qch, connaître qch avoir entendu parler **de** qn/qch

VOIR: **know** (to know about sb., about sth.) pour la différence entre *savoir* et *connaître*

above adv

Her apartment is above.	Son appartement est **en haut/ au-dessus.**
The clouds above.	Les nuages **au-dessus.**
See the list above.	Voir la liste **ci-dessus/plus haut.**
Tickets sold at 10 francs and above.	Billets vendus à partir de 10 francs.

above prep

| This morning it is 5 above zero. | Ce matin il fait 5 **au-dessus de** zéro. |

His work is above average.	Son travail est **au-dessus de** la moyenne.
above all	**par-dessus** tout, surtout

abrupt

an abrupt halt	un arrêt brusque
an abrupt answer	une réponse inattendue, impolie
an abrupt drop (cliff)	une pente *abrupte*, raide

absolute

an absolute necessity	une nécessité *absolue*
an absolute disaster	un véritable désastre
an absolute power	un pouvoir *absolu*

abuse v

misuse	abuser de
insult	insulter
maltreat	maltraiter
(child abuse)	(enfants martyrs)

academic

academic year	une année universitaire
academic research	des recherches universitaires
academic record	un dossier scolaire
academic question	une question toute théorique

Le mot *académique* au sens propre qualifie quelque chose qui dépend d'une académie (an administrative division in French education); au sens figuré il veut dire *très conventionnel, traditionnel* :

> une inspection *académique* (sens propre)
> un *auteur/un style académique* (sens figuré)

ache vi

to suffer	souffrir, avoir mal, avoir des douleurs
I ache all over.	J'ai mal partout.
I ache (after exercising).	J'ai des courbatures.

ache n

I have a headache.	J'ai mal à la tête.
I have a backache.	J'ai mal au dos.
I have a toothache.	J'ai mal aux dents.

VOIR: **hurt, sick**

achieve

to accomplish	accomplir, exécuter, réaliser
to carry out successfully	réussir

❍ *achever*

achievement

accomplishment	un accomplissement, une exécution, une réalisation
success	un succès, une réussite

❍ un *achèvement*

across prep

- on the opposite side

the restaurant across the street	le restaurant **de l'autre côté de** la rue
	le restaurant (**d'**) **en face**
the village across the river	le village **sur** l'autre rive
	le village **sur** la rive opposée
	le village (**d'**) **en face**

- from one side to the other

a bridge across the river Seine	un pont **sur** la Seine
to walk across the fields/woods	marcher **à travers** champs/bois
to walk across the street	traverser la rue

- crosswise

A tree fell across the road.	Un arbre est tombé **en travers de** la rue.

- through

to go across the border	traverser la frontière
The idea crossed my mind.	L'idée m'a traversé l'esprit.

- other expressions

I came across an old book.	J'ai trouvé un vieux livre.
	Je suis tombé sur un vieux livre.
He'll come across with the money.	Il donnera l'argent.

L'adverbe *de travers* se rencontre dans des expressions comme:

a crooked picture	un tableau **de travers**
to swallow the wrong way	avaler **de travers**
everything is going wrong	tout va **de travers**
to misunderstand	comprendre **de travers**
to take sth the wrong way	prendre' qch **de travers**
to look at sb with antipathy	regarder qn **de travers**

actually

in fact

effectivement, réellement
vraiment, véritablement, en
vérité

⊖ *actuellement*

addition

a part added (to a house,...)
result of adding (in math)
in addition (adv)

un agrandissement
une *addition*
de plus, aussi

VOIR: **adverbs** pour la place de *aussi*

address n

on a letter, etc.
a speech

une *adresse*
un discours, une allocution

address v

to send a letter

adresser une lettre
envoyer une lettre

to write an address on a
letter

adresser une lettre
mettre une *adresse* sur une lettre
écrire une *adresse* sur une lettre

to speak to

s'*adresser* à, parler à

adjectives (descriptive)   *les adjectifs qualificatifs*

Les principales difficultés qu'ils présentent sont:

- leur place par rapport au nom qu'ils qualifient et le
changement de sens de certains lorsqu'ils changent de place.
- leur accord avec le nom qu'ils qualifient.

A. Place des Adjectifs Qualificatifs

1. Avant le nom:

- des adjectifs anciens, courts, très usuels:

beau, joli, vilain	une **belle** journée
nouveau, jeune, vieux	un **vieux** château
bon, meilleur, mauvais, pire	un **mauvais** moment
grand, gros, petit, moindre	une **grande** tempête
vaste, haut, long, court	un **vaste** panorama

Exceptions:
- quand ces adjectifs sont modifiés par un adverbe long

une journée particulièrement **belle**

5

- quand ils sont suivis d'un complément

    un film **beau** *à voir*

- un certain nombre d'adjectifs pris au sens figuré. Voir plus loin au paragraphe 4 la liste des plus courants.

2. Après le nom:

C'est la place la plus normale pour les adjectifs en français. Ce sont:

a. les adjectifs

de couleur: blanc, bleu foncé,...	une robe **blanche**
de forme: rond, carré,...	une table **ronde**
d'aspect: craintif, rugueux,...	un enfant **craintif**
de nationalité: grec, brésilien,...	du vin **grec**
de géographie: nordique, austral,...	une région **nordique**
de profession: commercial,...	un directeur **commercial**
de religion: catholique, juif,...	une cérémonie **juive**

b. les participes adjectifs qui viennent de participes passés

trouvé, usé, fatigué,...   des chaussures **usées**

c. les adjectifs verbaux qui viennent de participes présents

fatigant, accablant,...   une chaleur **accablante**

VOIR: **present participle** pour la différence d'orthographe entre certains adjectifs verbaux et les participes présents correspondants

3. Plusieurs adjectifs qualifient le même nom.

a. ceux qui se placent *avant* le nom: mettre immédiatement avant le nom celui qui lui est le plus étroitement lié par le sens:

the little old house   la **vieille petite** maison

- réunis par la conjonction *et*, ils peuvent se mettre soit avant, soit après le nom:

a beautiful large monument   un **beau** et **grand** monument
                                  un monument **beau** et **grand**

b. ceux qui se placent *après* le nom: mettre immédiatement *après* le nom l'adjectif qui lui est le plus étroitement lié par le sens:

secret scientific research   des recherches **scientifiques secrètes**

4. Adjectifs qui changent de sens suivant leur place:

- avant le nom, ils ont un sens figuré (figurative meaning)
- après le nom, ils gardent leur sens propre (literal meaning)

	avant le nom	après le nom
ancien	un **ancien** professeur a *former* teacher	une église **ancienne** an *old* church
antique	une **antique** coutume an *old* custom	un vase **antique** an *ancient* vase
bas	une **basse** besogne a *dirty* task	des nuages **bas** *low* clouds
brave	une **brave** femme a *good* woman	une femme **brave** a *courageous* woman
certain	un **certain** politicien a *certain* political figure	une preuve **certaine** a *definite* proof
chaud	une **chaude** bataille a *fierce* battle	un repas **chaud** a *hot* meal
cher	ma **chère** amie my *dear* friend	un livre **cher** an *expensive* book
chic	un **chic** type a *nice* guy	un restaurant **chic** an *elegant* restaurant
doux	de **doux** moments *pleasant* times	une peau **douce** a *soft* skin
dur	une **dure** leçon a *harsh* lesson	un lit **dur** a *hard* bed
fameux	une **fameuse** idée a *great* idea	un vin **fameux** an *excellent* wine
faux	une **fausse** alerte a *false* alarm	un résultat **faux** an *inaccurate* result
fier	un **fier** imbécile a *first-class* idiot	un homme **fier** a *proud* man
furieux	un **furieux** appétit a *prodigious* appetite	un air **furieux** a *furious* look
léger	une **légère** différence a *slight* difference	un repas **léger** a *light* meal
maigre	un **maigre** profit a *very small* profit	une personne **maigre** a *skinny* person
méchant	un **méchant** livre a *mediocre* book	un chien **méchant** a *vicious* dog
mince	un **mince** profit a *small* gain	une tranche **mince** a *thin* slice
nouveau	une **nouvelle** voiture *another* car	des sentiers **nouveaux** *unbeaten* paths
pauvre	un **pauvre** homme a *pitiful* man	un homme **pauvre** a *poor* man
propre	de mes **propres** yeux with my *own* eyes	un verre **propre** a *clean* glass
pur	un **pur** hasard a *sheer* coincidence	du vin **pur** *undiluted* wine
rare	un **rare** courage an *exceptional* courage	une espèce **rare** a *rare* kind
rude	une **rude** peur a *terrible* fright	une peau **rude** a *rough* skin
sacré	un **sacré** vent a *strong* wind	un objet **sacré** a *sacred* object

sale	un **sale** temps *lousy* weather	des mains **sales** *dirty* hands
seul	une **seule** personne *only* one person	une persone **seule** a person who lives alone
simple ·	une **simple** remarque a *mere* comment	une vie **simple** a *simple* life
sombre	de **sombres** pensées *gloomy* thoughts	un jour **sombre** a *dark* day
triste	une **triste** affaire an *unfortunate* affaire	une voix **triste** a *sad* voice
vrai	un **vrai** copain a *real* friend	une histoire **vraie** a *true* story

Remarques:

a. dernier

- *Dernier* se place en général *avant* le nom:

the last metro   le **dernier** métro
the latest news   les **dernières** nouvelles

- Mais *dernier* se place soit avant soit après des noms qui expriment des dates, comme: *fois, jour, année.* Son sens peut changer selon sa place:

avant le nom	après le nom
la **dernière** fois the (*very*) *last* time	la fois **dernière** the *last* time
la **dernière** minute/heure the *last* minute/hour	
le **dernier** jour the *last* day	
le **dernier** dimanche du mois the *last* Sunday of the month	dimanche **dernier** *last* Sunday
le **dernier** mois the *last* month	le mois **dernier** *last* month
la **dernière** semaine/année the *last* week/year	la semaine/l'année **dernière** *last* week/year
	le jugement **dernier** the *last* judgment

b. prochain

- *Prochain* se place en général avant le nom:

the next train   le **prochain** train
the next elections   les **prochaines** élections

- Mais *prochain* se place après des noms qui expriment des dates comme *semaine, mois, année, dimanche:*

next Sunday	dimanche **prochain**
next week	la semaine **prochaine**
next month	le mois **prochain**
next year	l'année **prochaine**
	l'an **prochain**

- *Prochain* se place soit avant soit après le nom, sans changer de sens, dans les expressions suivantes:

next time	la **prochaine** fois
	la fois **prochaine**
next week-end	le **prochain** week-end
	le week-end **prochain**.

c. suivant

- *Suivant* se place toujours après le nom:

the following statement	la déclaration **suivante**
the following Sunday	le dimanche **suivant**
the following week	la semaine **suivante**
the following month	le mois **suivant**
the following year	l'année **suivante**

mais:

| the following day | le lendemain |

d. grand

- *Grand* se place en général avant le nom. Mais il peut changer de place et de sens s'il qualifie une personne. Voici quelques expressions courantes:

a tall person	une personne **grande**
an adult	une **grande** personne
grown-ups	les **grandes** personnes
a grown-up girl	une **grande** jeune fille
a grown-up boy	un **grand** garçon/jeune homme
a tall woman	une **grande** femme/une femme **grande**
a tall man	un homme **grand**
a famous man	un **grand** homme

e. petit

Petit se place avant le nom. Son sens ne sera cependant pas toujours le même:

- âge:

a small child	un **petit** enfant (qui n'est plus un bébé)
a little girl	une **petite** fille (jusqu'à l'adolescence)
a little boy	un **petit** garçon

9

- parenté (avec un trait d'union)

grandchildren	des **petits**-enfants
a granddaughter	une **petite**-fille
grandson	un **petit**-fils

- affection

a boyfriend	un **petit** ami
a girlfriend	une **petite** amie
my darling	mon **petit** chou/chat

f. jeune

Jeune se place en général avant le nom. Mais, comme *grand*, il peut changer de place et de sens quand il qualifie une personne:

a young woman (not married)	une **jeune** fille
a young man (not married)	un **jeune** homme
young men	des **jeunes** gens
a young married woman	une **jeune** femme
a young man (considered young by speaker)	un homme **jeune**
a young woman (considered young by speaker)	une femme **jeune**
a teenager	un **jeune**

g. vieux

Vieux se place avant le nom. Dans certains cas il peut avoir un sens péjoratif:

| a bachelor | un **vieux** garçon |
| a spinster | une **vieille** fille |

Les trois expressions suivantes sont plutôt impolies:

an old man	un **vieil** homme
an old woman	une **vieille** femme
old people	les **vieux**

on leur préférera:
un vieux monsieur
une vieille dame
les personnes âgées/les vieilles gens/les vieillards

- Bien remarquer l'orthographe de cet adjectif, tant au masculin (*vieux, vieil* devant un nom commençant par une voyelle ou un *h* muet) qu'au féminin (*vieille(s)* avec deux *i*).

- Une **vielle** est un instrument de musique ancien.

B. Accord des Adjectifs Qualificatifs

► *Contrairement à l'anglais, les adjectifs en français* **s'accordent en genre et en nombre** *avec les noms qu'ils qualifient.*

Si un adjectif qualifie plusieurs noms de genres différents, il sera au masculin pluriel:

une décision et un jugement **importants**

Remarques:

1. Avec un **nom collectif** l'accord du verbe et de l'adjectif se fait avec le genre du nom ou de l'expression:

La police est **rassurante.**
Tout le monde paraît **satisfait.**

2. Avec **quelque chose** comme avec **quelqu'un** l'adjectif est au masculin précédé de la préposition **de:**

quelque chose d''**évident**
quelqu'un d''**intéressant**

3. Des adjectifs qui sont **invariables:**

bon marché	cheap, inexpensive
chic	stylish, nice, elegant
snob	
standard	

et certains adjectifs lorsqu'ils sont employés comme adverbes. En voici quelques uns:

	adjectif (variable)	adverbe (invariable)
bas, haut, fort	Sa voix est **basse, haute, forte.** Her voice is low, high, strong.	Elle parle **bas, haut, fort.** She speaks softly, loudly.
bon, mauvais	L'odeur est **bonne, mauvaise.** The smell is good, bad.	Ces fleurs sentent **bon, mauvais.** These flowers smell good, bad.
cher	Ces disques sont **chers.** These records are expensive.	Ils coûtent **cher.** They cost a lot.
clair	J'aime les couleurs **claires.** I like light colors.	Elle ne voit pas **clair.** She does not see clearly.
droit	Une ligne **droite** A straight line	Ils ne marchent pas **droit.** They don't walk straight.
dur	Les examens sont **durs.** Exams are hard.	Nous travaillons **dur.** We work hard.
juste, faux	La réponse est **juste, fausse.** The answer is right, wrong.	Elle chante **juste, faux.** She sings on key, off key

4. Adjectifs de couleurs:

a. Les **adjectifs simples** sont **variables.** Voici les principaux:

beige	beige
blanc	white
bleu	blue
brun	brown

châtain	chestnut
gris	grey
jaune	yellow
mauve	mauve
noir	black
orangé	having an orange cast
pourpre	crimson, purplish red
rose	pink
rouge	red
vert	green
violet	purple

une journée **grise**
des fleurs **violettes**

b. Mais s'ils sont accompagnés d'un autre adjectif ou d'un nom qui modifie la couleur de base, ils sont **invariables**:

des yeux **bleu clair** (light blue)
une robe **vert pomme** (apple green)

c. Les **noms** de couleur pris adjectivement sont **invariables**. Ils sont souvent empruntés aux minéraux et aux végétaux. Voici les principaux:

ardoise	slate
argent	silver
azur	sky blue
bordeaux	maroon, burgundy
bronze	bronze
cerise	cherry
chamois	buff-colored
champagne	champagne
chocolat	chocolate
citron	lemon
corail	coral
crème	cream
crevette	shrimp
cuivre	copper
ébène	ebony
émeraude	emerald
grenat	garnet
groseille	red-currant
havane	tobacco (brown)
indigo	indigo
ivoire	ivory
jade	jade
jonquille	daffodil
kaki	khaki
marron	brown, chestnut
moutarde	mustard
noisette	light brown
ocre	ochre
olive	olive green
or	gold

orange	orange
paille	straw
perle	pearl
prune	plum
pomme	apple
rouille	rust
saumon	salmon
tabac	tobacco brown
tomate	tomato
turquoise	turquoise

des uniformes **kaki**
des yeux **noisette**

VOIR: **infinitive** pour les prépositions employées après des adjectifs suivis d'un infinitif

adverbs   *les adverbes*

La principale difficulté dans l'emploi des adverbes en français est de savoir leur place correcte quand ils modifient un verbe.

▶ *Contrairement à l'anglais, on ne place jamais en français, un adverbe entre le sujet et le verbe qu'il modifie.*

Il va **souvent** *à ce restaurant.*
He *often* goes to this restaurant.

Je vous l'ai **déjà** *dit.*
I *already* told you.

▶ *Contrairement à l'anglais, quand un verbe a un complément long, l'adverbe reste auprès du verbe qu'il modifie.*

J'aime **beaucoup** *votre petite maison de campagne.*
I like your little country home *very much*.

Trois cas se présentent:
- le verbe est à **un temps simple**
- le verbe est à **un temps composé**
- le verbe est à **l'infinitif**

A. Le Verbe est à un Temps Simple

L'adverbe se place après le verbe

Je le vois **bien**.
Il allait **quelquefois** *chez ses parents.*

Vous comprendriez **certainement** *ses explications si vous écoutiez* **un peu plus attentivement**.

B. Le Verbe est à un Temps Composé

Certains adverbes se placent **avant** le participe passé, d'autres **après**, et d'autres se placent soit **avant**, soit **après**. Voici les listes des principaux adverbes classés d'après leur sens. Ceux qui sont marqués d'un astérisque font l'objet d'entrées particulières.

1. Adverbes de lieu (ils se placent **après** le participe passé)

above *	en haut, au-dessus
anywhere *	n'importe où
around	autour
before *	avant, devant
behind	derrière
below *	en bas, en-dessous, au-dessous
everywhere *	partout
far away	loin
here *	ici
in front	devant
inside	dedans
nearby	près, auprès
on top	dessus
outside	dehors
over there	là-bas
someplace else	ailleurs
somewhere	quelque part
there	là
under *	dessous

VOIR: **anywhere**

> *Ils sont allés* **ailleurs.**
> They went some place else.

2. Adverbes de manière

a. les suivants se placent **avant** le participe passé:

badly *	mal
better	mieux
maybe *	peut-être
possibly *	peut-être
probably	sans doute
right *	bien
well	bien

> *Elle a* **mieux** *joué.*
> She acted better.

b. les quatre adverbes de manière suivants se placent **après** le participe passé:

carelessly *	n'importe comment
on purpose	exprès
otherwise	autrement
together *	ensemble

Ils y sont allés **ensemble.**
They went there together.

c. certains adjectifs employés comme adverbes se placent **après** le participe passé:

accurately	juste
bad *	mauvais
clearly	clair
frankly	franc
good	bon
hard	dur, ferme
high	haut
a lot (cost)	cher
hardly	fort
low	bas
right *	juste
standing	debout
straight	droit
wrong	faux

J'ai travaillé **dur.**
I worked hard.

VOIR: **adjectives** pour d'autres exemples

d. Les quatre adverbes de manière suivants se placent soit **avant** soit **après** le participe passé. La place la plus courante est **avant** le participe passé:

in this manner/way	ainsi
fast*, quickly	vite
rather	plutôt
willingly	volontiers

Tu as **vite** *répondu.*
Tu as répondu **vite.**
You answered quickly.

e. Les adverbes qui se terminent en -*ment*, se placent indifféremment **avant** ou **après** le participe passé. C'est une question de rythme ou de style:

| definitely * | absolument |
| politely | poliment |

right(ly)	correctement
slowly	lentement
etc.	

> *Il s'est **lentement** avancé.*
> *Il s'est avancé **lentement**.*
> He advanced slowly.

Leur place avant ou après le participe passé est une question de rythme ou de style.

3. Adverbes de quantité (Ils se placent le plus souvent **avant** le participe passé, mais peuvent aussi se mettre **après** le participe passé.)

also*, too *	aussi
as much	autant
barely	à peine
enough	assez
less	moins
a little	un peu
little	peu
more	plus, encore
	davantage
much, a lot	beaucoup
quite a lot	pas mal
so much	tant, tellement
sufficiently	suffisamment
too much	trop

> *Vous avez **à peine** parlé.*
> *Vous avez parlé **à peine**.*
> You hardly spoke.

VOIR: **quantities**

4. Adverbes de temps

a. Les quatre suivants se placent **avant** le participe passé:

already	déjà
always	toujours
never	(ne) jamais
then *	alors

> *Ils sont **déjà** partis.*
> They left already.

b. Les suivants se placent **après** le participe passé:

anytime *	n'importe quand
after *	après

a short while ago, very soon	tout à l'heure
before *	avant
early *	tôt, de bonne heure
late *	tard
lately	dernièrement, récemment
long ago *	il y a longtemps
since	depuis
today	aujourd'hui
tomorrow	demain
the day after tomorrow	après-demain
the day before yesterday	avant-hier
yesterday	hier

Je serai rentré **après-demain.**
I'll be back the day after tomorrow.

c. Enfin, les adverbes de temps suivants se placent indifféremment **avant** ou **après** le participe passé. C'est une question de rythme ou de style:

again, yet	encore
a long time	longtemps
at last, finally	enfin
definitely *	définitivement
(at) first *	d'abord
immediately	aussitôt
in the past	autrefois
next *	ensuite
now	maintenant
often	souvent
presently *	maintenant
rarely	rarement
recently	récemment
right away/now *	tout de suite
sometimes *	quelquefois, parfois
soon	bientôt

J'ai **tout de suite** *compris.*
J'ai compris **tout de suite.**
I understood right away.

C. Le Verbe est à l'Infinitif

En général l'adverbe se met soit avant soit après l'infinitif. C'est une question de style.

17

Je dois **souvent** *voyager.*
Je dois voyager **souvent.**
I must travel often.

Mais les adverbes de **lieu** et de **temps** qui se placent après le participe passé à un temps composé, se placent aussi **après l'infinitif.** (Voir les tableaux ci-dessus)

Il fait bon vivre **ici.**
It's good to live here.

advertisement

a commercial	une réclame, une publicité
an announcement	une annonce

                                             ⊖ *avertissement*

affair

a romance	une liaison
	une aventure (amoureuse)
	une *affaire* de coeur

Le mot *affaire* en français veut dire aussi: *business, bargain, event, thing.*

affluent

rich	riche, opulent

                                             ⊖ un *affluent*, n

after adv

- time (later)

a few days after	quelques jours après/plus tard
the day after tomorrow	après-demain
the day after	le jour d'après, le lendemain
the week after	la semaine d'après, la semaine suivante
the year after	l'année suivante

- place, order (next)

Read the book first,	Lis le livre d'abord,
see the movie after.	vois le film après/ensuite.

after prep

- time, order

after my exam	**après** mon examen
after that	**après** cela/ça
after you	**après** vous
after a while	**au bout d**'un certain temps

It's ten after three.	Il est trois heures dix.
After speaking/having spoken to them he was relieved.	Après avoir parlé avec eux, il était soulagé. Ayant parlé avec eux, il était soulagé. Après sa conversation avec eux, il était soulagé.

- place

The first street on the right after the red light.	La première rue à droite **après** le feu rouge.

- according to a model

She named me after my aunt.	Elle m'a donné le nom de ma tante.
He takes after his father.	Il ressemble à son père.

after conj

at a later time — après que

Cette conjonction, à cause de son sens de postériorité, est toujours suivie d'un temps composé ou surcomposé. La concordance des temps des verbes est plus stricte en français qu'en anglais avec cette conjonction.

action antérieure		action postérieure	
passé composé	Après qu'il **a neigé** After it snows/ has snowed	on **fait** du ski. we ski.	présent
passé surcomposé	Après qu'il **a eu neigé** After it snowed/ had snowed	on **a fait** du ski. we skied.	passé composé
plus-que-parfait	Après qu'il **avait neigé** After it snowed/ had snowed	on **faisait** du ski. we used to ski.	imparfait
futur antérieur	Après qu'il **aura neigé** After it snows	on **fera** du ski. we'll ski.	futur

On peut éviter ce problème de concordance des temps en remplaçant *après que + verbe à un temps personnel* par d'autres constructions:

- les sujets des deux verbes sont les mêmes:

After I have worked I go out for a walk.

après + inf. passé — **Après avoir travaillé**, je vais me promener.

| part. prés. (forme passée) | **Ayant travaillé**, je vais me promener. |
| après + nom | **Après mon travail**, je vais me promener. |

- les sujets des deux verbes sont différents:

| | He'll take care of the house after we leave. |
| après + nom | Il gardera la maison **après notre départ**. |

agenda

| schedule | un programme, un ordre du jour |
| | ⊖ un *agenda* |

agony

| intense pain | une angoisse, un supplice, une vive douleur |
| | ⊖ une *agonie* |

agree

to agree with sb	être d'accord avec qn être de l'avis de qn
to agree with sth	être d'accord sur qch convenir de qch se mettre d'accord sur qch
to agree to do sth	accepter de faire qch convenir de faire qch consentir à faire qch se mettre d'accord pour faire qch
to agree that	avouer que convenir que reconnaître que

Le verbe *agréer* existe en français:

- transitif direct: dans des formules de politesse

> *Veuillez* **agréer** *mes excuses.*
> Please accept my apologies.

- transitif indirect:

> *Cet arrangement lui* **agrée.**
> This arrangement suits him.

agreeable

| pleasant | *agréable*, aimable |
| willing | consentant, disposé, favorable |

agreements *les accords*

Certaines règles d'accord (en genre – masculin, féminin – ou en nombre – singulier, pluriel) diffèrent en anglais et en français.

1. Le verbe est au singulier quand le sujet est:

- un nom collectif singulier:

*Ma famille **va** arriver.*
*La police **est** intervenue.*

- le pronom impersonnel *il*, même si le nom qui suit le verbe (le sujet réel) est au pluriel:

*Il y **a** de l'eau dans la cave.*
*Il **arrive** des accidents à ce carrefour.*

2. Le verbe est au pluriel quand le sujet est:

- une expression de quantité suivie ou non de son complément au pluriel:

*Beaucoup (d'enfants) **regardent** la télévision.*
*La plupart (des oiseaux) **sont** de retour.*

- plusieurs pronoms personnels. Dans ce cas, bien faire attention à la personne du verbe:

toi, lui, elle, vous, eux, elles	*et* moi, nous	**(nous) danserons**
toi, lui, elle, vous, eux, elles	*et* toi, vous	**(vous) danserez**
lui, elle, eux, elles	*et* lui, elle, eux, elles	**(ils/elles) danseront**

3. Le verbe est soit au singulier soit au pluriel:

- quand un nom collectif sujet au singulier est accompagné d'un complément pluriel:

*Un groupe de touristes **visite/visitent** le château.*

- quand plusieurs sujets singuliers sont reliés par *ou*, *ni*:

les sujets sont pris séparément: le verbe est au singulier

*Paul ou Jean **sera** élu.*

les sujets s'ajoutent: le verbe est au pluriel

*Ni le froid ni la faim ne le **dérangent**.*

- quand *ce* + *être* est suivi d'un nom ou d'un pronom pluriel – sauf *nous*, *vous*:

*Ce **sera/seront** de vraies vacances.*
*C'**est**/ce **sont** eux qui me l'ont dit.*

- avec *plus d'un(e)* + un nom singulier:

*Plus d'une surprise l'**attend/l'attendent**.*

VOIR: **adjectives** pour l'accord des adjectifs qualificatifs

numbers pour l'accord des nombres: un, vingt, cent

compound nouns pour l'accord des noms composés

past participles pour l'accord des participes passés

all adj

all   tout, toute, tous, toutes

Cet adjectif indéfini, comme les autres adjectifs, s'accorde avec le nom qu'il détermine:

all the time	tout le temps
all the family	toute la famille
all the computers	tous les ordinateurs
all the applications	toutes les demandes

Bien remarquer les différentes traductions de *all* dans les expressions suivantes:

all the people (everybody)	tous les gens, tout le monde
all the world (the whole world)	le monde entier
all over the world	dans le monde entier

all pron

everything	tout
all of it/them	tout, toute, tous, toutes

Ce pronom indéfini, comme les autres pronoms, s'accorde avec le nom qu'il représente.

That's all.	C'est tout.
The pie, eat it all.	La tarte, mange-la toute.
These politicians, they are all the same.	Ces politiciens, ils sont tous les mêmes.
They are all overworked, these nurses.	Elles travaillent toutes trop, ces infirmières.

Tout, objet direct, se place entre l'auxiliaire et le participe passé du verbe à un temps composé.

The pie, he ate it all.	La tarte, il l'a toute mangée.
once and for all	une fois pour toutes
all in all	somme toute
All (everything) I say is true.	Tout ce que je dis est vrai.

On ne traduit pas *of* en français dans les trois expressions suivantes:

all of us, all of you	nous tous, vous tous

| all of them | eux tous, elles toutes |
| all six of us | nous six |

all adv

| very, quite | tout, toute, toutes |

Cet adverbe, contrairement à tous les autres adverbes, peut, dans certains cas être *variable*.

▶ **Tout** *s'accorde en genre et en nombre devant un adjectif féminin commençant par une consonne ou un* **h** *aspiré.*

| She is quite embarrassed, quite ashamed. | Elle est toute confuse, toute honteuse. |
| They are quite embarrased, quite ashamed. | Elles sont toutes confuses, toutes honteuses. |

Ce dernier exemple peut être ambigu en français et vouloir dire aussi: *All of them are quite...* *Toutes* est alors considéré comme un pronom.

▶ *L'accord de* **tout**, *adverbe, est facultatif devant un adjectif féminin commençant par une voyelle ou un* **h** *muet.*

| She is quite touched, quite happy. | Elle est tout(e) émue, tout(e) heureuse. |

▶ **Tout** *reste invariable devant un adjectif au masculin, singulier ou pluriel.*

| They are quite embarrassed, ashamed, touched, happy. | Ils sont tout confus, tout honteux, tout émus, tout heureux. |

Dans ces deux derniers cas, si l'on veut dire, *All of them are embarrassed*, il faut traduire par:

Elles sont **toutes** *confuses.*
Ils sont **tous** *confus.*

Toutes et *tous* sont alors des pronoms.

Expressions:

It's all over.	C'est fini.
All right!	Ça va! D'accord!
It will do. It's all right.	Ça peut aller.
Don't worry about it.	Ça ne fait rien.
They are all over the place.	Ils sont partout. Il y en a partout.
She knew all along.	Elle le savait depuis toujours.
	Elle le savait depuis tout ce temps-là.
I am all ears.	Je suis tout oreilles.

alley

a narrow street	une ruelle, une petite rue, un passage
a bowling alley	un bowling

● une *allée*

also adv

He is twenty also.	Il a aussi vingt ans.
	Lui aussi a vingt ans.
	Il a vingt ans lui aussi.

► *Quand* **aussi** *veut dire* **also** *il ne se met jamais en début de phrase.* **Aussi** *en début de phrase veut dire* **therefore**.

VOIR: **therefore**

also conj

I visited Italy; I also visited Spain.	J'ai visité l'Italie; j'ai aussi visité l'Espagne.
	J'ai visité l'Italie et aussi l'Espagne.

anniversary

a wedding anniversary	un *anniversaire* de mariage
a commemoration of an event	un *anniversaire*, une commémoration
a birthday	un *anniversaire*

antique n

an old object	une antiquité, un objet ancien
an antique store	un magasin d'antiquités
an antique dealer	un(e) antiquaire

● *antique* en français n'est pas un nom

antique adj

antique furniture	des meubles anciens
an ancient statue	une statue *antique*

anxious

- worried	*anxieux*, inquiet, préoccupé soucieux
I am anxious about the results of the test.	Je suis *anxieux*/inquiet/soucieux (au sujet) des résultats de l'analyse.

Je suis préoccupé par les
résultats...

- eager · · · · · · · · · · · · · · · · · *anxieux*, désireux, impatient
She is anxious to meet him. · · · · · Elle est *anxieuse*/désireuse/
impatiente de le rencontrer.
Elle a (très) envie de le rencontrer.
Elle tient à le rencontrer.

any adj indef

- dans une phrase affirmative: no matter which; any...at all:

Take any book you want. · · · · · · · Prends n'importe quel livre.
Prends le livre que tu veux.
Prends n'importe lequel de ces
livres.
Come any day. · · · · · · · · · · · · · · Viens n'importe quel jour.
He is due any day. · · · · · · · · · · · On l'attend d'un jour à l'autre.
in any case · · · · · · · · · · · · · · · · de toute façon

- dans une phrase négative:

I don't have any luck. · · · · · · · · · Je n'ai pas de chance (du tout).
without any doubt · · · · · · · · · · · sans aucun doute

- dans une phrase interrogative, conditionnelle:

Do you have any relatives? · · · · · Avez-vous des parents?
If you have any common sense... · · Si tu as du bon sens...

Dans ces deux exemples, *any* se traduit en français par un article.

VOIR: **articles**

any adv

Dans une phrase interrogative ou négative, il accompagne en général un comparatif. L'accent qu'il met en anglais ne se traduit pas toujours en français.

Do you want any more coffee? · · · Veux-tu d'autre café?/plus de
café?/davantage de café?/
encore du café/encore un
peu de café?

Don't go any further. · · · · · · · · · N'allez pas plus loin.
Can't you do any better? · · · · · · · Ne peux-tu pas faire (un
peu) mieux?

I don't see him any more. · · · · · · Je ne le vois plus (du tout).

VOIR: **negations**

Les composés de *any*, adv. sont *anyhow, anyway, anytime, anywhere*. Ils ne peuvent pas introduire une proposition, comme le font des conjonctions. Ces adverbes se placent après le verbe qu'ils modifient.

any pron

- dans une phrase affirmative:

Any of these cars will do.	N'importe laquelle de ces voitures fera l'affaire.
Any of them will do.	N'importe laquelle fera l'affaire.

- dans une phrase négative ou interrogative:

Do you want any?	En veux-tu?
Thanks. I don't want any.	Non merci. Je n'en veux pas.

Les composés de *any*, pron. sont: *anyone, anybody, anything*. Ils jouent dans une phrase le même rôle que les autres pronoms. Ils peuvent être sujets, objets, etc.

anybody, anyone pron

- dans une phrase affirmative:

I am willing to ask anybody.	Je suis prêt à demander à n'importe qui.
Anyone can understand.	N'importe qui peut comprendre.

- dans une phrase négative:

I have not seen anybody.	Je n'ai vu personne.

- dans une phrase interrogative:

Have you talked to anybody?	Avez-vous parlé à quelqu'un?

VOIR: **whoever**

anyhow, anyway adv

He'll do it anyhow/anyway/ in spite of everything.	Il le fera malgré tout. Il le fera de toutes les façon(s)/ manière(s).

⊖ *Il le fera n'importe comment.*

VOIR: **carelessly** pour l'emploi de *n'importe comment*

anything pron

- dans une phrase affirmative:

Anything may happen.	N'importe quoi peut arriver.
Tell him anything.	Dis-lui n'importe quoi.

- dans une phrase négative:

I didn't see anything.	Je n'ai rien vu.

- dans une phrase interrogative:
Did you do anything?   As-tu fait quelque chose?

- quelques expressions:
Anything else?   Autre chose? Quoi d'autre?
                                         Et avec ça?
Anything goes.   Tout est permis.
Anything you say!   (C'est) Comme tu veux!
not for anything   pour rien au monde

anytime adv

Come anytime.   Viens n'importe quand.
                                         Viens à n'importe quel moment.
                                         Viens quand tu veux.

anytime conj

Anytime he comes, he brings   Chaque fois qu'il vient, il apporte
  some flowers.   des fleurs.

▶ **N'importe quand** *n'est jamais une conjonction.*

⊖ *N'importe quand il vient...*

VOIR: **whenever**

anywhere adv

To see someone like him,   Pour voir quelqu'un comme lui,
  I'd go anywhere.   j'irais n'importe où.
                                         j'irais à n'importe quel endroit.
                                         j'irais dans n'importe quel pays.
                                         j'irais au bout du monde.

anywhere conj

Anywhere I go, everybody   Où que j'aille (subj), tout le
  recognizes me.   monde me reconnaît.

▶ **N'importe où** *n'est jamais une conjonction.*

⊖ *N'importe où je vais, ...*

VOIR: **wherever**

apology

excuse   des excuses, (f, pl)

⊖ une *apologie*

27

application

form (to fill out for a job)	un formulaire de demande (d'emploi)
utilization	une *application*
diligence	l'*application*

apply

to ask for a job	faire une demande d'emploi (à qn) poser sa candidature pour un poste
to use (a rule)	appliquer (une règle)
to apply oneself to	s'appliquer à

appointment

meeting	un rendez-vous, une entrevue
to make an appointment	prendre rendez-vous

⊖ des *appointments* (m), toujours pl

April fool

April fool	Poisson d'avril

argument

argument	un *argument*
quarrel	une dispute

arrest n

an apprehension by the police	une arrestation
a cardiac arrest	un *arrêt* du coeur

articles   *les articles*

Formes des Articles:

	définis		indéfinis		partitifs	
	m	f	m	f	m	f
Singulier						
simples	le	la	un	une	du	de la
élidés	l'	l'			de l'	de l'
contractés						
avec *à*	au					
avec *de*	du					

	définis		indéfinis		partitifs	
	m	f	m	f	m	f
Pluriel						
simples **contractés**	les	les	des	des	des	des
avec *à*	aux	aux				
avec *de*	des	des				

Deux formes de ces trois articles sont les mêmes: **du** et **des**. Il est important de les différencier car les règles d'emploi et d'omission ne sont pas les mêmes pour tous les articles.

du = **de** + **le** (of the)   **du** (some)
(article défini contracté)   (article partitif)

le jardin *du* voisin   entendre *du* bruit
un membre *du* comité   avoir *du* courage
parler *du* temps   manger *du* pain

des = **de** + **les** (of the)   **des** (pluriel de *un(e)*)
(article défini contracté)   (article indéfini)

la période *des* vacances   avoir *des* enfants
les coutumes *des* Indiens   retrouver *des* copains
se souvenir *des* beaux jours   collectionner *des* timbres

A. L'Article Défini: Le, La, Les

Comme en anglais, il s'emploie devant un nom défini:

*l'*art de faire la cuisine   the art of cooking
les gens d'à côté   the people next door
la maison du président   the president's house
le canapé de la salle de séjour   the living room sofa

1. Emploi en français, omission en anglais:

Dans de nombreux cas, le français utilise l'article défini là où l'anglais l'omet.

a. généralité:

Les roses fleurissent en juin.   Roses bloom in June.
J'aime *le* thé.   I like tea.
*L'*uranium est rare.   Uranium is rare.

b. abstraction:

La mémoire est un don   Memory is a precious gift.
précieux.

Ils veulent *la* paix.	They want peace.

c. noms géographiques:

- Continents, pays, provinces, états, certaines îles:

*l'*Afrique, *le* Chili, *la* Normandie, *le* Texas, *la* Jamaïque	Africa, Chile, Normandy, Texas, Jamaica

VOIR: **geographical names**

- quelques noms de villes; les plus connues sont:

la Havane, *le* Caire, *la* Nouvelle Orléans	Havana, Cairo, New Orleans

En France on peut citer entre autres: *Le* Havre, *Le* Mans, *Le* Puy, et *La* Rochelle mais la plupart des noms de ville ne prennent pas d'article sauf quand ils sont qualifiés:

Le vieux Québec	Old Quebec

- rues, avenues:

la 42ème rue	42nd Street
la 5ème avenue	5th Avenue

- termes géographiques:

le lac Champlain	Lake Champlain
le mont Sinaï	Mount Sinai

d. temps:

- saisons:

le printemps, *l'*été	spring, summer...

- années, mois, semaines:

la semaine dernière, *la* semaine prochaine	last week, next week
le mois dernier, *le* mois prochain	last month, next month
*l'*année dernière, *l'*année prochaine	last year, next year

- moments de la journée:

à *l'*aube	at dawn
le soir, *la* nuit	at night
le jour, *la* nuit	by day, by night
Paris *la* nuit	Paris by night

- fréquence:

le dimanche, tous *les* dimanches	on Sundays, every Sunday
tous *les* jours, toutes *les* semaines, tous *les* mois	every day, week, month
tous *les* deux jours, toutes *les* deux semaines	every other day, week
tous *les* six ans	every six years

Mais, comme en anglais, si le jour indique une date précise, on n'emploie pas l'article:

Il est venu dimanche.
He came Sunday.

- fêtes:

la Toussaint	All Saints Day
le quatorze juillet	Bastille Day

Exceptions:

Pâques, Noël	Easter, Christmas

e. titres devant des noms propres de personnes:

la reine Elizabeth	Queen Elizabeth
le général Patton	General Patton
*l'*ambassadeur X	Ambassador X
le professeur Y	Professor Y
le docteur Z	Doctor Z

VOIR: **capital letters**

f. langues:

Le *russe est difficile.*
Russian is difficult.

Avec le verbe *parler*:
- sens propre: article ou pas d'article

Ce Français sait parler **le russe.**
This French person knows how to speak Russian.

Ici on parle **français.**
We speak French here.

- sens figuré: pas d'article

Si un Français demande à un autre Français:

Veux-tu parler **français,** *s'il te plait?*

il lui demande de parler *en bon français*.

g. nombres:

- Certaines expressions comprenant des nombres prennent
l'article défini:

les deux astronautes	both astronauts
tous (*les*) deux/trois/quatre	both/the three/the four of them

Dans ce dernier exemple, l'article est facultatif. Au-delà de
quatre on emploie l'article:

tous *les* six	the six of them

- Avec les fractions dont le numérateur est *1*, on a le choix
entre l'article défini et *un*:

un tiers	one third
le tiers (de la boîte)	a third (of the box)

- Si le numérateur est supérieur à 1, l'article défini seul peut être
employé:

quatre-cinquièmes	four fifths
les quatre-cinquièmes (de la classe)	four fifths (of the class)

h. âge:

Avec des noms qui expriment des approximations:

Il approche de *la* quarantaine.	He is close to forty.
Il a *la* cinquantaine/Il a *une* cinquantaine d'années.	He is around fifty.

2. Autres emplois, différents de l'anglais:

a. avec un superlatif:

Si l'adjectif au superlatif est placé après le nom, être sûr de
répéter l'article.

C'est l'été **le** *plus chaud.*
It's the warmest summer.

b. pour exprimer la distribution:

L'anglais emploie l'article indéfini et le français l'article défini:

5 fr *la* douzaine, *la* livre, *le* litre	5 fr *a* dozen/*a* pound/*a* liter
Il gagne 20 dollars (de) *l'*heure.	He earns 20 dollars *an* hour.
Je conduisais à 60 miles à *l'*heure.	I was driving 60 miles *an* hour.
Je faisais du 60 miles à *l'*heure.	

c. pour exprimer la possession:

la voiture de Jeanne	Jane's car
perdre *la* vie/*la* mémoire	to lose one's life/one's memory
Je veux me préparer pour *la* vie.	I want to get ready for my life.

d. avec les parties du corps:

▶ *On remplace l'adjectif possessif de l'anglais par l'article défini si la partie du corps est* **objet direct** *et non qualifiée (sauf par droit et gauche).*

Ferme *les* yeux.	Close *your* eyes.
Il se brosse *les* dents.	He brushes *his* teeth.
Je lui coupe *les* cheveux.	I cut *her* hair.
Il s'est cassé *le* bras droit.	He broke *his* right arm.

On garde le possessif si la partie du corps est qualifiée:

Elle a coupé *ses* beaux cheveux.	She cut *her* beautiful hair.

▶ *On remplace l'adjectif possessif de l'anglais par l'article défini si la partie du corps est* **complément circonstanciel** *dans une description. La règle s'applique aussi, dans ce cas, aux vêtements:*

Elle marchait *la* tête haute, *les* bras ballants, *le* manteau ouvert.	She was walking with her head held high, her arms dangling, her coat open.

B. L'Article Indéfini: Un, Une, Des

Un, une équivalent à *a* ou *an* en anglais.

▶ **Des** *n'a pas d'article équivalent en anglais. Cette forme d'article correspond à:* **some, a number of**.

L'article indéfini s'utilise avec les noms comptables (count nouns):

un avion	a plane
des avions	planes (some planes, a number of planes)

1. Emplois différents de l'anglais et cas d'omission:

a. noms de profession, nationalité, religion, appartenance politique:

- en apposition:

M. X, professeur de sciences,	Mr. X, a science teacher,
M. X, membre du club,	Mr. X, a club member,
M. X, écologiste,	Mr. X, an ecologist,
M. X, Ecossais,	Mr. X, a Scot,

- ou qui suivent le verbe *être*:

Elle est chanteuse, italienne, catholique, socialiste.	She is a singer, an Italian, a catholic, a socialist.

On garde l'article indéfini dans la construction suivante:

C'est **un** professeur, **un** *membre du club*, **un** *écologiste*, **un** *Ecossais*.
C'est **une** *chanteuse*, **une** *Italienne*, **une** *catholique*, **une** *socialiste*.

Bien remarquer que le pronom sujet dans ce cas est *C'*.

⊖ *Il est un professeur.*
Elle est une socialiste.

VOIR: **personal pronouns** pour l'emploi de: *ce, il, elle, etc.*

b. What a...:   On n'emploie pas l'article.

Quelle belle journée!	What a beautiful day!
Quel type!	What a character!

c. Such a...:   On garde l'article, mais sa place change.

Une si petite voiture!	Such a small car!
C'est *un* tel plaisir!	It is such a pleasure!

⊖ C'est tel un plaisir!

d. Like a...:   Il s'agit d'une comparaison. On garde l'article.

Il travaille comme *un* cheval.	He works like a horse.

e. As a...:   Cette expression veut dire: *en qualité de*. On n'emploie pas l'article.

Il travaille *en qualité de* caissier.	He works as a cashier.
Il travaille *en tant que* caissier.	
Il travaille *comme* caissier.	

f. Others, opposé à *some: d'autres*:

▶ *L'article indéfini* **des** *est remplacé par* **d'** *devant* **autres** *quand il veut dire* **others**.

Certains sont heureux, **d'autres** *(ne le sont) pas.*
Some are happy, others (are) not.

Comparer avec:

of the others, from the others	des autres

Ici, il y a contraction de *de* + *les*. *Des* est l'article défini contracté.

Je parle *des autres*.	I am speaking of the others.

Elle ne demande pas l'avis *des autres*.	She does not ask advice from the others.

g. *À* se traduit par *par* dans des expressions comme:

3 fois *par* jour, *par* semaine,...	3 times a day, a week,...
2 000 dollars *par* mois,...	2,000 dollars a month,...

h. Quelques locutions verbales qui prennent l'article indéfini en anglais mais ne le prennent pas en français:

faire suite à	to be a continuation of
être témoin de	to be a witness to
faire partie de	to be a part of
être pressé de, avoir hâte de	to be in a hurry to
être en mesure de	to be in a position to
avoir rapport à, avoir trait à	to have a bearing on
faire grand cas de	to make a big thing over
faire table rase de	to make a clean sweep of
prendre rendez-vous avec, donner rendez-vous à	to make a date/an appointment with
prendre note de	to make a note of
faire signe à	to wave at
rendre visite à	to pay a visit to sb
mettre fin à	to put an end to
prendre intérêt à	to take an interest in

Pour d'autres locutions verbales qui ne prennent pas d'article, voir la liste à la fin de cette entrée.

VOIR: **article partitif** pour certaines règles d'omission communes à l'article indéfini et à l'article partitif

C. L'Article Partitif: du, de la, de l'

Il n'y a pas d'article équivalent en anglais. L'article partitif correspond à *some, any, a certain amount of*. On l'emploie avec des noms *non-comptables* (mass nouns) qui sont, pour cette raison, au singulier.

Ces noms sont *soit concrets*:

du café, *de l'*or, *de la* soie	some coffee/gold/silk

soit abstraits:

de la patience, *du* courage	some patience/courage

Ils ne peuvent pas être sujets du verbe. Celui-ci a un sens concret.

Elle vend *du* sirop d'érable.	She sells maple syrup.
J'aime écouter *de la* musique.	I like to listen to music.
Je mets *du* poivre dans la sauce.	I put pepper in the sauce.

Certains noms d'aliments, de boissons peuvent être aussi des noms comptables; dans ce cas on emploie l'article indéfini.

Non-comptables:

J'aime manger *du* pain et *du* fromage quand je déguste *du* vin.	I like to eat (some) bread and cheese when I am tasting wine.

Comptables:

Je vais acheter *un* pain.	I am going to buy a loaf of bread.
Goûtons *un* vin de Bourgogne.	Let's taste a wine from Burgundy.
Un café, s'il vous plaît.	A cup of coffee, please.

Quelques noms non-comptables ne se rencontrent qu'au pluriel. Voici les plus courants:

des conserves	canned food
des épinards	spinach
des vacances	vacation(s)

Dans ce cas, *des* est considéré comme un article partitif.

VOIR: **nouns** pour une liste de noms toujours pluriels en français

1. On omet des articles indéfinis et partitifs:

a. après **avec** suivi d'un nom abstrait: ces expressions équivalent à des adverbes:

> *avec courage* (courageusement)
> *avec soin* (soigneusement)
> *avec plaisir, avec joie,* etc.

Mais on garde l'article quand *avec* veut dire: *au moyen de, grâce à, en se servant de:*

> Avec **de la** *patience, tout est possible.*

On garde aussi l'article quand le nom abstrait est qualifié:

> *Il a résisté avec* **un** *grand courage.*

b. après **sans:**

> *Elle est sans argent et sans travail.*
> *Il ne fait pas froid; on peut sortir sans manteau.*

Mais on garde l'article indéfini quand *un(e)* veut dire *un(e) seul(e):*

> *Il a fait ce devoir sans* **une** *(seule) faute.*

c. après **en** suivi d'un *nom concret*: ces expressions indiquent la matière:

>*un vase en cristal*
>*une maison en briques*
>*une chaîne en or*

d. avec la négation **ne...ni...ni,** on nie la quantité:

affirmatif:	**négatif:**
Je fume *des* cigares et *des* cigarettes.	Je ne fume ni cigares ni cigarettes.
Je bois *du* thé et *du* café.	Je ne bois ni café ni thé.

Mais avec le verbe **être** on nie l'identité.

>*Ce n'est ni* **un** *Chinois ni* **un** *Japonais. C'est* **un** *Coréen.*
>*Ce n'est ni* **du** *café ni* **du** *thé. C'est* **du** *chocolat.*

2. Remplacement des articles indéfinis et partitifs par *de*:

a. avec les négations: **ne...pas, ne...plus, ne...jamais,** etc. et **ne...pas...ni,** on nie la quantité:

affirmatif:	**négatif:**
J'ai *une* auto.	Je n'ai pas *d'*auto.
Nous faisons *des* affaires.	Nous ne faisons plus *d'*affaires.
Elle boit *de la* bière.	Elle ne boit jamais *de* bière.
Ils ont *du* courage et *de* l'ambition.	Ils n'ont pas *de* courage ni *d'*ambition.

Mais avec le verbe *être* on nie l'identité.

>*Ce ne sont plus* **des** *enfants. Ce sont* **des** *adultes.*
>*Ce n'est pas* **du** *vin ni* **du** *cognac. C'est* **du** *vinaigre.*

On garde *un* quand il veut dire *un seul* (one, a single).

>*Je n'ai plus* **un (seul)** *sou.*
>I don't have *one* cent left.

b. devant un nom pluriel précédé d'un adjectif (mais cette règle est de moins en moins suivie):

>*Nous avons* **de** *belles journées en automne.*
>*Il prend* **de** *très jolies photos.*

On garde *des* quand l'adjectif et le nom forment un nom composé:

des vieux garçons	bachelors
des vieilles filles	spinsters
des petits pains	rolls
des petits pois	peas
des grands magasins	department stores
des jeunes filles	girls.

des jeunes gens	young men, young people
des jeunes mariés	newlyweds
des bons mots	jokes
des bonnes soeurs	nuns
des petits-enfants	grandchildren
des grands-parents	grandparents
des beaux-parents	parents-in-law

3. Les formes d'articles indéfinis et partitifs: *du, de l', de la, des* disparaissent:

a. après des **adjectifs** suivis de la préposition **de**:

capable de	capable of
avide de	eager to
vide de	empty
plein de	full of
coupable de	guilty of
incapable de	incapable of
fou de	out of one's mind with
indigne de	unworthy of
digne de	worthy of

*Un verre plein **de** lait.*
*Il est capable **d'**héroïsme.*

b. après les **expressions de quantité** suivies de **de**, comme: *beaucoup de, peu de, un litre de, un verre de, une journée de, une foule de,* etc.

*beaucoup **de** gens*
*Un litre **de** vin*
*Une journée **de** vacances*

⊖ *beaucoup des gens*

VOIR: **quantity** pour une liste plus complète

Mais on gardera les formes des articles définis contractés ou non: *du, de l', de la, des*:

Comparez:

J'ai vu beaucoup *de* gens dans la rue. (l'article indéfini disparaît)	I saw *a lot of* people on the street.
Beaucoup *des* gens que je connaîs étaient là-bas. (l'article défini contracté subsiste)	*Many of the* people I know were there.

Mais on garde les articles indéfinis et partitifs avec les expressions de quantité: *bien*: much, many; *encore*: more; *la plupart, la majorité, la plus grande partie, la majeure partie*: most.

avec des noms *pluriels:*

la plupart **des** *gens*
la majorité **des** *gens*

avec des noms *singuliers:*

la plus grande partie **de** *l'année*
la majeure partie **de la** *soirée*

avec des noms *singuliers* ou *pluriels:*

bien **des** *ennuis*
bien **du** *courage*

encore **des** *excuses*
encore **de la** *glace*

c. après des verbes qui se construisent avec **de:**

abuser de	manquer de
s'aider de	s'occuper de
disposer de	parler de
avoir besoin de	se passer de
avoir envie de	se priver de
changer de	(se) servir de
se composer de	user de
dîner de	vivre de

J'ai besoin **de** *vacances.*
Pour faire du pain on se sert **de** *farine.*

Faire attention aux verbes suivants qui se construisent avec *with* en anglais et *de* en français:

color with	colorer de
cover with	couvrir de
decorate with	décorer de
embroider with	broder de
fill with	remplir de, combler de
garnish with	garnir de
soak with	baigner de, tremper de
spray/sprinkle with	arroser/asperger de
stuff with	farcir de
surround with/by	entourer de
top with	surmonter de

une maison entourée **d'**arbres
garnir **de** *crème Chantilly*

D. Expressions qui ne Prennent pas d'Article en Français

1. Noms compléments de nom:

Ces noms compléments jouent le rôle d'un *adjectif qualificatif.* Ils sont souvent précédés de la préposition **à** ou **de.**

En voici quelques exemples groupés d'après leur sens:

cause:

a burst of anger	un mouvement *de* colère
a cloud of smoke	un nuage *de* fumée
manslaughter	un homicide *par* imprudence

contenant:

a purse	un sac *à* main
a tea cup	une tasse *à* thé
a water glass	un verre *à* eau

contenu:

a bag of potatoes	un sac *de* pommes de terre
a cup of tea	une tasse *de* thé
a glass of water	un verre *d'*eau

VOIR: **quantities** pour un plus grand nombre d'exemples

destination:

a bathroom	une salle *de* bain
a cake pan	un moule *à* gâteau
a peace treaty	un traité *de* paix

matière:

a crystal ball	une boule *de* cristal
leather gloves	des gants *de/en* cuir
a stone wall	un mur *de/en* pierre(s)

origine:

| Holland cheese | du fromage *de* Hollande |
| India ink | de l'encre *de* Chine |

espèce:

chamber music	de la musique *de* chambre
pine needles	des aiguilles *de* pin
a ski instructor	un moniteur *de* ski

2. Principales locutions verbales:

Aller (quelque part) en auto	drive
en autobus/autocar	go by bus
en/par avion	fly·
en/par bateau	go by boat
à bicyclette/en vélo	ride a bike
à cheval	ride horseback
en moto	go by motorcycle
à pied	walk

Avoir besoin de	need
bonne/mauvaise mine	look well/ill
chaud	be warm

confiance en	trust
coutume de	be used to
droit à (mais: *le* droit de)	be entitled to
envie de	want
faim	be hungry
froid	be cold
hâte de	be eager to
honte (de)	be ashamed (of)
mal	hurt
peur (de)	be afraid (of)
raison (de)	be right (to)
soif	be thirsty
sommeil	be sleepy
tort (de)	be wrong (to)
Donner confiance (à)	inspire confidence (in)
congé (à)	give notice (to)
lieu à	give rise to
raison à qn	prove sb right
Faire appel (à)	appeal (to) call on
attention (à)	pay attention (to)
	be careful (with)
confiance à	trust
connaissance (de)	meet
défaut	be lacking
envie	tempt
face (à)	face
feu	shoot
fortune	become rich
grâce (de)	spare
jour	be daylight
justice à qn	do sb justice
noir/nuit	be dark
part de	announce
partie de	belong to/be part of
peur à	scare
plaisir (à)	please
preuve de	show
tort à	harm
Mettre à jour	bring up to date
Perdre confiance	lose trust
connaissance	lose consciousness
patience	lose patience
qn de vue	lose sight of sb
Porter bonheur/chance (à)	bring (good) luck (to)
malheur (à)	bring bad luck (to)
tort (à)	harm

Prendre congé (de)	leave
connaissance de	read
fin	come to an end
froid	catch a cold
garde à	be careful with
part à	participate in
parti pour qn	take sb's side
peur	become frightened
possession de	enter into possession
qn à témoin	call sb to witness
Rendre compte à qn de qch	report sth to sb
grâce (à)	be thankful (to)
justice à qn	do sb justice
service (à)	be helpful (to)
Se rendre compte de	realize
Tenir à jour	keep up to date
lieu de	take the place of
parole	keep one's word
tête à	stand up to
Tirer parti de	take advantage of
Savoir gré à qn d'avoir fait qch	be grateful to sb for having done sth

ask

to ask a question	poser une question
	⛔ *demander une question*
to ask for sth, sb	demander qch, qn
to ask sb sth	demander qch à qn
to ask sb to do sth	demander à qn de faire qch
to ask about sb	demander des nouvelles de qn

assume

to suppose/presume	supposer, présumer
to undertake a responsibility	*assumer* une responsabilité

at

- place

Somebody is at the door.	Il y a quelqu'un à la porte.
at a distance	**au** loin
at home	**à** la maison
at the store	**au** magasin
at home	**chez** soi (moi, toi, nous, vous)
at my parents'	**chez** mes parents

at the dentist	**chez** le dentiste
at Sears	**chez** Sears
at hand	**sous** la main
- time	
at noon	à midi
at about noon	**vers** midi
10 at a time	10 à la fois
at that time	à ce moment-là
at other times	d'autres fois, à d'autres moments
at the same time	**en** même temps
at the present (time)	**en** ce moment, à présent, actuellement
at any time	n'importe quand, à tout moment
at night	le soir, la nuit

VOIR: **night**

at once	immédiatement, tout de suite
at times	parfois, à certains moments, **par** moments
at first	d'abord, **au** début
at last	enfin
- other expressions	
to gaze at	contempler
to look at	regarder
to point at	montrer (du doigt)
to stare at	dévisager, fixer du regard
to be at sb	être **après** qn, s'acharner **contre** qn
to swear at	jurer **contre**
to be angry at sth	être furieux **de** qch, être irrité **de** qch
to be surprised at	être surpris **de**, être étonné **de**
to laugh at	rire **de**, se moquer **de**
to marvel at	s'émerveiller **de**
to be at war, at peace, at sea	être **en** guerre/**en** paix/**en** mer
to hesitate at	hésiter **en face de**
to dash at	se précipiter **sur**
to fire at	tirer **sur**
to run at	se lancer **sur**
to rush at	se ruer **sur**

attempt n

a try	une tentative, un essai

It's my first attempt.

C'est ma première tentative/
mon premier essai.

a murder attempt

une tentative de meurtre
un attentat

attempt v

to try
He attempted to make an
emergency landing.

essayer, tenter
Il a essayé/tenté (de faire) un
atterrissage forcé.

attend vt

to attend a meeting/a
concert/a class
a school

assister à une réunion/un
concert/un cours
fréquener une école
aller à une école

⊖ *attendre* qn, qch

audience

a group of spectators, etc.
at a concert, on the radio
at a theater
watching television

le public, la salle
l'auditoire, les auditeurs
les spectateurs
les téléspectateurs

a formal meeting/interview
an opportunity to be heard

une *audience*
une *audience*

Une *audience* veut dire aussi: a hearing in court.

auxiliaries   *les auxiliaires*

A. Les Auxiliaires Purs

Ils servent à former les temps composés des verbes. Il y en a deux: *être et
avoir*.

He *has* arrived.
I *have* called her.

Il *est* arrivé.
Je l'*ai* appelée.

On peut classer les verbes, suivant les auxiliaires qu'ils emploient, en trois
catégories:

- ceux qui utilisent toujours *être*
- ceux qui utilisent soit *être* soit *avoir*, selon le cas
- ceux qui utilisent toujours *avoir*

1. Verbes qui utilisent toujours **être**:

tous les verbes pronominaux:

Je me **suis levé** *à 7 heures.*
Nous nous **sommes disputés.**
Elle s'est **enfuie.**

VOIR: **reflexive verbs**

les verbes suivants qui sont *toujours* intransitifs:

aller	to go
venir	to come
devenir	to become
intervenir	to intervene
parvenir	to reach; to succeed
revenir	to come back
survenir	to take place; to appear unexpectedly
arriver	to arrive
partir	to leave
repartir	to leave again
tomber†	to fall
retomber	to fall again
rester	to stay
naître	to be born
renaître	to be born again
mourir	to die
décéder	to die

Nous **sommes allés** *en Egypte l'été dernier.*
Il **est mort** *dans un accident d'auto.*

† Tomber peut être transitif direct dans deux expressions: *tomber un adversaire* (to throw an opponent) et *tomber la veste* (to take off one's jacket).

2. Verbes qui utilisent soit *être* soit *avoir*:

Les verbes suivants emploient **être** lorsqu'ils sont intransitifs et **avoir** quand ils sont transitifs:

entrer	He came in.	Il *est* entré.	vi
	They smuggled in some furs.	Ils *ont* entré des fourrures en contrebande.	vt
rentrer	He went back in.	Il *est* rentré.	vi
	I brought the chairs in.	J'*ai* rentré les chaises.	vt
sortir	He went out.	Il *est* sorti.	vi
	We took the plants out.	Nous *avons* sorti les plantes.	vt
ressortir	He went out again.	Il *est* ressorti.	vi
	We took the plants out again.	Nous *avons* ressorti les plantes.	vt
monter	He went up (stairs).	Il *est* monté.	vi
	He went up the stairs.	Il *a* monté les escaliers.	vt
remonter	He went up (stairs) again.	Il *est* remonté.	vi
	They rolled up their sleeves.	Ils *ont* remonté leurs manches.	vt
descendre	He went down (stairs).	Il *est* descendu.	vi
	She went down the slope again.	Elle *a* redescendu la pente.	vt

redescendre	He went down (stairs) again.	Il *est* redescendu.	vi
	She went down the slope.	Elle *a* descendu la pente.	vt
retourner	He went back to Rome.	Il *est* retourné à Rome.	vi
	She turned the card over.	Elle *a* retourné la carte.	vt
passer	He went by the church.	Il *est* passé devant l'église.	vi
	They took their exam.	Ils *ont* passé leur examen.	vt

Un certain nombre de verbes intransitifs ou employés intransitivement (sans complément d'objet) prennent l'auxiliaire:

avoir quand ils indiquent une *action* accomplie dans le passé.

être quand ils indiquent l'*état* qui résulte d'une action passée.

Dans ce cas, le participe passé est considéré comme un adjectif. Les plus courants sont:

aborder	diminuer	maigrir
atterir	disparaître	monter
augmenter	divorcer	paraître
baisser	échouer	passer
cesser	éclater	pourrir
changer	éclore	rajeunir
commencer	embellir	redescendre
crever	émigrer	ressusciter
déborder	empirer	réussir
déchoir	enlaidir	sonner
dégeler	exagérer	sortir
dégénérer	grandir	stationner
déménager	grossir	trépasser
descendre	guérir	vieillir

En anglais on fait la même distinction:

Prices went up last month.	Les prix ont augmenté le mois dernier.
Prices are up.	Les prix sont augmentés.
They divorced in the spring.	Ils ont divorcé au printemps.
They are divorced.	Ils sont divorcés.
I lost!	J'ai perdu!
I am lost.	Je suis perdu.

Dans certains cas, le sens du verbe peut changer suivant l'auxiliaire employé:

He ran for two hours.	Il a couru pendant deux heures.
This restaurant is popular.	Ce restaurant est couru.
Somebody rang the doorbell.	Quelqu'un a sonné.
You are crazy.	Vous êtes sonné.

Attention au changement de sens du verbe *finir*:

I will be/will have finished	*J'aurai* fini dans une heure.
This actor is finished.	Cet acteur *est* fini.
	(La carrière de cet acteur est finie)

3. Verbes qui utilisent toujours **avoir**:

Tous les verbes transitifs et tous les autres verbes intransitifs non mentionnés ci-dessus utilisent toujours *avoir*.

We ate a lot of apples.	Nous *avons* mangé beaucoup de pommes.	vt
I walked for a while.	*J'ai* marché pendant un moment.	vi

VOIR: **participles** pour l'accord des participes passés (agreement of past participles)

B. Les Semi-Auxiliaires ou Auxiliaires Secondaires

Les semi-auxiliaires et auxiliaires secondaires sont des verbes qu'on emploie pour ajouter au verbe qui les suit une nuance de temps ou de mode:

1. Semi-auxiliaires de **temps**:

aller faire	to be going to do
être en passe de faire	to be on the way to do
être en voie de faire	to be in the process of doing
être près de faire	to be about to do
être sur le point de faire	to be about to do
devoir faire	to be going to do (eventually)
en venir à faire	to come/begin to do
commencer à faire	to start to do
se mettre à faire	to start to do
être à (même de) faire	to be doing
être en train de faire	to be doing
ne faire que	to do nothing but
ne pas s'arrêter de faire	to do nothing but
continuer à faire	to keep doing
achever de faire	to finish doing
finir de faire	to finish doing
sortir de faire	to have just finished doing
venir de faire	to have just done
ne faire que de	to have just done
s'arrêter de faire	to stop doing

Il est en train d'écouter la radio.
He is listening to the radio.

Arrête (-toi) de rigoler!
Stop giggling!

VOIR: **future tense** and **past tense**

Attention aux sens de *commencer* et *finir* suivant qu'ils sont construits avec
à, de ou *par* :

to start to do, to start doing	commencer à faire
It is starting to rain.	Il commence à pleuvoir.
to start by doing	commencer par faire
She started by greeting the officials.	Elle a commencé par saluer les officiels.
to finish doing	finir de faire
He'll finish painting the house.	Il finira de peindre la maison.
to end up doing	finir par faire
I ended up paying half of his bill.	J'ai fini par payer la moitié de sa note.

2. Semi-auxiliaires de **mode:**

aimer faire	to like to do/doing
avoir à faire	to have to do
avoir besoin de faire	to need to do
avoir l'air de faire	to seem to do/to be doing
avoir l'habitude de faire	to be used to do
daigner faire	to condescend to do
désirer faire	to want to do
devoir faire	to have to do, must do, ought to do
être pour faire qch	to be for doing something
faillir faire	to almost/nearly do
faire faire	to have...done
se faire faire	to have...done for oneself
ne faire que, ne pas arrêter	to keep on and on doing, not to stop doing
falloir faire	to have to do
laisser faire	to let do
manquer (de) faire	to almost/nearly do
paraître/sembler faire	to seem to do/to be doing
penser faire	to intend to do, to think of doing
pouvoir faire	to be able to do
savoir faire	to know how to do
songer faire	to contemplate doing
tenir à faire	to be adamant about doing
valoir mieux faire	to be better to do
vouloir faire	to want to do

J'ai failli tomber.
I almost fell.

Ils pensent voyager.
They intend to travel.

On peut utiliser deux semi-auxiliaires ensemble:

Elle ne peut pas s'arrêter de parler.
She cannot stop talking.

Il semble avoir l'habitude de le faire.
He seems to be used to doing it.

Cas particuliers:

a. faire + infinitif

Dans les cas suivants, faire attention à la place du sujet de l'infinitif en français:

- Si le sujet est un nom, il se place après l'infinitif. Si le sujet est un pronom personnel, il se place avant *faire*:

To make somebody do something
She makes Robert read.	Elle fait lire *Robert*.
She makes him read.	Elle *le* fait lire.

To make something do something
He made the engine work.	Il a fait marcher *le moteur*.
He made it work.	Il *l'*a fait marcher.

- Si l'infinitif a un ou plusieurs objets (directs ou indirects):

She makes Robert read the novel.	Elle fait lire le roman *à/par Robert*.
She makes him read it.	Elle le *lui* fait lire.
She makes Robert read the novel to the children.	Elle fait lire le roman aux enfants *par Robert*.
She makes him read it to them.	Elle le leur fait lire *par lui*.

Dans les cas suivants, *faire + infinitif* correspond en anglais à *to have + past participle*:

To have something done
I had my car repaired.	J'ai fait *réparer* ma voiture.
I had it repaired.	Je l'ai fait *réparer*.

To have something done by somebody
I had my car repaired by the mechanic.	J'ai fait *réparer* ma voiture par le/au mécanicien.
I had it repaired by him.	Je la lui ai fait *réparer*.

To have something done to oneself
I have my teeth cleaned.	Je me fais *nettoyer* les dents.
I have them cleaned	Je me les fais *nettoyer*.

To have something done to oneself by somebody
I have my teeth cleaned by the dentist.	Je me fais *nettoyer* les dents par le dentiste.

49

I have them cleaned by him.	Je me les fais *nettoyer* par lui.

To have something made for oneself

I am having a garage built.	Je me fais *construire* un garage.
I am having it built.	Je me le fais *construire*.

Si *faire*, semi-auxiliaire, est utilisé à un temps composé, son participe est toujours invariable.

L'histoire qu'elle a fait lire.
Les soins qu'il s'est fait donner.

VOIR: **past participles** (agreements of)

Quelques verbes anglais qui peuvent se traduire en français par *faire* + *infinitif*:

to blackmail	faire chanter
to let in, to show in	faire entrer
to feed	faire manger
to forward	faire suivre
to point out	faire observer/remarquer
to grow	faire pousser
to let know, to send word	faire savoir
to send for	faire venir
to show	faire voir
to give a hard time (to sb)	en faire voir (à qn)

Je vous le ferai savoir.
I'll let you know about it.

Dans des recettes de cuisine on en trouve beaucoup d'exemples:

to boil	faire bouillir
to braise	faire braiser
to cook	faire cuire
to fry	faire frire
to grill	faire griller
to simmer	faire mijoter
to roast	faire rôtir
to sauté	faire sauter

b. laisser + infinitif

Dans les cas suivants, faire attention à la place du sujet de l'infinitif en français:

Je laisse l'eau couler.
Je laisse couler l'eau.
I let the water run.

- Si le sujet est un pronom personnel, comme avec *faire*, le pronom sujet se place avant *laisser*:

Je la laisse couler.
I let it run.

- Si l'infinitif a un ou plusieurs objets (directs ou indirects), *bien remarquer l'ordre des mots en français: le nom sujet se place toujours avant l'infinitif, jamais après:*

> *Elle a laissé* **les enfants** *finir le gâteau.*
> She let the children finish the cake.

Remarquer la place et la forme des pronoms, sujet et objet, dans le même exemple:

> *Elle* **les** *a laissé(s) finir le gâteau.* ou *Elle* **leur** *a laissé finir le gâteau.*
> She let them finish the cake.

> *Elle* **les** *a laissé(s)* **le** *finir.* ou *Elle* **le leur** *a laissé finir.*
> She let them finish it.

- Le participe passé de *laisser* semi-auxiliaire, s'accorde ou non avec l'objet direct placé avant le verbe.

D'autres semi-auxiliaires font l'objet d'entrées particulières.

VOIR: **have to, know, must, should, can**

B

bachelor

an unmarried man

a bachelor of law

un célibataire
un vieux garçon (péjoratif)
un(e) licencié(e) en droit

⊖ *bachelier*

bad, badly

en anglais:
- *bad*, adj., s'emploie très souvent comme synonyme faible pour:
unfavorable, unpleasant, harmful, naughty, unsatisfactory, spoiled,
severe, etc.
- *badly*, adv., s'emploie souvent incorrectement en anglais parlé
courant au lieu de *bad* et de *very much*.

en français:
- *mauvais* n'est pas toujours adjectif; il s'emploie aussi comme adverbe; il est alors invariable:

Ça sent **mauvais** *ici.*
It smells bad in here.

- *mal* n'est pas toujours adverbe; il peut s'employer parfois comme
adjectif, mais il reste invariable:

Elle n'est pas **mal** *(de sa personne).*
She is not bad looking.

Quand on passe d'une langue à l'autre, on ne traduit pas
automatiquement *bad* par *mauvais* ou *badly* par *mal*.

bad adj

I have bad news for you.

What bad weather!
Smoking is bad for your
health.

J'ai à t'annoncer de
mauvaises nouvelles.

Quel mauvais temps!
Fumer est mauvais pour
la santé.

a bad wound	une mauvaise blessure, une blessure grave
bad luck	la malchance
a bad leader	un mauvais chef
a bad fruit	un mauvais fruit
a bad check	un chèque sans provision
a bad person	une personne méchante
Bad girl!	Vilaine!
She is not a bad girl.	Ce n'est pas une mauvaise fille.

badly adv.

- not well, wrong

She was badly advised.	Elle a été mal conseillée.

- very much

I need money badly.	J'ai grand besoin d'argent.

- seriously

He was badly hurt.	Il a été gravement/grièvement blessé.

Autres emplois de *mauvais* et *mal* en français qui ne correspondent pas forcément à *bad*, *badly*:

mauvais:

C'est une mauvaise langue.	She is a gossip.
J'ai une mauvaise vue.	I have poor vision.
une mauvaise herbe	a weed
Elle se fait trop de mauvais sang.	She worries too much.

mal:

Il s'est fait mal.	He hurt himself.
Elle est (au plus) mal avec sa belle-mère.	She is on bad terms with her mother-in-law.
Il est très mal.	He is very sick.
Il est au plus mal.	
Il est mal-en-point.	
Je me sens mal.	I feel sick.
Je ne me sens pas bien.	
Elle s'est trouvée mal/ s'est évanouie.	She fainted.
Ils sont mal à l'aise.	They are ill at ease.

balance n

equilibrium	l'équilibre (m)
to keep one's balance	garder son équilibre
to lose one's balance	perdre son équilibre
off balance	mal équilibré
unbalanced	déséquilibré

⊖ une *balance*

ball

an object used in sports	une balle, un ballon
- small-sized balls	
golf ball	une balle de golf
ping-pong ball	une balle de ping-pong
tennis ball	une balle de tennis
- large-sized balls	
basketball	un ballon de basket-ball
football, soccer	un ballon de football
volleyball	un ballon de volley-ball
a social gathering	un bal (des bals)

VOIR: **dance**

ballot n

voting ballot	un bulletin de vote
a single vote	un scrutin, un vote

⊖ un *ballot*

band n

an orchestra	un orchestre
a military band	une clique/musique/ fanfare
the local band	la fanfare municipale
the school band	la fanfare de l'école
a band of hoodlums	une *bande* de voyous
a band (of leather, metal)	une *bande* (de cuir, de métal)

be aux

Ce verbe peut être un auxiliaire qui sert à former les temps composés de certains verbes ou un semi-auxiliaire de temps ou de mode. Il sert aussi à former la voix passive.

VOIR: **passive voice** et **auxiliaries**

Dans bien des cas, *be* ne se traduit pas par *être* en français. Il se traduit souvent par *avoir* et *faire*.

1. *To be* se traduit par *avoir*

- âge:

He is twenty.   Il **a** vingt ans.

- heure (choix entre *avoir* et *être*):

She is 2 hours late.   Elle **a** 2 heures de retard.
                                                 Elle **est** en retard de 2 heures.

She is half an hour early.   Elle **a** une demi-heure
                                                 d'avance.
                                                 Elle **est** en avance d'une
                                                 demi-heure.

- dimensions (choix entre *avoir* et *faire*):

The table is 6 feet long.   Cette table **a** 6 pieds de long.
                                                 Elle **fait** 6 pieds de long.

there is, there are   Il y **a** (toujours à la
                                                 3ème personne du singulier)

- locutions verbales où *to be* se traduit par *avoir*

to be afraid	avoir peur
to be ashamed	avoir honte
to be cold	avoir froid
to be eager	avoir hâte de
to be entitled to	avoir droit à
to be finished (with)	avoir fini
to be in the habit of	avoir l'habitude de
to be homesick	avoir le mal du pays
to be hungry	avoir faim
to be lucky	avoir de la chance
to be prejudiced	avoir des préjugés
to be right	avoir raison
to be seasick	avoir le mal de mer
to be sleepy	avoir sommeil
to be sore	avoir mal
to be successful	avoir du succès
to be thirsty	avoir soif
to be hot	avoir chaud
to be wrong	avoir tort

2. *To be* se traduit par *faire*

- expressions qui se rapportent au temps (weather)

It is bad weather.	Il fait mauvais (temps).
It is beautiful outside.	Il fait beau (temps).

It is chilly.	Il fait frais.
It is cold.	Il fait froid.
It is cool.	Il fait frais.
It is dark.	Il fait nuit.
It is foggy.	Il fait du brouillard.
It is hot.	Il fait chaud.
It is mild.	Il fait doux.
It is muggy.	Il fait lourd.
It is nice out.	Il fait bon.
It is sunny.	Il fait du soleil.
It is warm.	Il fait chaud.
It is windy.	Il fait du vent.
It is 30 (degrees) out.	Il fait 30 (degrés) dehors.
It is 15 (degrees) below zero.	Il fait 15 (degrés) au-dessous de zéro.

- expressions qui se rapportent au calcul (addition, multiplication, etc.)

6 and 2 are 8.	6 et 2 font 8.
6 times 2 is 12.	6 fois 2 font 12.

3. Autres traductions de *to be*:

to be a success	réussir
to be *after* sb, sth	chercher qn, qch
	être à la recherche de qn, qch
	poursuivre qn
to be beside oneself with joy	ne pas se tenir de joie
to be off	s'apprêter à partir
to be on a diet	suivre un régime
to be on a committee, a team,	faire partie d'un comité, d'une équipe,
to be a part of sth	faire partie de qch
to be through with	en avoir fini avec
to be willing to do sth	bien vouloir faire qch
it is better to do sth	il vaut mieux faire qch
How are you?	Comment allez-vous?

because conj

because	parce que
I moved to Vermont because I like the countryside.	Je suis venu m'installer dans le Vermont parce que j'aime la campagne.

➖ *à cause que*

because of prep

because of	à cause de
I cannot sleep because of the mosquitoes.	Je ne peux pas dormir à cause des moustiques.

VOIR: **conjunctions** pour consulter le tableau d'équivalence entre les principales conjonctions de subordination et les prépositions correspondantes

become

Ce verbe se traduit souvent par *devenir*.

He became famous after his first film.	Il est devenu célèbre après son premier film.
She wants to become a writer.	Elle veut devenir écrivain.

Noter dans ce dernier exemple la suppression de l'article indéfini en français.

VOIR: **articles**

Mais il arrive aussi que ce verbe, suivi d'un participe passé ou d'un adjectif, se traduise autrement:

to become accustomed to	s'habituer à, s'accoutumer à, prendre l'habitude de
to become acquainted with sb	faire la connaissance de qn
to become acquainted with sth	prendre connaissance de qch
to become interested in	commencer à s'intéresser à
to become tired	se sentir fatigué
to become aware of	prendre conscience de
to become sick	tomber malade
to become wet	se mouiller

before adv

a few days before	quelques jours avant auparavant/plus tôt
the day before yesterday	avant-hier
the day before	la veille
the week before	la semaine d'avant, la semaine précédente
This adjective is placed before.	Cet adjectif se place avant.

before prep

He left before the end.	Il est parti avant la fin.
She went out before me.	Elle est sortie avant moi.

Adverbs are placed before adjectives.	Les adverbes se placent avant les adjectifs.
He rested before having dinner.	Il s'est reposé avant de dîner.
This project will be presented before the committee.	Ce projet sera présenté devant le comité.
Go before me.	Passez devant moi.

before conj

They left before I could see them.	Ils sont partis avant que je (ne) les voie.

On peut éviter l'emploi de *avant que* + *subjonctif* en utilisant *avant* + *nom* si le verbe peut être remplacé par un nom:

It rained before your arrival.	Il a plu avant votre arrivée.

believe

transitif direct

- to consider sb as truthful	croire qn
I believe him, he is serious.	Je le crois, il est sérieux.
- to consider sth as true	croire qch
I believe your story.	Je crois votre histoire.
I believe what you say.	Je crois ce que vous dites.
- to think (that)	croire (que)
I believe he is gone.	Je crois qu'il est parti.
I believe I can do it.	Je crois pouvoir le faire.

transitif indirect

- to have faith in sb's existence	croire à/en qn
Do you believe in Santa Claus?	Croyez-vous au Père Noël?
I believe in God.	Je crois en Dieu.
- to believe in the efficiency of sth	croire à qch
We believe in these new regulations.	Nous croyons à ces nouveaux règlements.
- to consider sth as possible	croire à qch
They believe in another war.	Ils croient à une autre guerre.
- to have confidence in sb	croire en qn
I believe in him, he's going to go places.	Je crois en lui, il fera son chemin.

- to have confidence in sth   croire en qch
She believes in medicine.   Elle croit en la médecine.

intransitif
- to have a strong religious faith   croire

below adv

She lives below.   Elle habite en bas/en-
                     dessous/au-dessous.

The valley below.   La vallée en bas/en
                     contre-bas.

See the note below.   Voir la note plus bas/
                     ci-dessous.

below prep

The water is cold below the   L'eau est froide sous la
  surface.   surface.
This morning it is 10 below   Ce matin il fait 10 au-dessous
  zero.   de zéro.
His work is below average.   Son travail est au-dessous de la
                     moyenne.

The road is below the cliff.   La route est en contre-bas
                     de la falaise.

big

big blow   un grand coup
big difference   une grande différence
big eyes   de grands yeux
big house   une grande maison
big man (tall)   un homme grand
big name   un grand nom

big business   une grosse affaire
big man (fat)   un gros homme
big mistake   une grosse erreur, une
                     grosse faute

big shot   un gros bonnet, une grosse
                     légume

Big deal!   La belle affaire!
                     Et après! Et alors!

a big ego   un crâneur, une crâneuse
a bigmouth   quelqu'un qui parle trop
                     un gueulard

billion

1,000,000,000   un milliard/mille millions

⊖ un *billion*

bless

to bless   bénir

⊖ *blesser*

bone n

a chicken bone   un os de poulet
a fish bone   une arête de poisson

bone vt

to bone a chicken   désosser un poulet
to bone a fish   enlever les arêtes d'un poisson

boring adj

a boring film   un film ennuyeux
a boring class   une classe ennuyeuse

⊖ *ennuyant*

borrow

to borrow sth from sb   emprunter qch à qn

⊖ *prêter*

brassiere

an undergarment, a bra   un soutien-gorge

⊖ une *brassière*

bright adj

a bright light   une lumière vive
a bright room   une pièce bien éclairée
                                     une pièce claire
a bright smile   un sourire éclatant
a bright star   une étoile brillante
a bright student   un(e) étudiant(e) brillant(e)

brilliant

a brilliant light	une lumière éclatante
a brilliant color	une couleur éclatante
a brilliant idea	une idée *brillante*
a brilliant scholar	un érudit *brillant*
a brilliant performance	une exécution *brillante*

bring

- sb or sth in contact with the ground:

Bring your friends.	Amenez vos amis.
Bring your dog.	Amenez votre chien.
Bring your car.	Amenez votre voiture.

- sth not in contact with the ground:

Bring your records.	Apportez vos disques.
Bring a bottle of wine.	Apportez une bouteille de vin.

VOIR: **take** pour *emporter, emmener*

brown adj

brown hair	des cheveux bruns, châtains
brown shoes	des chaussures marron
brown sugar	du sucre brun

VOIR: **adjectives** pour les accords des adjectifs de couleur

building n

appartment building	un immeuble (de résidence)
office building	un immeuble administratif

bureau

a chest of drawers	une commode

➖ un *bureau*

busy adj

to be occupied	être occupé
a busy street	une rue animée/passante/ passagère
a busy airport	un aéroport à grand trafic

by prep

- agent, manner, means

made by hand	fait **à** la main
by means of	**au** moyen de

word by word	mot **à** mot
Irish by birth	Irlandais **de** naissance
to know by name, by sight	connaître **de** nom, **de** vue
to live by one's pen	vivre **de** sa plume
a poem by Valéry	un poème **de** Valéry
surrounded by trees	entouré **d'**arbres
He did it by himself.	Il l'a fait **par** ses propres moyens.
	Il l'a fait (tout) seul.
She lives by herself.	Elle vit (toute) seule.
to know sth by heart	savoir qch **par** coeur
to pay by check	payer **par** chèque
to send sth by mail	envoyer qch **par** la poste
to send sth by plane, by train	envoyer qch **par** avion, **par** le train
wounded by a bullet	blessé **par** une balle
to judge by appearances	juger **sur** les apparences
	juger **d'après** les apparences
to travel by bus, by car, by plane, by train	voyager **en** autobus, **en** voiture, **en** avion, **en** train, **par** le train
by and large	**en** gros
He saved money by doing it himself.	Il a économisé de l'argent **en** le faisant lui-même.

VOIR: **present participle** pour l'emploi de en + participe présent

- location

the house by the school	la maison **près de** l'école
	la maison **à côté de** l'école
the house by the lake	la maison **près du** lac
	la maison **au bord du** lac
	la maison **sur** le lac
the house by the sea	la maison **au bord de** la mer

- direction, movement

to go by a monument	passer **devant** un monument
	passer **près d'**un monument
	passer **à côté d'**un monument
to walk by the river	se promener **le long de** la rivière
to go out by the window	sortir **par** la fenêtre
to go to Paris by the way of Boston	aller à Paris **(en passant) par** Boston

- time

by day, by night	**de** jour, **de** nuit, **le** jour, **la** nuit
by that time, by then	**à** ce moment-là, alors
by the time he arrives	**au moment où** il arrivera
It will be done by Tuesday.	Ce sera fait **pour** mardi.

⊖ *par mardi*

He should be there by now.	Il devrait être là à l'heure qu'il est.
I'll leave by five.	Je partirai **avant** 5h.
I'll leave by the end of the semester.	Je partirai **avant** la fin du semestre.
by and by	tout à l'heure

- quantities

little by little	petit **à** petit
one by one	un **à** un
to be paid by the hour, by the month	être payé **à** l'heure, **au** mois
sold by the pound, by the yard	vendu **à** la livre, **au** mètre
He is older than I by 10 years.	Il est plus âgé que moi **de** 10 ans.
	Il a 10 ans de plus que moi.
She is too heavy by 50 pounds.	Elle est trop lourde **de** 50 livres.
	Elle pèse 50 livres de trop.
	Elle a 50 livres de trop.
This room is 10 feet by 15.	Cette pièce mesure 10 pieds **sur** 15.
	Cette pièce fait 10 pieds **sur** 15.
	Cette pièce est de 10 pieds **sur** 15.

- according to

by law	**selon** la loi, **conformément à** la loi
by his standards	**selon** ses normes, **d'après** ses normes, **suivant** ses normes
by what he said to me	**selon** ce qu'il m'a dit
	d'après ce qu'il m'a dit
	suivant ce qu'il m'a dit

C

cabin

a small simple dwelling	une cabane
a log cabin	une cabane en rondins
a bedroom or a small private room on a boat	une *cabine*
a part of a space ship	une *cabine*

cabinet

a piece of furniture	un meuble de rangement
	un placard
a filing cabinet	un classeur
a cabinetmaker	un ébéniste
a council advising a president	un *cabinet* (l'ensemble des ministres)

Le mot *cabinet* en français veut dire aussi: *un cabinet de docteur*, a doctor's office, *un cabinet d'avocat*, a lawyer's office, *les cabinets*, the lavatory.

camera

for taking pictures	un appareil photographique
	un appareil (de) photo
	un appareil
a movie camera	une *caméra*

can, could

A. to be able to	**pouvoir**
1. I can, I am able to	je peux (présent), pourrai (futur)
- possibility, ability	
I can travel when I want to.	Je peux voyager quand je veux.
I can see you tomorrow.	Je pourrai vous voir demain.
I can swim for hours without getting tired.	Je peux nager pendant des heures sans me fatiguer.

- permission

Can I come in?	Puis-je entrer?
I can (have permission to) go out.	Je peux sortir.

2. I could

j'ai pu (passé composé)
je pouvais (imparfait)
je pourrais (présent du conditionnel)

- past ability (factual)

Since it was raining, I couldn't find a taxi.	Puisqu'il pleuvait je n'ai pas pu trouver un taxi.

- past ability (habitual)

When I was younger, I could swim for hours.	Quand j'étais plus jeune, je pouvais nager pendant des heures.

- suggestion

Maybe we could go out tonight.	On pourrait peut-être sortir ce soir.

- unreal condition

If I were free, I could help you.	Si j'étais libre, je pourrais t'aider.

- advice

You could work a little more.	Tu pourrais travailler un peu plus.

- polite question

Could you do this for me?	Pourriez-vous faire ça pour moi?

- indirect speech

I said I could help them next week.	J'ai dit que je pourrais les aider la semaine prochaine.

3. I could have   j'aurais pu (passé du conditionnel)

- unfulfilled condition

If I had been free, I could have helped you.	Si j'avais été libre, j'aurais pu t'aider.

- indirect speech

I said I could have helped her if I had been free.	J'ai dit que j'aurais pu l'aider si j'avais été libre.

B. to know how to   **pouvoir, savoir**

- intellectual ability

I can drive because I learned how to do it.	Je peux/Je sais conduire parce que j'ai appris à le faire.
I can read Greek.	Je peux/Je sais lire le grec.

capability

| ability, aptitude | l'aptitude à faire qch,
la capacité de faire qch,
la compétence |

means (intellectual or financial)	les moyens
He has the capability to pay.	Il a les moyens.
He has the capability to do it himself.	Il peut le faire par ses propres moyens.

❑ *capabilité* n'est pas français

capital letters   *les majuscules*

La plupart des règles concernant l'emploi des majuscules en français et en anglais sont semblables. Il en existe cependant qui diffèrent. Voici les principales:

Contrairement à l'anglais, le français n'utilise pas la majuscule avec:

- les jours de la semaine et les mois de l'année:

Exemples:

> Il va venir jeudi.
> Nous sortons tous les samedis.
> Le mois de février est le plus court de l'année.
> Je prends mes vacances en mai.

- les noms comme *mont, lac, océan, mer, rue, avenue,* etc. lorsqu'ils font partie d'un nom propre:

> le mont Blanc; l'océan Atlantique; le lac Champlain
> la rue de la Paix; l'avenue des Champs-Elysées

- les noms de langues:

> J'étudie le chinois, le portugais, le français, etc.

Mais les noms de peuples ont la majuscule:

> les Chinois, les Portugais, les Français, etc.

- les adjectifs correspondant à des noms propres de peuples, de dynasties, de familles ou personnages célèbres:

noms propres	*adjectifs*
les Russes	un satellite russe
les Capétiens	la dynastie capétienne
Elizabeth Ière	l'époque élizabéthaine

- les noms et adjectifs de religion et de partis politiques:

  le protestantisme
  un musulman
  une église catholique
  le socialisme
  un républicain
  le parti communiste

- les noms de titres lorsqu'ils sont suivis d'un nom propre ou d'un prénom:

  le docteur Knock
  tante Marie

care v

to care about	se soucier de/s'intéresser à/aimer
to care for sb	soigner qn/s'occuper de qn
I don't care!	Ça m'est égal! Je m'en moque!
	Je m'en fiche (fam.)
I don't care for it.	Ça ne me dit rien.
	Je ne l'aime pas beaucoup.
He could not care less.	Ça lui est égal.
	Il s'en moque.
	Il s'en fiche (fam.)
Who cares?	Qu'est-ce que ça peut (bien) faire?
to take care of sb	s'occuper de qn/prendre soin de qn
to take care of sth	s'occuper de qch/se charger de qch
Take care of yourself.	Porte-toi bien.

careful

Be careful!	Attention! Fais attention!
	Sois prudent!

carelessly

recklessly	n'importe comment
He did his homework carelessly.	Il a fait ses devoirs n'importe comment.

carpenter

a specialist in building frames	un *charpentier*
a woodworker	un menuisier

cartoon

a satirical drawing	un dessin humoristique
an animated film	un dessin animé
a sketch (for a painting, a tapestry)	un *carton*

🚫 *du carton*

cash n

money	de l'argent, des espèces
	de l'argent liquide, du liquide
to pay cash	payer en espèces/en argent comptant
	payer comptant

🚫 une *caisse*

caution n

great care	la prudence

🚫 une *caution*

cave

a grotto, a cavern	une grotte, une caverne

🚫 une *cave*

chair n

a seat without arms	une chaise
an arm-chair	un fauteuil
a bean bag chair	un siège-billes
a rocking chair	un fauteuil à bascule
	une chaise à bascule
a wheelchair	un fauteuil roulant
the electric chair	la chaise electrique
a chair in a university	une *chaire*

🚫 la *chair*

challenge n

a dare	un défi

🚫 un *challenge*

chance

occasion, opportunity	une *chance*, une occasion
(good) luck	la *chance*

VOIR: **luck**

chandelier

a light fixture · un lustre

⊖ un *chandelier*

change

modification	un changement
money	de la monnaie

VOIR: **money**

⊖ le *change*

character

a person in a play or novel	un personnage
What a character!	Quel phénomène! Quel numéro! Quel type!
a graphic symbol	un *caractère*

Le mot *caractère* en français veut dire aussi, pour une personne: disposition. "Avoir bon/mauvais *caractère*": to have a good or bad disposition.

charge v

to impose a responsibility on sb	*charger* qn de qch
to entrust sb to do sth	*charger* qn de faire qch
to accuse sb with sth	accuser qn de qch
	inculper qn de qch
to ask as payment	faire payer
How much do you charge for this?	Combien est-ce que ça coûte?
to charge a purchase	mettre un achat sur son compte

⊖ *charger* un achat

Le mot *charger* en français veut dire aussi: *to load* a truck, a gun.

chemical n

a chemical	un produit chimique

chemical adj

a chemical process	un procédé chimique
a chemical engineer	un ingénieur chimiste

city

a large town	une ville, une grande ville
the city of New York	la ville de New York
New York City	

Le mot *cité* s'emploie aujourd'hui en français pour désigner:

- les grandes villes célèbres de l'Antiquité:
  > la **cité** de Babylone

- le quartier le plus ancien d'une ville:
  > *L'île de la* **Cité** est le quartier le plus ancien
  > de la ville de Paris.

- des lotissements (housing) situés souvent dans la banlieue, et destinés, par exemple:

à des ouvriers	une *cité* ouvrière
à des étudiants	une *cité* universitaire

- de nouvelles agglomérations situées dans la banlieue des grandes villes, que les habitants quittent le matin pour aller travailler et où ils ne rentrent que le soir:

bedroom towns	des *cités*-dortoirs

Une expression:

> *avoir droit de* **cité** *(quelque part)*
> to be established (somewhere)

VOIR: **geographical names** pour les prépositions à employer avec les noms de villes

clauses   *les propositions*

Tout d'abord, rappelons le sens de:

a sentence	une *phrase*
a clause	une *proposition*

VOIR: **phrase**

Les différentes sortes de propositions en français sont:

A. La **Proposition Indépendante** (independent clause): elle ne dépend d'aucune autre proposition et aucune autre proposition n'en dépend. Les phrases simples (avec un seul verbe) sont des propositions indépendantes.

Pierre écrit un roman.

B. La **Proposition Principale** (main clause): elle a toujours sous sa dépendance une ou plusieurs propositions subordonnées.

Puisqu'il a le temps, **Pierre écrit un roman** *qui raconte sa vie en Chine.*

C. Les **Propositions Subordonnées** (subordinate clauses): elles sont sous la dépendance d'une autre proposition (principale ou subordonnée). Il y en a plusieurs sortes:

1. **la proposition subordonnée relative** (relative clause): elle est introduite par un pronom relatif.

Pierre écrit un roman **qui raconte sa vie en Chine.**

VOIR: **relative pronouns** pour les formes et emplois des pronoms relatifs
subordinate clauses pour l'emploi des modes dans certaines propositions subordonnées relatives

2. **la proposition subordonnée conjonctive:**
- la **complétive** ("that" clause): elle est introduite par la conjonction de subordination *que*.

Il faudrait **qu'il ait fini son roman dans un mois.**

VOIR: **conjunctions** pour la conjonction *que*
subordinate clauses pour l'emploi des modes dans les propositions subordonnées conjonctives complétives

- la **circonstancielle** (adverbial clause): elle est introduite par un conjonction de subordination à sens circonstanciel (temps, lieu, cause, conséquence, manière, etc.)

Puisqu'il a le temps, *Pierre écrit un roman sur sa vie en Chine.*

VOIR: **conjunctions** pour ces conjonctions de subordination et l'emploi des modes dans les propositions subordonnées conjonctives circonstancielles

3. **La proposition subordonnée participe:** son verbe, au participe présent ou passé a un sujet différent de celui de la proposition principale.

Une fois le roman écrit, *il le publiera.*
La chance aidant, *le roman se vendra bien.*

VOIR: **past participles** et **present participles**

4. **La proposition subordonnée infinitive** (infinitive clause): son verbe, à l'infinitif, a un sujet différent de celui du verbe de la proposition principale.

Il voit **passer les jours.**

VOIR: **infinitive**

5. **La proposition subordonnée interrogative indirecte** (indirect question) introduite par un mot interrogatif:

> *Dites-moi* **pourquoi vous écrivez ce roman.**
> *Dites-moi* **ce que vous écrivez.**

VOIR: **interrogation**

D. La Proposition Incise: insérée à l'intérieur d'une phrase ou placée à la fin, indique qu'on rapporte les paroles de quelqu'un dans le discours direct (reporting clause):

> *J'écris ce roman,* **dit-il,** *pour passer le temps.*

Remarquer ici l'inversion du sujet et du verbe qui ne se fait pas en anglais:

> I am writing this novel, **he said,** to pass the time.

Dans d'autres cas, elle indique qu'on fait une parenthèse ou un commentaire (comment clause):

> *Il l'aura fini dans un mois,* **je l'espère.**

climb v

a mountain	escalader une montagne
	gravir une montagne
	faire l'ascension d'une montagne

(On évite *monter une montagne* parce que c'est une répétition de sons semblables.)

stairs	monter des escaliers
a hill (on a road)	monter une côte
a tree	grimper à un arbre
	grimper dans un arbre

cold n

- low temperature	
cold weather	le froid
	la froidure (mot vieilli)

⊖ la *froideur*

- an ailment	
I caught a cold.	J'ai attrappé un rhume.

comfortable adj

- applied to something	
a comfortable sofa	un canapé *confortable*
a comfortable house	une maison *confortable*
- applied to somebody	
I am comfortable.	Je suis à l'aise.

I feel comfortable.	Je me sens bien.
Make yourself comfortable!	Mettez-vous à l'aise!
	Faites comme chez vous!
a comfortable life	une vie facile

commencement

ceremonies for graduation	la remise des diplômes

⊖ le *commencement*

comparison

in comparison with	en *comparaison* de
	par rapport à

comparison   *la comparaison*

A. Les Comparatifs

- d'adjectifs:

I am **less** surprised **than** you.	Je suis **moins** surpris **que** toi.
I am **as** surprised **as** you.	Je suis **aussi** surpris **que** toi.
I am **more** surprised **than** you.	Je suis **plus** surpris **que** toi.

- d'adverbes:

You understand **less** quickly **than** I.	Tu comprends **moins** vite **que** moi.
You understand **as** quickly **as** I.	Tu comprends **aussi** vite **que** moi.
You understand **more** quickly **than** I.	Tu comprends **plus** vite **que** moi.

- de verbes:

She eats **less than** her sister.	Elle mange **moins que** sa soeur.
She eats **as much as** her sister.	Elle mange **autant que** sa soeur.
She eats **more than** her sister.	Elle mange **plus que** sa soeur.

- de noms:

I earn **less** money **than** they do.	Je gagne **moins** d'argent **qu'eux.**
I earn **as much** money **as** they do.	Je gagne **autant** d'argent **qu'eux.**
I earn **more** money **than** they do.	Je gagne **plus** d'argent **qu'eux.**

We have **fewer** tapes **than** records.	Nous avons **moins** de bandes **que** de disques.
We have **as many** tapes **as** records.	Nous avons **autant** de bandes **que** de disques.
We have **more** tapes **than** records.	Nous avons **plus** de bandes **que** de disques.

Autres façons d'exprimer la comparaison: (Ne pas oublier de faire l'accord avec le nom.)

I have **the same** car **as** you.	J'ai **la même** voiture **que** toi.
They have **the same** habits.	Ils ont **les mêmes** habitudes.
It's **the same** man I saw yesterday.	C'est **le même** homme **que** j'ai vu hier.
as light **as** a feather	léger **comme** une plume
as gentle **as** a lamb	doux **comme** un agneau
to eat **like** a bird	manger **comme** un oiseau
to avoid **like** the plague	fuir **comme** la peste

Bien souvent les deux langues emploient un vocabulaire différent:

as red **as** a lobster	rouge **comme** un coq/un coquelicot/une pivoine/une écrevisse/une tomate
as long **as** a month of Sundays	long **comme** un jour sans pain
as easy **as** pie	simple **comme** bonjour
to drink **like** a fish	boire **comme** un trou
to grow **like** weeds	pousser **comme** un champignon/du chiendent

B. Les Superlatifs

- d'adjectifs:

Avant le nom l'adjectif reste à sa place normale:

It's **the** largest city of all.	C'est **la plus** grande ville de toutes.
She is **the least** happy person I know.	C'est la personne **la moins** heureuse que je connaisse.

Après le nom ne pas oublier de répéter l'article devant l'adjectif:

It's **the most** important moment.	C'est **le** moment **le plus** important.
It's **the least** difficult question.	C'est **la** question **la moins** difficile.

- de verbes:

He is the one who works **the least**.	C'est lui qui travaille **le moins**.

She is the one who earns **the most**.	C'est elle qui gagne **le plus**.

- de noms:

I am the one who has **the least** time.	C'est moi qui ai **le moins de** temps.
I am the one who has **the most** time.	C'est moi qui ai **le plus de** temps.
You are the one who has **the most** books.	C'est toi qui as **le plus de** livres.
You are the one who has **the fewest** books.	C'est toi qui as **le moins de** livres.

Complément du superlatif:

It's **the** larg**est** city in the country.	C'est **la plus** grande ville **du** pays.
He is **the most** courageous among us.	C'est lui **le plus** courageux d'entre nous.
It's **the** young**est** who won.	C'est **le plus** jeune qui a gagné.
It's **the** larg**est** city I know.	C'est **la plus** grande ville que je connaisse.

VOIR: **subordinate clauses** pour l'emploi de l'indicatif ou du subjonctif

C. Remarques Particulières:

1. Bien faire la distinction entre:

a. good, better, the best (adj): *bon, meilleur, le meilleur*

well, better, the best (adv): *bien, mieux, le mieux*

Son dernier film est **bon**. (adj)
Il est **meilleur** que le précédent. (adj)
C'est **le meilleur** de ses films. (adj)

Vous chantez **bien**. (adv)
Vous chantez **mieux** que moi. (adv)
C'est vous qui chantez **le mieux** de nous tous. (adv)

b. much better: *bien meilleur* (adj) *bien mieux, beaucoup mieux* (adv)

Ce film est **bien meilleur**.
Vous chantez **bien mieux/beaucoup mieux**.

c. a little better: *un peu meilleur* (adj); *un peu mieux* (adv)

Votre travail est **un peu meilleur** aujourd'hui.
Vous travaillez **un peu mieux**.

Quelques expressions avec *mieux*:

It's better to wait.	Il vaut mieux attendre.
It's better that you wait.	Il vaut mieux que vous attendiez.
You had better keep silent.	Tu ferais mieux de te taire.
So much the better.	Tant mieux.
He is getting better and better.	Il va de mieux en mieux.

2. Les comparatifs des autres adjectifs et adverbes peuvent être modifiés par *beaucoup, bien, un peu*:

Il est **beaucoup** plus/moins grand. (adj)

Il est **bien** plus/moins grand. (adj)

Il est **un peu** plus/moins grand. (adj)

Il marche **beaucoup** plus/moins vite. (adv)

Il marche **bien** plus/moins vite. (adv)

Il marche **un peu** plus/moins vite. (adv)

3. More:

- *More* à la fin d'une phrase se traduit par *davantage*:

Je travaille **davantage**.

J'en ai **davantage**.

- *More than, less than* avec un nombre se traduit par *plus de, moins de* + nombre:

Il gagne **plus de** $15 000 par an, mais **moins de** $20 000.

Plus de 2 000 manifestants ont défilé dans les rues.

Moins de 25 ont été arrêtés.

- *More than, less than* avec des fractions se traduit par *plus que, moins que* + locution adverbiale ou *plus de, moins de* + nom:

Mon travail est **plus qu'**à moitié fini.

Mon travail est **moins qu'**à moitié fini.

Plus de la moitié de mon travail est finie.

Moins de la moitié de mon travail est finie.

- *More and more* se traduit par *de plus en plus; less and less/fewer and fewer* se traduit par *de moins en moins*:

Unemployment increases **more and more**.	Le chômage augmente **de plus en plus**.
More and more people go skiing.	**De plus en plus** de gens font du ski.
It is **less and less** easy to find a job.	Il est **de moins en moins** facile de trouver un travail.

Fewer and fewer people go to the movies.	**De moins en moins** de gens vont au cinéma.

- *The more...the more* (plus...plus); *The less...the less* (moins...moins):

The more he grows, **the more** he looks like his father.	**Plus** il grandit, **plus** il ressemble à son père.
The less you go out, **the less** you feel like going out.	**Moins** on sort, **moins** on a envie de sortir.
The more I talk, **the less** he listens.	**Plus** je parle, **moins** il écoute.

    ⊖ *Le plus il grandit, le plus il ressemble...*
    ⊖ *Le moins on sort, le moins on a envie de...*

- L'expression *more important* au début d'une phrase

lorsqu'il équivaut à:	*se traduit par:*
What is more important...	Ce qui est le plus important...
Above all...	Surtout...

    ⊖ *plus important*

4. *As much...as, as many...as* dans une multiplication se traduit par *plus (que)*:

He works twice **as much as** you do.	Il travaille deux fois **plus que** toi.
And, of course, he earns twice **as much.**	Et, bien sûr, il gagne deux fois **plus**/ il gagne le double.
I have ten times **as many** records **as** you do.	J'ai dix fois **plus de** disques **que** toi.

5. Most:

- avec des noms ou pronoms pluriels:

most people	**la plupart** des gens
	la majorité des gens
most of us	**la plupart** d'entre nous
	la majorité d'entre nous

VOIR: **of** pour l'emploi de *entre*

- avec le nom singulier *temps*:

most of the time	**la plupart** du temps

- avec des noms ou pronoms singuliers:

most of the day	**la plus grande partie** de la journée

la **majeure partie** de la
journée

🚫 *la plupart de la journée*

the most

for the most part

- Autres expressions:

a **most** delightful person

most of all

la plus grande partie
la majeure partie
en général

une personne **des plus**
agréables
une personne **on ne peut**
plus agréable
avant tout/**par-dessus** tout

complete v

to complete a collection
to finish a work

to fill out a form

compléter une collection
achever, finir, terminer un
travail
remplir un formulaire

compound nouns   *les noms composés*

Pluriel des Noms Composés

1. Noms composés en un seul mot:

La marque du pluriel se met à la fin:
un pourboire   des pourboires

Exceptions:

monsieur   **mes**sieurs
madame   **mes**dames
mademoiselle   **mes**demoiselles
un gentilhomme   des gentilshommes
un bonhomme   des bonshommes

2. Noms composés en deux mots ou plus:

L'accord dépend de la nature grammaticale des mots qui les composent:

- les noms et les adjectifs s'accordent en général:
un coffre-fort   des coffres-forts

- les verbes, les adverbes, les prépositions restent invariables:
un tire-bouchon   des **tire**-bouchons
un arrière-goût   des **arrière**-goûts
une contre-attaque   des **contre**-attaques

L'accord dépend aussi du sens des mots utilisés:

un timbre-poste	des timbres-**poste**
	des timbres de la poste
un chasse-neige	des **chasse-neige**
	des machines qui chassent la neige

Le tableau suivant indique les principales règles; mais comme il y a de nombreuses exceptions, il est conseillé de vérifier le pluriel des noms composés dans un dictionnaire.

noms composés	singulier	pluriel	
		variable	invariable
nom + adjectif	un arc-boutant	des arcs-boutants	
adjectif + nom	un long-courrier	des longs-courriers	
	un grand-père	des grands-pères	
adjectif + adjectif	un sourd-muet	des sourds-muets	des pur-sang
nom + nom (en apposition)	un chou-fleur	des choux-fleurs	
nom + nom (obj.)	un soutien-gorge	des soutiens-gorge	
nom + prép. + nom	un ver à soie	des vers à soie	des pied à terre
	un arc en ciel	des arcs-en ciel	des tête à tête
	un chef-d'oeuvre	des chefs-d'oeuvre	des pot au feu
adv./prép. + nom	un à côté	des à-côtés	des après-midi
			des hors d'oeuvre
verbe + nom (suivant le sens)	un porte-manteau	des porte-manteaux	des brise-glace
	un couvre-feu	des couvre-feux	des casse-cou
	un casse-noisettes	des casse-noisettes	des abat-jour
	un essuie-mains	des essuie-mains	des cache-pot
	un porte-documents	des porte-documents	des coupe-papier
			des gratte-ciel
			des porte-bonheur
			des porte-monnaie
verbe + prép + nom/pronom			des touche à tout
			des boute-en-train
verbe + verbe			des laissez-passer
pronom + verbe			des on-dit
verbe + adverbe proposition			des passe-partout
			des m'as-tu-vu
			des qu'en-dira-t-on

concern v

This does not concern me.   Cela ne me *concerne* pas.

	Cela ne me regarde pas.
as far as I am concerned	en ce qui me *concerne*
to deal with	s'occuper de
to be interested in	s'intéresser à
to be worried (by)	s'inquiéter (de)
	être inquiet (au sujet de)
to be interested/affected by sth	être/se sentir concerné par

🚫 *se concerner avec*

condition   *la condition*

Tableaux de concordance des temps entre une proposition prin̟cipale et une proposition subordonnée de condition introduite par **si**:

A. Proposition principale	Proposition subordonnée de condition
Indicatif: présent, futur, futur antérieur *Impératif*	*Indicatif: présent*
Je **peux** t'aider I can help you	si tu **veux**. if you want me to.
Ils **viendront** They'll come	si je les **invite**. if I invite them.
Elle **aura** bientôt **fini** She will be finished soon	si elle **se dépêche**. if she hurries.
Dépêche-toi Hurry up	si tu **veux** être à l'heure. if you want to be on time.

B Proposition principale	Proposition subordonnée de condition
Indicatif: présent, futur, futur antérieur, imparfait, passé composé *Impératif*	*Indicatif: passé composé*
On **a** la conscience tranquille One has a clear conscience	si on **n'a** rien **fait** de mal. if one has not done anything wrong.
Ils **se marieront** bientôt They'll get married soon	si j'**ai** bien **compris**. if I understood correctly.
Il **aura fini** dans un moment He will be finished in a while	s'il **a commencé** à l'heure. if he started on time.

Elle **était** folle She was out of her mind	si elle vous **a dit** ça. if she told you that.
Tu ne m'**as** pas **compris** You didn't understand me	si tu **as été** vexé. if you were hurt.
Sortons Let's go out	si tu **as fini** ton travail. if you have finished your work.

C.	Proposition principale	Proposition subordonnée de condition
	Conditionnel: présent, passé	*Indicatif: imparfait,* *plus-que-parfait*
	Elle **s'énerverait** She would get nervous	si vous **étiez** en retard. if you were late.
	Ils n'**auraient** pas **divorcé** They would not be divorced	s'ils **étaient** raisonnables. if they were sensible.
	Elle **s'énerverait** She would be nervous	si vous n'**aviez** pas **téléphoné**. if you had not called.
	Ils n'**auraient** pas **divorcé** They would not have got- ten divorced	s'ils **avaient eu** des enfants. if they had had children.

conductor

of an orchestra   un chef d'orchestre
on a train   un chef de train
of electricity   un *conducteur*

Le mot *conducteur* en français veut dire aussi: *a driver*.

confidence

to have confidence in   avoir confiance en
to tell in confidence   faire une *confidence*

confused adj

a confused noise   un bruit *confus*
to be bewildered   être perdu, embrouillé

● *confusé* n'est pas français

Le mot *confus* en français veut dire aussi: *embarrassed*.

81

confusing adj

a confusing question

confusing directions

une question embrouillée

des instructions déroutantes

❢ *confusant* n'est pas français

conjunctions   *les conjonctions*

On classe les conjonctions en français en deux catégories:

- Les conjonctions de coordination
- Les conjonctions de subordination

A. Les Conjonctions de Coordination
(coordinating conjunctions and conjunctive adverbs)

Les conjonctions de coordination relient des mots, des groupes de mots ou des phrases. Certaines présentent des difficultés de traduction.

VOIR: **negations** pour la conjonction *ni*
also, first, for, however, next, sometimes, then, therefore pour les autres, qui sont aussi des adverbes

B. Les Conjonctions de Subordination
(subordinating conjunctions)

Les conjonctions de subordination relient des propositions. Celles qui les suivent s'appellent des propositions subordonnées conjonctives (subordinate clauses).

- les unes sont dites circonstancielles (adverbial clauses)
- les autres sont appelées complétives (*that* clauses)

VOIR: **clauses**

La principale difficulté réside dans le choix du mode du verbe de ces propositions.

1. Modes dans les propositions subordonnées conjonctives circonstancielles:

Les listes suivantes classent les principales conjonctions de subordination d'après leur sens et indiquent le mode qui les suit: **indicatif, subjonctif, conditionnel.**
Un certain nombre de ces conjonctions peuvent être suivies soit de l'indicatif soit du conditionnel. Chaque mode indique une nuance particulière:

- l'indicatif indique que le fait énoncé est réel.
- le conditionnel indique que le fait est éventuel, hypothétique.
- le subjonctif indique que le fait n'existe pas encore, mais qu'il est possible.

82

Trois conjonctions de conséquence peuvent être suivies des trois modes (indicatif, subjonctif, conditionnel). Voir les exemples qui suivent le tableau **f** pour les différences de sens.

(Dans les listes suivantes les conjonctions marquées d'un astérisque font l'objet d'entrées particulières dans lesquelles se trouvent des exemples.)

a. le but:

		Indicatif	Subjonctif	Conditionnel
pour que	so that		•	
afin que	so that		•	
de crainte que...(ne)	for fear that		•	
de peur que...(ne)	for fear that		•	
de façon (à ce) que	in such a way that		•	
de manière (à ce) que	in such a way that		•	
de sorte que	in such a way that		•	

Subjonctif:

> *Parlez plus fort* **pour que** *je vous entende.*
> Speak louder so that I can hear you.

b. la cause:

		Indicatif	Subjonctif	Conditionnel
attendu que	since *	•		•
comme	since	•		•
du moment que	since	•		•
étant donné que	since	•		•
puisque	since	•		•
vu que	since	•		•
parce que	because *	•		•
(c'est) que	(this is) because	•		•
d'autant (plus) que	all the more because	•		•
soit que...soit que...	either because... or because...	•		•
sous prétexte que	on the pretext that	•		•
maintenant que	now that	•		
ce n'est pas que	not that, not because,		•	
non (pas) que	this is not because		•	

Indicatif:

Comme *le film a été très long, j'ai manqué le dernier métro.*
Since the film was very long, I missed the last metro.

Subjonctif:

Il a échoué; **ce n'est pas qu'**il ait mal travaillé.
He failed; this is not because he did not work well.

Conditionnel:

J'ai **d'autant plus** *envie d'accepter ce travail* **que** *je*
pourrais *peut-être avoir de l'avancement.*
I feel like accepting this job all the more because
maybe I would be promoted.

c. la comparaison:

		Indicatif	Subjonctif	Conditionnel
ainsi que	as	●		●
comme	as	●		●
de même que	as	●		●
aussi...que	as...as	●		●
moins...que	less...than	●		●
plus...que	more...than	●		●
autant que	as much as	●		●
autant que	as far as		●	
d'autant moins que	all the less that	●		●
d'autant plus que	all the more that	●		●
comme si	as if	●		

Indicatif:

Fais **comme** *tu veux.*
Do as you wish.

Subjonctif:

Autant que *je sache, la grève est terminée.*
As far as I know, the strike is over.

Conditionnel:

Ça ne va pas **aussi** *bien* **que** *je voudrais.*
It does not work as well as I'd like it to.

d. la concession, l'opposition:

		Indicatif	Subjonctif	Conditionnel
alors que	while *	•		•
tandis que	while	•		•
quand	when, even if	•		•
même si	even if	•		•
quand bien même	even if			•
si (+ adj.) que	however *		•	
bien que	although		•	
quoique	although		•	
au lieu que	instead of		•	
loin que	far from		•	
malgré que	despite		•	
quel (+ adj.) que	whatever *		•	
quelque (+ nom) que	whatever, whichever *		•	
qui que	whoever *		•	
qui que ce soit qui/ que	whoever		•	
quoi que	whatever		•	
quoi que ce soit que/ qui	whatever		•	
où que	wherever *		•	
sans que	without		•	

Indicatif:

> *C'est très bruyant ici,* **alors que** *c'est très calme chez moi.*
> It is very noisy here, while it is very quiet at home.

Subjonctif:

> *Je ne le ferai pas,* **bien que** *tu le veuilles.*
> I won't do it, although you want me to.

Conditionnel:

> *Je ne le ferais pas* **quand bien même** *vous me supplieriez.*
> I wouldn't do it even if you beg me.

e. la condition, la supposition:

		Indicatif	Subjonctif	Conditionnel
si	if, on condition that	•		
même si	even if	•		
dans la mesure où	insofar as	•		
si	if, whether	•		•
au cas où	in case that			•
alors même que	even if			•
quand même	even if			•
à (la) condition que	on condition that		•	
à moins que...(ne)...	unless		•	
que...ou non	whether...or not		•	
que...ou que...	whether...or whether...		•	
soit que...soit que...	whether...or whether...		•	
pourvu que	provided that		•	
à supposer que	supposing that		•	
en supposant que	supposing that		•	
en admettant que	admitting that		•	
pour autant que	admitting that	•	•	

Indicatif:

> *Viens* **si** *tu peux.*
> Come if you can.

Subjonctif:

> *La situation empirera* **à moins que** *le taux de chômage (ne) baisse.*
> The situation will get worse unless the unemployment rate drops.

Conditionnel:

> *Téléphone* **au cas où** *tu déciderais de venir.*
> Call in case you decide to come.

VOIR: **condition**

86

f. la conséquence:

		Indicatif	Subjonctif	Conditionnel
de façon (à ce) que	in a way/manner that	•	•	•
de manière (à ce) que	in a way/manner that	•	•	•
de sorte que	so that	•	•	•
si bien que	so that	•		•
tant et si bien que	so that	•		•
au point que	to the point where	•		•
à tel point que	so much that	•		•
tant que	so much that	•		•
tellement que	so much that	•		•
assez/suffisam- ment... pour que	enough... (for sb) to		•	
trop... pour que	too much... (for sb) to		•	
si... que	so...that	•		
tellement... que	so...that		•	
tellement... que	so much...that	•		

Indicatif:

> *Il est si gentil que je ne peux pas le gronder.*
> He is so nice that I cannot scold him.

Subjonctif:

> *Il parle trop vite pour que je le comprenne.*
> He speaks too fast for me to understand him.

Conditionnel:

> *Elle exagère au point que nous devrions le lui dire.*
> She exaggerates so much that we should tell her.

Les trois conjonctions: **de façon (à ce) que, de manière (à ce) que, de sorte que,** peuvent être suivies soit de l'indicatif, soit du subjonctif, soit du conditionnel.

- Indicatif: le fait énoncé est réel
> *Elle est venue de sorte que nous avons pu parler.*
> She came so that we could talk.

- Subjonctif: le fait n'existe pas encore, mais il est possible
> *Venez de sorte que nous puissions parler.*
> Come so that we can talk.

- Conditionnel: le fait est éventuel, hypothétique
  J'aimerais que vous veniez **de sorte que** *nous* **pourrions** *parler.*
  I'd like you to come so that we could talk.

g. le temps:

		Indicatif	Subjonctif	Conditionnel
quand	when*	•		•
lorsque	when	•		•
avant que...(ne)	before*		•	
jusqu'à ce que	until		•	
en attendant que	waiting for...to		•	
après que	after*	•		•
aussitôt que, sitôt que	as soon as	•		•
dès que	as soon as	•		•
a peine...que	barely when	•		•
une fois que	once	•		•
alors que	while	•		•
pendant que	while	•		•
tandis que	while	•		•
au moment où	at the moment when	•		•
à mesure que	as	•		•
au fur et à mesure que	as	•		•
comme	as	•		•
chaque fois que	each/every time	•		•
maintenant que	now	•		•
tant que	as long as	•		•
depuis que	since*	•		

Indicatif:

> *Venez* **dès que** *vous* **pourrez.**
> Come as soon as you can.

Subjonctif:

> *Ne faites rien* **avant que** *je (ne) vous le* **dise.**
> Don't do anything before I tell you to.

Conditionnel:

> *Je pourrais garder les enfants* **pendant que** *vous* **feriez** *vos courses.*
> I could watch the children while you do your shopping.

2. Les principales **conjonctions de subordination** et les **prépositions** qui leur correspondent:

► *Quand le sujet du verbe de la proposition principale est le même que celui de la subordonnée circonstancielle, on emploie l'*infinitif *ou un nom précédé de la* préposition *qui correspond à la conjonction.*

Tu devrais te reposer **avant de partir.**
Tu devrais te reposer **avant ton départ.**

You should rest before you leave.

Tableau des Principales Conjonctions de Subordination et des Prépositions Correspondantes

Conjonctions de subordination	Prépositions + infinitif	Prépositions + nom
but:		
pour que	pour	pour
afin que	afin de	
de crainte que	de crainte de	de crainte de
de peur que	de peur de	de peur de
cause:		
étant donné que		étant donné
vu que		vu
parce que		à cause de
soit que...soit que...	soit...soit...	soit...soit...
concession, opposition:		
sans que	sans	sans
au lieu que	au lieu de	au lieu de
à moins que	à moins de	
loin que	loin de	
condition:		
à condition que	à condition de	
au cas où		en cas de
selon que		selon
suivant que		suivant
conséquence:		
de façon (à ce) que	de façon à	
de manière (à ce) que	de manière à	
de sorte que		
au point que	au point de	

Conjonctions de subordination	Prépositions + infinitif	Prépositions + nom
temps:		
après que	après (+ infinitif passé)	après
aussitôt que		aussitôt
depuis que		depuis
dès que		dès
une fois que		
avant que	avant de	avant
jusqu'à ce que	jusqu'à	jusqu'à
en attendant que	en attendant de	en attendant
pendant que		pendant
au moment où	au moment de	au moment de
à mesure que		
au fur et à mesure que		au fur et à mesure de
dans la mesure où		dans la mesure de

3. Que (conjonction de subordination):

Il ne faut pas la confondre avec le pronom relatif **que**.

- *Que*, **pronom relatif**, complément d'objet direct, représente un nom qui le précède – l'antécédent:

> *Les légumes **que** je fais pousser sont très tendres.*
> The vegetables (that) I grow are very tender.

- *Que*, **conjonction de subordination**, ne représente pas un nom, mais introduit une proposition subordonnée, parfois une indépendante.

> *Il arrive **que** nous nous disputions.*
> It happens that we argue.

> **Que** *quelqu'un ouvre la porte!*
> Please, somebody, open the door!

a. *Que* introduit une proposition subordonnée complétive.

▶ *Alors qu'en anglais on n'exprime pas toujours* that, *on doit toujours exprimer* que *en français. Le mode qui suit cette conjonction est déterminé par le sens ou le temps du verbe qui la précède.*

Indicatif:

> *On **dit** qu'il **va** pleuvoir.*
> They say (that) it is going to rain.

Subjonctif:

> *Elle* **veut** *que vous* **l'aidiez.**
> She wants you to help her.

Conditionnel:

> *Il* **croyait** *qu'il* **aimerait** *le pays.*
> He thought he would like the country.

VOIR: **subordinate clauses** pour les listes des verbes qui introduisent des propositions subordonnées complétives et les modes utilisés

b. *Que* remplace d'autres conjonctions de subordination pour éviter leur répétition dans une même phrase quand deux propositions subordonnées conjonctives sont coordonnées.

> *Je fais des mots croisés* **parce que** *j'aime ça et* **que** *j'ai le temps.*
> I do crossword puzzles because I like them and I have the time.

► *Toutes les conjonctions de subordination qui se terminent par* que *peuvent être remplacées par* que, *seul.*

> *Marchons lentement* **pour qu'**ils *puissent nous suivre et*
> **qu'**ils *ne se fatiguent pas.*
> Let's walk slowly so that they can follow us and they don't get tired.

► *Les conjonctions:* comme, comme si, même si, si, quand, *peuvent être aussi remplacées par* que.

> **Quand** *tu auras fini et* **que** *tu seras prêt, nous pourrons partir.*
> When you have finished and you are ready, we can go.

► *Que est suivi du mode qui suit normalement la conjonction qu'il remplace.*

Subjonctif:

> *Sortons* **avant qu'**il *(ne) pleuve et* **qu'**il *soit trop tard.*
> Let's go out before it rains and it is too late.

Indicatif:

> **Comme** *les prix montent et* **que** *le change est défavorable,*
> *nous ne ferons pas de voyage cette année.*
> Since the prices are rising and the rate of exchange is unfavorable,
> we won't travel this year.

Exception: si *que* remplace *si*, il est suivi du subjonctif:

> *S'il fait beau et* **que** *tu* **sois** *libre, allons à la plage.*
> If the weather is fine and you are free, let's go to the beach.

c. *Que* introduit une proposition indépendante.

- *Que* introduit une exclamation, un ordre, une interdiction, un souhait. Le verbe est alors au subjonctif.

Que *personne ne bouge!*
Nobody move!

Qu'il *attende!*
Let him wait!

- Parfois il s'agit en réalité d'une subordonnée complétive dont la principale est sous-entendue:

(Veux-tu) **que** *je te prête la voiture? Sûrement pas.*
You want me to lend you the car? Certainly not.

- *Que* peut remplacer *pourquoi*; il est alors suivi de l'indicatif:

Si tu veux lui parler, **que** *ne le fais-tu? (pourquoi ne...)*
If you want to talk to him, why don't you do it?

conservative adj

traditional (politics or manners)

conservateur, conservatrice

⊖ *conservatif* n'est pas français

considerate

careful, courteous

attentionné, prévenant

⊖ *considéré*

consist v

to consist of

consister en, se composer de
être fait de, comprendre

Comprendre est le verbe le plus facile à utiliser parce qu'il n'est pas suivi d'une préposition. (*En* et *de* entrainent parfois l'omission de certains articles.)

This apartment consists of 2 bedrooms.

Cet appartement comprend 2 chambres.

to consist in doing sth

consister à faire qch

consume v

- to eat

consommer

- to use
This car consumes little gas.

consommer, brûler
Cette voiture consomme peu d'essence.
Cette voiture brûle peu d'essence.

- to burn

consumer, brûler

The fire consumed the whole block.	L'incendie a *consumé* tout le pâté de maisons.
- to absorb, be completely involved	*se consumer*
She is consumed with sorrow.	Elle *se consume* de chagrin.

contemplate

to intend	envisager, prévoir
to gaze at	*contempler*

contents n

the box's contents	le contenu de la boîte
the table of contents	la table des matières

control n

to get a fire under control	maîtriser un incendie
I am in control here!	C'est moi qui commande ici!
to lose control of a vehicle	perdre le *contrôle* d'un véhicule

controversial

relating to controversy	discutable, *controversable* sujet à *controverse*

⊖ *controversial* n'est pas français

corsage

a corsage	un petit bouquet, une fleur

⊖ un *corsage*

country

a nation	un pays, une nation une *contrée* (mot vieilli)
a region	une région, une *contrée*
a rural area	la campagne
a country home	une maison de campagne
to live *in* the country	vivre *à* la campagne

course

my history course	mon cours d'histoire
a part of a menu	un plat
the first course	l'entrée
the main course	le plat principal, le plat de résistance

a golf course	un (terrain de) golf
in the course of the day	dans le courant de la journée
in the course of the years	au cours des années
in the course of time	à la longue, avec le temps
in the course of the meeting	au cours de la réunion
	dans le courant de la réunion
	pendant la réunion

cry v

to scream	*crier*
to weep	pleurer

cup n

a tea cup	une tasse à thé
a goblet of champagne	une coupe de champagne
a fruit cup (the container)	une coupe à fruits
- in sports:	
the World Cup	la coupe du monde

D

dance n

the art	la *danse*
a social event	un bal
	une sauterie
	une soirée dansante

VOIR: **ball**

day

A. Jour: unité de temps précise de 24 heures

On l'emploie
- avec un adjectif numéral cardinal

4 days	4 jours
after 5 days	après 5 jours

- dans les expressions suivantes

the other day	l'autre jour
every day	tous les jours; chaque jour
every other day	tous les 2 jours
one of these days	un de ces jours
Come any day.	Viens n'importe quel jour.
The baby is due any day.	Le bébé va naître d'un jour à l'autre.
for days and days	pendant des jours et des jours
these days (nowadays)	de nos jours
3 times a day	3 fois par jour
pay day	le jour de paie
Christmas day	le jour de Noël
New Year's day	le jour de l'an
What day is it?	Quel jour est-ce?
	Quel jour sommes-nous?
He feels better day by day.	Il va mieux de jour en jour.
They live from day to day.	Ils vivent au jour le jour.
He keeps telling me day after day.	Il me le répète jour après jour.

B. Journée: durée imprécise entre le lever et le coucher du soleil, période en cours

On l'emploie dans les expressions suivantes:

at the beginning of the day	au commencement de la journée
in the middle of the day	au milieu de la journée
at the end of the day	à la fin de la journée
a part of the day	une partie de la journée
most of the day	la plus grande partie de la journée
the whole day, all day long	toute la journée
to be paid by the day	être payé à la journée
Have a good day!	Bonne journée!
What a beautiful day!	Quelle belle journée!

C. Jour ou Journée:

On les emploie dans les expressions suivants:

a few days	quelques jours	quelques journées
some days	certains jours	certaines journées
several days	plusieurs jours	plusieurs journées
the same day	le même jour	la même journée
within a day	en un jour	en une journée
during a day	pendant un jour	pendant une journée
another day	un autre jour	une autre journée
I work 8 hours a day.	Je travaille 8 heures par jour.	J'ai une journée de travail de 8 heures.

D. Expressions de Dates:

- à partir d'aujourd'hui:

today	aujourd'hui
yesterday	hier
the day before yesterday	avant-hier
	il y a/ça fait/voilà 2 jours
tomorrow	demain
the day after tomorrow	après-demain, dans 2 jours

- à partir d'un jour passé ou à venir:

that day	ce jour-là
the day before	la veille
two days before	l'avant-veille
	2 jours avant/auparavant/plus tôt
the day after	le lendemain

two days after	le surlendemain 2 jours après/plus tard

Autres traductions:

these days (now)	en ce moment; actuellement à l'heure actuelle
in the good old days	dans le bon vieux temps dans l'ancien temps
in Caesar's days	du temps de César à l'époque de César
in those days	à ce moment-là, alors, à cette époque (-là)

decision

It's your decision.	(C'est) à vous de décider.

    ⊖ *C'est votre décision.*

to make a decision	prendre une décision

    ⊖ *faire une décision*

definite adj

precise, categorical	*défini*, précis, déterminé, certain, sûr, catégorique
a definite article	un article *défini*
a definite answer	une réponse catégorique

definitely adv

absolutely	absolument, certainement, sans aucun doute, parfaitement

definitive adj

- final	*définitif*
a definitive biography	une biographie *définitive*
- decisive	décisif, irrevocable
a definitive argument	un argument décisif

definitively adv

forever	*définitivement*, pour toujours, à tout jamais

degree

a title in higher education	un grade universitaire
a bachelor's degree	une licence
a master's degree	une maîtrise

97

a doctorate   un doctorat
an honorary degree   un grade honoris causa
I received my degree.   J'ai reçu mon diplôme.

a unit of measurement   un *degré*
a 45 degree angle   un angle de 45 degrés
The thermometer reads 30 degrees.   Le thermomètre marque 30 degrés.

demand v

require   exiger, réclamer

⊖ demander

deposit n

down payment   des arrhes, un acompte
bank deposit   un dépôt

There is a 5 cent deposit on this bottle.   Cette bouteille est consignée 5 centimes.
Il y a 5 centimes de con-signe sur cette bouteille.

no deposit   non-consigné(e)

discharge v

to unload a truck   *décharger* un camion
to release a patient from the hospital   renvoyer un malade chez lui

to dismiss an employee   renvoyer un employé, congédier un employé

dish

the container or the contents   un plat
a vegetable dish   un légumier
a dish of vegetables   un plat de légumes
to do the dishes   faire la vaisselle

dispute n

a discussion   une discussion
a quarrel   une *dispute*

division of words   *division des mots*

Voici les principales règles de division des mots en français:

A. On coupe:

- un mot entre deux syllables	télé - phone
	chan - ger
- un mot après son préfixe	auto - route
	socio - logue
- un mot entre deux consonnes répétées	at - tirer
	paral - lèle
- un mot composé au trait d'union déjà présent	porte - clef
	hors - d'oeuvre
- un verbe à la forme interrogative, au trait d'union déjà présent	Viendrez - vous?
S'il y a un **t** euphonique, on coupe avant le **t**.	Viendra - t-il?

B. On ne coupe pas:

- un nom propre	Camus
	Kennedy
- un sigle (initials)	O.N.U.
	S.N.C.F.
- un mot après sa voyelle initiale	acro - bate
- entre deux voyelles, même si chacune se prononce séparément	pa - tience
- après une apostrophe suivie d'une voyelle	quel - qu'un
- un mot avant sa dernière syllabe si celle-ci est muette (terminée par un **e** muet)	soli - tude
	so - litude
- avant ou après un **x** ou un **y** placé entre deux voyelles	hexa - gone
	voya - ger
- *mais* on peut couper après un **x** ou un **y** suivis d'une consonne	ex - trait
	sty - lo

C. On ne sépare pas:

- l'initiale d'un prénom du nom de famille	B. Leroy
- les abréviations: M., Mme, Mlle du nom qui les suit	Mme Legrand
- un mot en lettres de son complément en chiffres	10 personnes
	le 21 mars
	Elizabeth II
- un nombre de sa partie décimale	150,75

[Remarquer qu'en français la partie décimale d'un nombre est séparée de celui-ci par une virgule.]

VOIR: **numbers**

divorce v

Ce verbe est transitif direct en anglais, mais intransitif en français:

to divorce sb   *divorcer*
                                  divorcer d'avec qn

On utilise le plus souvent le verbe seul:

He divorced her last year.   Il a divorcé l'année dernière.
                                  Il a obtenu le (son) divorce l'année
                                  dernière.

domestic adj

domestic work, at home   le travail *domestique*
domestic life   la vie privée, la vie familiale

domestic affairs (as opposed   les affaires intérieures ou
to foreign affairs)   nationales (opposées aux affaires
                                  étrangères ou internationales)

drama

the art   le théâtre, l'art dramatique
a play   une pièce de théâtre
a play, not as intense   un *drame* romantique
as a tragedy; other than a
tragedy, a comedy, etc.
a tragic event or situation   un *drame*

drink n

a drink   une boisson
Have a drink!   Voulez-vous un verre?/un pot?
a drink before dinner   un apéritif
an after dinner drink   un digestif

drug

a medication   un médicament, un remède

Le mot *drogue* s'emploie plutôt pour désigner des stupéfiants, des
narcotiques, comme l'héroïne, la cocaïne, etc.

Mais attention! Chez un *droguiste* en France (dans une *droguerie*), on
ne trouve pas plus de la cocaïne que des médicaments. Un *droguiste*
vend des produits d'entretien (cleaning products) et souvent de la
quincaillerie (hardware). On achète des médicaments chez un *phar-
macien* (a pharmacist), dans une *pharmacie* (a drugstore).

E

each adj

On this street each house
is different.

Dans cette rue chaque
maison est différente.

Chaque est la forme du masculin et du féminin.

each pron

Each one is different.

Chacun est différent.
Chacune est différente.

Attention à l'expression:
each and every one of you

chacun(e) d'entre vous

Bien remarquer l'orthographe de: *chaque, chacun, chacune.*

each other, one another

Ces pronoms réciproques peuvent se traduire de différentes façons:
- par un pronom réfléchi: *me, te, se*, etc.
- par: *l'un l'autre, les uns les autres*
- par le préfixe: *entre*

1. Un pronom réfléchi avant le verbe

Un pronom réfléchi s'emploie avant le verbe dans la majorité des cas.

Ils s'aident.
They help each other/one another.

2. *L'un(e) l'autre*: each other (2 personnes); *les un(e)s les autres*: one another (plus de 2 personnes)

Ces pronoms s'ajoutent au pronom réfléchi régulier pour insister sur la réciprocité de l'action:

Ils s'aident l'un l'autre.
Ils s'aident les uns les autres.

They help each other.
They help one another.

Quelquefois l'emploie de ces pronoms clarifie une ambiguïté:

They see themselves.
They see each other.
They see one another.

Elles se voient elles-mêmes.
Elles se voient l'une l'autre.
Elles se voient les unes les autres.

3. Le préfixe *entre* peut s'ajouter à quelques verbes:

s'entrebattre	to fight one another/each other
s'entrechoquer	to knock/clash with one another/ each other
s'entrecroiser	to cross, to criss-cross
s'entre-déchirer	to tear one another/each other to pieces
s'entre-dévorer	to devour one another/each other
s'entre-égorger	to cut one another's/each other's throat
s'entrelacer	to intertwine, to interlace
s'entre-louer	to praise one another/each other
s'entremêler	to intermix
s'entremettre	to interfere
s'entre-nuire	to do one another/each other harm
s'entre-tuer	to kill one another/each other
s'entrevoir	to see one another/each other briefly

Quand il y a une préposition avec *l'un l'autre*, en anglais la préposition se place avant l'expression. En français, elle se place entre les deux mots de l'expression:

They depend on one another.   Ils dépendent les uns des autres.

⊖ *Ils dépendent des uns les autres.*

against one another/each other
l'un(e)/les un(e)s contre l'autre/les autres

at, to one another/each other
l'un(e)/les un(e)s à l'autre/aux autres

for one another/each other
l'un(e)/les un(e)s pour l'autre/les autres

from, of one another/each other
l'un(e)/les un(e)s de l'autre/des autres

with one another/each other
l'un(e)/les un(e)s avec; envers l'autre/les autres

without one another/each other
l'un(e)/les un(e)s sans l'autre/les autres

early adj

to be an early bird	être matinal, se lever tôt, se lever de bonne heure
an early train	un des premiers trains
an early variety of tomatoes	une variété précoce/hâtive de tomates
early fruit and vegetables	des primeurs
early man	l'homme primitif
early settlers	les premiers colons

early adv

It's early.	Il est tôt.
early in the morning	tôt le matin, de bonne heure le matin, de bon matin, au début/au commencement de la matinée
early in the month	au début du mois au commencement du mois
We are early.	Nous sommes en avance.
The bus is 10 minutes early.	L'autobus est en avance de 10 minutes. L'autobus a 10 minutes d'avance.
It arrived 10 minutes early.	Il est arrivé 10 minutes en avance. Il est arrivé avec 10 minutes d'avance.

earn v

to earn money	gagner de l'argent
to receive a salary	toucher un salaire recevoir un salaire
to earn a good grade	recevoir une bonne note obtenir une bonne note

eat

to eat	manger

Si ce verbe est suivi d'un nom de repas on dira:

to eat breakfast	prendre le petit déjeuner
to eat lunch	déjeuner
to eat dinner	dîner

⊖ *manger le déjeuner/le dîner*

economical

an economical person	une personne *économe*
an economical car	une voiture *économique*
an economical product	un produit *économique*

edit v

to review a text	mettre un texte au point
to publish a text	*éditer* un texte
to edit a film	monter un film

editor n

editor of a newspaper	un rédacteur
a chief editor	un rédacteur en chef
editor of a magazine	un directeur
a publisher of a text	un *éditeur*

education

in general	l'*éducation* (f)
upbringing	l'*éducation*
teaching	l'enseignement (m), l'instruction(f)
training	la formation
continuing education	la formation permanente
studies	les études
the subject studied	la pédagogie

educational

educational television	la télévision éducative
educational materials	fournitures scolaires
	matériaux scolaires

effective

efficient	efficace
This drug is very effective.	Ce médicament est très efficace.
real, actual, positive	*effectif*
Thanks to his effective help...	Grâce à son aide *effective*...
taking effect, being in effect	*effectif*
This regulation will be effective on the 1st of July.	Ce règlement sera *effectif* à partir du 1er juillet.
	Ce règlement entrera en vigueur le 1er juillet.

electrical

an electrical appliance   un appareil *électrique*
an electrical engineer   un ingénieur électricien

emphasis

stress, accent, accentuation   l'accent, l'accentuation

⊖ *emphase*

emphasize

to emphasize sth   mettre l'accent sur qch
accentuer qch
insister sur qch
souligner qch

end n

- time, conclusion
the end of the day   la fin de la journée
the end of the lecture   la fin de la conférence
to put an end to   mettre fin à, mettre un terme à

- place
the end of the street   le bout de la rue
to make (both ends meet)   (faire) joindre les deux bouts
I am at my wit's end   Je ne sais plus quoi faire.
Je ne sais plus à quel saint me
     vouer.

enforce

to enforce a law   mettre une loi en vigueur
mettre une loi en application
appliquer une loi
faire observer une loi

⊖ *enforcer* n'est pas français

entree

in a meal   le plat principal

⊖ une *entrée*

evening

A. Soir: unité de temps précise

in the evening	le soir
this evening	ce soir
last evening	hier soir
tomorrow evening	demain soir
2 nights ago (in the evening)	avant-hier soir
in 2 nights (in the evening)	après-demain soir
every evening	chaque soir, tous les soirs
the other evening	l'autre soir
at 9 in the evening	à 9 heures du soir
Sunday evening	dimanche soir
the evening of the 20th	le soir du 20, le 20 au soir
an evening class	un cours du soir
an evening dress	une robe du soir
an evening paper	un journal du soir

B. Soirée: durée imprécise entre le coucher du soleil et le moment de se coucher

at the beginning of the evening	au début de la soirée
in the middle of the evening	au milieu de la soirée
at the end of the evening	à la fin de la soirée
during the evening	pendant la soirée
the whole evening	toute la soirée
most of the evening	la plus grande partie de la soirée
a party in the evening	une soirée
an evening performance	une (représentation en) soirée

eventually

finally	finalement
	en définitive
	en fin de compte
after a while, in the long run	à la fin, à la longue

⛔ *éventuellement*

every adj indef

each and every morning	tous les matins
each morning	chaque matin

every other week	une semaine sur deux toutes les deux semaines tous les quinze jours
	⊖ *chaque autre semaine*
every ten days	tous les dix jours
	⊖ *chaque dix jours*

everybody, everyone pron

everybody, everyone	tout le monde + v sing chacun + v sing tous + v pl
Everybody will understand.	Tout le monde comprendra. Chacun comprendra. Tous comprendront.

everything pron

He knows everything.	Il sait tout.

everywhere adv

I have been everywhere in the country.	J'ai été partout dans le pays.

evidence

- in a legal context	
proof	une preuve
testimony	un témoignage

executive n

- a business executive	un cadre; un administrateur

executive adj

the executive power	le pouvoir *exécutif*

exercise vt

exercise one's body	*exercer* son corps
exercise one's memory	*exercer* sa mémoire
	⊖ *exerciser* n'est pas français

exercise vi

I like to exercise.

J'aime faire de l'exercice.
J'aime me donner de l'exercice.
J'aime prendre de l'exercice.

exhibition

a public display
an exhibition of Picasso's paintings

a public showing, a demon-stration
an exhibition of weight lifters
an exhibition of performing dogs

exhibitionism

une exposition
une exposition de peintures de Picasso

une *exhibition*

une *exhibition* d'haltérophiles
une *exhibition* de chiens savants

exhibitionisme

expect

to anticipate

to suppose

s'attendre à
attendre
supposer

⊖ *expecter* n'est pas français

experiment n

an experiment

une expérience

⊖ *experiment* n'est pas français

experiment v

to conduct an experiment
to experiment with sth
to experiment on (an animal,...)

faire une expérience
expérimenter qch
faire une expérience sur (un animal,...)

F

fabric

material	un tissu, une étoffe
	⊖ une *fabrique*, un *matériel*

VOIR: **material**

face n

part of the head	le visage, la figure, la *face*
a facial expression	une mine, une physionomie
She had a face-lift.	Elle s'est fait faire un lifting.
face to face	*face* à *face*, en tête à tête
the front of a building	la façade
The store needs a face-lift.	Ce magasin a besoin d'être retapé.
the face of a watch/a clock	le cadran d'une montre/d'une pendule
a face card	une figure

face v

to face a problem	*faire face* à une difficulté, ne pas reculer devant une difficulté
My room faces the south.	Ma chambre donne au sud.
	Ma chambre est exposée/orientée au sud.
In the train we faced each other.	Dans le train nous étions en *face* l'un de l'autre/l'un en *face* de l'autre.
	Nous étions en vis-à-vis.
I cannot face him. (confront)	Je ne peux pas l'affronter.
	Je ne peux pas lui faire *face*.

facilities

hospital facilities	des équipements hospitaliers
hotel facilities	des équipements hôteliers
school facilities	des équipements scolaires
sport facilities	des équipements sportifs

| transportation facilities | des *facilités* de transports |

facility

| ease | la *facilité* |
| to speak in public with facility | parler en public avec *facilité* |

famous

a well-known artist	un artiste célèbre, connu, illustre
a well-known place	un endroit connu, *fameux*, renommé, réputé
an excellent wine	un vin *fameux*

Fameux s'applique plutôt aux choses qu'aux personnes. Placé avant le nom qu'il qualifie, il a un sens superlatif:

What a blow!	Un *fameux* coup!
a bad cold	un *fameux* rhume
not too good, not all that good	pas *fameux*

fast adj

| fast food (business) | la restauration rapide |
| a fast car | une voiture rapide |

On ne dit pas *une voiture vite*. *Vite* n'est pas un adjectif; c'est un adverbe.

| My watch is fast. | Ma montre avance. |
| My watch is 10 minutes fast. | Ma montre avance de 10 minutes. |

⬤ *faste*

fast adv

quickly	vite, rapidement
He answered fast.	Il a vite répondu.
	Il a répondu rapidement.

fast n

| the act of fasting | le jeûne |

⬤ le *faste*

fast vi

| not to eat or eat very little | jeûner |

abstain from meat, for
religious reasons

jeûner, faire maigre

fat adj

a fat woman

une grosse femme, une femme
corpulente

a fat animal
a fatty meat

un animal gras
une viande grasse

⊖ *fat*

fault

a weakness
Laziness is a fault.

un défaut, une faiblesse
La paresse est un défaut.

a mistake
It's not my fault.

une *faute*
Ce n'est pas (de) ma faute.

feel vi

to feel like
How do you feel?

se sentir
Comment vous sentez-vous?
Comment allez-vous?
Comment ça va?

I feel old.
I feel sick.

Je me sens vieux.
Je me sens malade.
Je ne me sens pas bien.

I feel terrible. (sick)

Je ne me sens pas bien du tout.
Ça ne va pas du tout.

I feel terrible. (embarrassed)

Je suis très embarrassé.
Je suis très gêné.

I feel like going out.

J'ai envie de sortir.

field

a field
a football field

un champ
un terrain de football

an area of activity,
a specialty
It's not my field.

une spécialité, un domaine

Ce n'est pas de mon domaine.

figure n

a number
the shape of a body
She has a nice figure.

un nombre
la silhouette, la forme
Elle est bien bâtie.
Elle est bien roulée.

Give me a figure (price).	Donnez moi un prix.
a diagram	une *figure* (géométrique,...)
a figure of speech	une *figure* de style
It's a figure of speech.	C'est une façon de parler.
somebody important	une *figure*, un personnage

file n

a folder	un dossier, une chemise

⊖ une *file*

VOIR: **line**

final

last	dernier, *final*
a final act	un dernier acte
a final exam	un examen *final* (pl: des examens finals)
	un examen de fin d'année
conclusive	décisif, définitif
a final choice	un choix décisif
a final answer	une résponse définitive
It's final!	Un point c'est tout!

finish v

to be finished with sth	avoir fini/terminé qch
I am finished with this.	J'ai fini/terminé cela.
This work is finished (completed).	Ce travail est fini/terminé.
to kill sb who is dying	achever qn

fire n

combustion	le feu
with the idea of destruction	un incendie
a forest fire	un incendie de forêt
The house is on fire.	La maison brûle/est en feu/ est en flammes.

Quelques expressions:

a fire alarm	un avertisseur d'incendie
a firebug	un incendiaire, un pyromane
a fire chief	un capitaine de pompiers
a fire exit	une sortie de secours

a fire hydrant	une bouche d'incendie
a fireman	un pompier
fireworks	un feu d'artifice

first adj

coming before others	premier
the first of June	le premier juin
Francis the First	François Ier (pas d'article)

first adv

at the beginning	premièrement, d'abord
first of all	tout d'abord

⊖ *premier*

fix v

to repair sth	réparer qch

⊖ *fixer*

food

in general	la nourriture
	des aliments
This store sells foodstuffs.	Ce magasin vend des denrées alimentaires/des produits alimentaires/des comestibles.
Give me some food.	Donne-moi (qch) à manger.
frozen food	des aliments surgelés
health food	des aliments naturels

for

- intention, destination

good for nothing	bon **à** rien
ready for bed	prêt **à** se coucher
to cry (out) for help	appeler **au** secours, crier **au** secours
for rent	**à** louer
for sale	**à** vendre
It's time for fun.	C'est le moment **de** s'amuser
to long for sth	avoir très envie **de** qch
	désirer qch
to long for sb	se languir **de** qn
a medication for a cough	un médicament **contre** la toux

a present for you	un cadeau **pour** vous
to work for a living	travailler **pour** gagner sa vie
to leave for Europe	partir **pour** l'Europe
the plane for Boston	l'avion **pour** Boston
	l'avion **à destination de** Boston

- reason

He jumped for joy.	Il a sauté **de** joie.
the reason for silence	la raison **de** son silence
Thank you for your help.	Merci **de** ton aide.
I thank you for your help.	Je te remercie **de** ton aide.
	Je te remercie **pour** ton aide.
	Je te remercie **de** m'avoir aidé.
to blame sb for sth	rejeter la responsabilité **de** qch sur qn
	attribuer qch à qn
	qn est responsable **de** qch
He is famous for his novels.	Il est célèbre **pour** ses romans.

- exchange

I use a stick for a weapon.	Je me sers d'un bâton **comme** arme.
	Je me sers d'un bâton **en guise d**'arme.
I'll exchange this record for a tape.	J'échangerai ce disque **contre** une bande (magnétique).
I mistook him for someone else.	Je l'ai pris **pour** quelqu'un d'autre.

- distance

We didn't see a soul for miles and miles.	Nous n'avons vu personne **pendant** des kilomètres et des kilomètres.

- other expressions

a word-for-word translation	une traduction mot **à** mot.
Give me the definition for this word.	Donnez-moi la définition **de** ce mot.
for fear of	**de** peur de + inf
	de crainte de + inf
	de peur que + subj
	de crainte que + subj
for example	**par** exemple

➊ *pour exemple*

For Pete's sake!	**Par** pitié!
See for yourself.	Vois (**par**) toi-même.

as for me	**pour** moi, **quant à** moi
She is well provided for.	Elle ne manque de rien.
except for the money	à l'exception de l'argent
	si ce n'est l'argent
	à part l'argent
	excepté l'argent
	sauf l'argent
It speaks for itself.	C'est évident.
	C'est tout ce qu'il y a de plus clair.

Après ces verbes *for* ne se traduit pas:

to ask for	demander
to hope for	espérer
to look for	chercher
to pay for	payer
to send for	envoyer chercher
to wait for	attendre

- time

action passée	
I slept for 10 hours.	J'ai dormi **pendant** 10 heures.
	J'ai dormi **durant** 10 heures.
	J'ai dormi 10 heures.
intention, dans le passé, le présent ou le futur:	
I have left for a month.	Je suis parti **pour** un mois.
I am going away for a month.	Je pars **pour** un mois. Je pars
	un mois.
I'll be away for a month.	Je serai absent **pour** un mois.
	Je serai absent un mois.
l'action a commencé dans le passé et continue au présent; remarquer l'emploi du présent en français:	
I have been living here for 2 years.	J'habite ici **depuis** 2 ans.
	Il y a 2 ans **que** j'habite ici.
	Voilà 2 ans **que** j'habite ici.
	Ça fait 2 ans **que** j'habite ici.
l'action a commencé dans le passé et continuait quand une autre action est intervenue: remarquer l'emploi de l'imparfait en français:	
I had been living here for 6 months when I decided to stay longer.	J'habitais ici **depuis** 6 mois, quand j'ai décidé de rester plus longtemps.
	Il y avait/Ça faisait 6 mois **que** j'habitais ici,...

foreign

alien   étranger

⊖ *étrange*

foreigner

an alien   un étranger, une étrangère

form n

an application form   un formulaire d'inscription
                                   une feuille d'inscription
a tax form   une feuille d'impôts

formal

positive, definite   *formel*
a formal denial   un démenti *formel*/catégorique

a formal dinner   un dîner officiel, un grand dîner
a formal dress   une tenue de cérémonie
                                   une tenue de soirée
                                   une robe habillée
                                   une robe du soir
formal manners   des manières guindées
a formal person   une personne formaliste/guindée/
                                   compassée/"collet monté"
a formal style   un style conventionnel

former

preceding   précédent, ancien
my former teacher   mon ancien professeur
the former   le premier, celui-là
the latter   le deuxième, le dernier, celui-ci

fortunate

to be fortunate   avoir de la chance
favorable   propice, favorable
a fortunate event   un évènement propice/favorable

⊖ fortuné

foundation

a creation   une *fondation*, une création
The foundation of this town   La *fondation* de cette ville
  goes back to the 18th century.   remonte au 18ème siècle.
the base of a building   les *fondations*, les fondements

rumors without foundation (fig)	des bruits sans fondement (fig)
The Ford Foundation	la *fondation* Ford

free adj

independent	libre, indépendant
the free world	le monde libre
a free country	un pays libre/indépendant
cost free	gratuit, libre
free admission	entrée gratuite, entrée libre
a free sample	un échantillon gratuit

fresh adj

fresh	frais
fresh paint	de la peinture *fraîche*
fresh fruit	des fruits frais
fresh water (opposed to sea water)	de l'eau douce (opposée à: eau de mer/eau salée)

⊖ de l'eau *fraîche*

fringe benefits

fringe benefits	des avantages matériels
	des avantages supplémentaires
	des à-côtés

from

origin

to borrow sth from sb	emprunter qch **à** qn
to buy sth from sb	acheter qch **à** qn
to escape from the police	échapper **à** la police
hanging from the beam	suspendu/pendu **à** la poutre
to steal sth from sb	voler qch **à** qn
to take sth (away) from sb	prendre/enlever/ôter qch **à** qn
to tear sth from sth or sb	arracher qch **à** qch ou **à** qn
from what I see	**d'après** ce que je vois
	à ce que je vois
to judge from appearances	juger **d'après** les apparences
	juger **sur** les apparences
to paint from life	peindre **d'après** nature
to come from London	venir **de** Londres
to come from Virginia or Poland	venir **de** Virginie, **de** Pologne

117

to come from Portugal	venir **du** Portugal
the plane from Tokyo	l'avion **(en provenance) de** Tokyo

VOIR: **geographical names** pour l'emploi des prépositions avec les noms géographiques

to benefit from	bénéficier **de**
to die from old age	mourir **de** vieillesse
from a distance	**de** loin
to escape from jail	s'échapper **de** prison
to get sth from sb	obtenir qch **de** qn
to hear from sb	recevoir/avoir des nouvelles **de** qn
made from sth	fait **de** qch, fait **avec** qch
a message from sb	un message **de (la part de)** qn
to send sth from sb	envoyer qch **de la part de** qn
from David	**de la part de** David
	envoi de David
to suffer from sth	souffrir **de** qch
to act from fear	agir **par** peur
to take sth from a shelf/a	prendre qch **sur** une étagère/
table	une table
to take sth from a closet/a	prendre qch **dans** un placard/
drawer	un tiroir

- time

from the 1st of May	**à partir du** ler mai
from 5:00 to 7:00	**de** 5 à 7
	à partir de 5 h. jusqu'à 7 h.
from time to time	**de** temps en temps
from the beginning	**dès** le début, **depuis** le début
from his youth	**dès** sa jeunesse, **depuis** sa jeunesse
two years from now	**dans** deux ans, d'ici deux ans

- prevention, protection

to prevent sb from doing sth	empêcher qn **de** faire qch
to refrain from doing sth	s'abstenir **de** faire qch, s'empêcher
	de faire qch, se retenir **de** faire
	qch
to hide sth from sb	cacher qch **à** qn
to protect sth/sb from sth/	protéger qch/qn **contre** qch/qn
sb	

- difference

to be different from	être différent **de**
to distinguish good from bad	distinguer le bien **du** mal

faire la distinction entre le bien
et le mal
faire la différence entre le
bien et le mal

I couldn't tell her from
her mother.

Je l'aurais prise **pour** sa mère.

- price, number
from 20 fr. up
from 150 to 200 people

à partir de 20 fr., **depuis** 20 fr.
entre 150 et 200 personnes

- distance
Burlington is 35 miles from
Middlebury.

Burlington est **à** 35 miles **de**
Middlebury.

fun

It's fun.
He is fun.
to have fun

C'est amusant. C'est drôle.
Il est amusant. Il est drôle.
s'amuser

function vi

to function (a thing)
This appliance functions with
electricity.

fonctionner, marcher
Cet appareil fonctionne/
marche à l'électricité.

to function (a person)
I function better in the morning
than at night.

travailler, se comporter
Je travaille mieux le matin que le
soir.

⊖ *Je fonctionne mieux...*

to perform the duties of
He functions as director.

faire fonction de, servir de
Il fait fonction de directeur.
Il sert de directeur.

functions   *les fonctions grammaticales*

Ce sont des relations entre différents éléments d'une phrase.

A. Les Fonctions Principales

1. le sujet

Le film va commencer.
Il pleut.
Pourquoi riez-**vous**?
J'ai vu décoller **l'avion.**

2. les compléments d'objet
direct

Il dirige **les négociations.**
Il **les** dirige.

indirect   Je vais parler **à mon ami.**
                                      Je vais **lui** parler **de mon projet.**
                                      Je vais **lui en** parler.

Les verbes qui se construisent avec un complément d'objet sont appelés **transitifs.**

verbe transitif direct: verbe + objet direct (diriger)
verbe transitif indirect: verbe + objet indirect (parler à)

Les verbes qui n'ont pas de complément d'objet sont appelés **intransitifs.**

sortir
dormir

Un certain nombre de verbes anglais sont transitifs directs alors que leurs équivalents français sont transitifs indirects et vice versa.

I answered the question.   **J'ai répondu à** la question.
He is waiting for the bus.   **Il attend** l'autobus.

Certains verbes peuvent être suivis, dans une même phrase, d'un objet direct et d'un objet indirect. En français on doit toujours montrer par l'emploi d'une préposition que l'objet représenté par une personne est indirect.

I gave **my friend** a   J'ai donné un cadeau
present.   **à mon ami.**

Noter la place des deux objets: en anglais l'objet indirect précède l'objet direct et en français c'est l'objet direct qui précède l'objet indirect.

VOIR: **prepositions** pour d'autres verbes ayant des constructions différentes en français et en anglais

3. les compléments circonstanciels

de temps   Je vous reverrai **bientôt.**
de lieu   Elles vont **en Italie.**
de moyen   Il est revenu **par le train.**
de but   Il faut être fort **pour faire ce travail.**
de cause   Ce chien est mort **de faim.**

4. le complément d'agent, dans une phrase à la voix passive

Il a été renversé **par une auto.**

B. Les Fonctions Secondaires

1. le complément de nom   un livre **de chimie**
                                    une machine **à écrire**

120

une voiture **qui ne marche plus**

2. l'apposition

le peintre Raphaël
Rome, **capitale de l'Italie**

3. l'épithète

un **beau** spectacle
une construction **audacieuse**

4. le complément d'adjectif

un examen **très** difficile
Il est bon **envers les animaux.**
Le vôtre est pareil **au mien.**
Je suis heureux **que vous veniez me voir.**

Quand les compléments de nom et d'adjectif sont construits avec une préposition, celle-ci n'est pas forcément la même en anglais et en français.

VOIR: **prepositions** pour la liste des prépositions qui font l'objet d'entrées particulières

C. La Fonction Attribut

Le mot qui occupe cette fonction doit être relié au mot qu'il complète par le verbe *être* ou d'autres verbes copules comme *devenir, sembler, paraître,...*

Vous êtes **malade.**
Il voudrait devenir **meilleur.**
On le considère comme **un dictateur.**

furniture

furniture
a piece of furniture

des meubles
un meuble

⊖ des *fournitures*

future n

the time to come
in the near future
the future (tense)

l'avenir
dans un proche avenir
le *futur*

future adj

his future wife
a future date

sa *future* femme
une date ultérieure

future tense   *le futur*

A. Le Futur Immédiat

to be going to, to be about to, to plan to	aller, être sur le point de, devoir

1. dans le **présent**:

I **am going** to buy a house.	Je **vais** acheter une maison. Je **suis sur le point** d'acheter une maison. Je **dois** acheter une maison.

2. dans le **passé**:

I **was going** to buy a house.	J'**allais** acheter une maison. J'**étais sur le point** d'acheter une maison. Je **devais** acheter une maison.

B. Le Futur Simple

1. Il s'emploie souvent comme en anglais:

I'**ll do** the dishes tomorrow morning.	Je **ferai** la vaisselle demain matin.

2. Après *quand, lorsque, aussitôt que, dès que, tant que* on emploie le futur en français, alors qu'en anglais on se sert du présent:

They'll move to Washington as soon as they **can**.	Ils iront s'installer à Washington dès qu'ils **pourront**.

3. Quand le verbe *espérer* introduit une idée future, on emploie le futur:

I hope these plants **survive** the winter.	J'espère que ces plantes **survivront** à l'hiver.

Mais avec *souhaiter, vouloir, falloir* qui demandent le subjonctif, on utilise le présent de ce mode qui n'a pas de futur:

I want you **to come** tomorrow.	Je veux que tu **viennes** demain.

4. Après *si* (if, whether), on peut employer le futur:

I don't know if I'**ll have** the time to visit my in-laws.	Je ne sais pas si j'**aurai** le temps d'aller voir mes beaux-parents.

Mais après *si* (if, on condition that) on n'emploie jamais le futur:

| If I **have** the time, I'll visit my in-laws. | Si j'**ai** le temps, j'irai voir mes beaux-parents. |

C. Le Futur Antérieur

On utilise ce temps composé pour indiquer:

- une action qui sera terminée à un moment donné de l'avenir:

| Your car **will be repaired** for the week-end. | Votre voiture **sera réparée** pour le week-end. |

- une antériorité par rapport à un futur simple:

| We'll **take** a trip to Japan when we **have saved** enough money. | Nous **ferons** un voyage au Japon quand nous **aurons économisé** assez d'argent. |

[Noter la différence de temps dans la subordonnée en anglais et en français.]

D. Le Futur Dans le Passé

Dans le **discours indirect** introduit par un verbe au passé:

- on remplace le **futur** du discours direct par le **futur du passé** qui a la même forme que le présent du conditionnel:

discours direct:

| I told her: "We'll **eat** dinner early." | Je lui ai dit: "Nous **dînerons** de bonne heure." |

discours indirect:

| I told her that we **would eat** dinner early. | Je lui ai dit que nous **dîne-rions** de bonne heure. |

- de même, on remplace le **futur antérieur** du discours direct par le **futur antérieur du passé** qui a la même forme que le passé du conditionnel:

discours direct:

| He asked me: "**Will** you **have finished** your project before next week?" | Il m'a demandé: "**Aurez**-vous **fini** votre projet avant la semaine prochaine?" |

discours indirect:

| He asked me if I **would have finished** my project before next week. | Il m'a demandé si j'**aurais fini** mon projet avant la semaine prochaine. |

G

game

- a parlor game	un jeu de société
a card game	un jeu de cartes
a game of skill	un jeu d'adresse
- unofficial competition	une partie
a game of cards	une partie de cartes
- official competition	un match
a football game	un match de football
sports	des jeux sportifs
The Olympic Games	les Jeux Olympiques

gentle

soft, delicate	doux (m), douce (f)

⊖ *gentil(le)*

geographical names   *les noms géographiques*

En français, de nombreux noms propres géographiques sont précédés d'un article; d'autres, en particulier la plupart des noms d'îles et de villes, n'en ont pas.

Pour traduire les prépositions *in* et *to*, on emploie *en* avec un nom féminin ou commençant par une voyelle, *au* avec un nom masculin et *aux* avec un nom pluriel. Pour traduire la préposition *from*, on emploie *de* avec un nom féminin, *d'* avec un nom commençant par une voyelle, *du* avec un nom masculin et *des* avec un nom pluriel. Avec certaines îles et les noms de villes on emploie *à* et *de*.

Les listes suivantes indiquent, de gauche à droite, les articles utilisés, les prépositions, avec ou sans articles; traduisant *in*, *to* et *from*. Exemples:

la Suisse	*en* Suisse	*de* Suisse
Switzerland is a small country.	**La** Suisse est un petit pays.	
He goes **to** Switzerland.	Il va **en** Suisse.	
He lives **in** Switzerland.	Il vit **en** Suisse.	
He comes **from** Switzerland.	Il vient **de** Suisse.	

A. Les continents, les pays et les îles
B. Les états américains
C. Les provinces canadiennes
D. Les départements français
E. Les régions françaises
F. Les villes

A. Les continents, les pays et les îles

les Açores (f)	aux Açores	des Açores
l'Afghanistan (m)	en Afghanistan	d'Afghanistan
l'Afrique(f)	en Afrique	d'Afrique
l'Albanie (f)	en Albanie	d'Albanie
l'Algérie (f)	en Algérie	d'Algérie
l'Allemagne (f)	en Allemagne	d'Allemagne
l'Amérique (f)	en Amérique	d'Amérique
l'Angleterre (f)	en Angleterre	d'Angleterre
l'Angola (m)	en Angola	d'Angola
les Antilles (f)	aux Antilles	des Antilles
l'Arabie Saoudite (f)	en Arabie Saoudite	d'Arabie Saoudite
l'Argentine (f)	en Argentine	d'Argentine
l'Asie (f)	en Asie	d'Asie
l'Australie (f)	en Australie	d'Australie
l'Autriche (f)	en Autriche	d'Autriche
les Bahamas (f)	aux Bahamas	des Bahamas
Bali (f)	à Bali	de Bali
la Belgique	en Belgique	de Belgique
le Bénin	au Bénin	du Bénin
les Bermudes (f)	aux Bermudes	des Bermudes
le Biafra	au Biafra	du Biafra
la Birmanie	en Birmanie	de Birmanie
la Bolivie	en Bolivie	de Bolivie
Bornéo (f)	à Bornéo	de Bornéo
le Brésil	au Brésil	du Brésil
la Bulgarie	en Bulgarie	de Bulgarie
le Cambodge	au Cambodge	du Cambodge
le Cameroun	au Cameroun	du Cameroun
le Canada	au Canada	du Canada
les Canaries	aux Canaries	des Canaries
Ceylan	à Ceylan	de Ceylan
le Chili	au Chili	du Chili
la Chine	en Chine	de Chine
Chypre	à Chypre	de Chypre
la Colombie	en Colombie	de Colombie
le Congo	au Congo	du Congo
la Corée	en Corée	de Corée
Corfou (f)	à Corfou	de Corfou
la Corse	en Corse	de Corse
le Costa Rica	au Costa Rica	du Costa Rica
la Côte d'Ivoire	en Côte d'Ivoire	de Côte d'Ivoire
la Crête	en Crête	de Crête
Cuba (f)	à Cuba	de Cuba

125

Curaçao	à Curaçao	de Curaçao
les Cyclades (f)	aux Cyclades	des Cyclades
le Danemark	au Danemark	du Danemark
l'Ecosse (f)	en Ecosse	d'Ecosse
l'Egypte (f)	en Egypte	d'Egypte
l'Equateur (m)	en Equateur	d'Equateur
l'Espagne (f)	en Espagne	d'Espagne
les Etats-Unis (m)	aux Etats-Unis	des Etats-Unis
l'Ethiopie (f)	en Ethiopie	d'Ethiopie
l'Europe (f)	en Europe	d'Europe
les Falklands (f)	aux Falklands	des Falklands
la Finlande	en Finlande	de Finlande
la France	en France	de France
le Gabon	au Gabon	du Gabon
les Galapagos	aux Galapagos	des Galapagos
la Gambie	en Gambie	de Gambie
le Ghana	au Ghana	du Ghana
la Grande-Bretagne	en Grande-Bretagne	de Grande-Bretagne
la Grèce	en Grèce	de Grèce
le Groenland	au Groenland	du Groenland
le Guatemala	au Guatemala	du Guatemala
Guernesey (f)	à Guernesey	de Guernesey
la Guinée	en Guinée	de Guinée
la Guyane	en Guyane	de Guyane
Haïti (f)	à/en Haïti	d'Haïti
la Haute-Volta	en Haute-Volta	de Haute-Volta
la Hollande	en Hollande	de Hollande
le Honduras (m)	au Honduras	du Honduras
la Hongrie	en Hongrie	de Hongrie
l'île d'Aix	à l'île d'Aix	de l'île d'Aix
l'île Maurice	à l'île Maurice	de l'île Maurice
l'île d'Oléron	à l'île d'Oléron	de l'île d'Oléron
l'île de Ré	à l'île de Ré	de l'île de Ré
l'Inde (f)	en Inde	d'Inde, de l'Inde
l'Indochine (f)	en Indochine	d'Indochine
l'Indonésie (f)	en Indonésie	d'Indonésie
l'Irak/Iraq (m)	en Irak	d'Irak
l'Iran (m)	en Iran	d'Iran
l'Irlande (f)	en Irlande	d'Irlande
l'Islande (f)	en Islande	d'Islande
Israël (m)	en Israël	d'Israël
l'Italie (f)	en Italie	d'Italie
la Jamaïque	à la Jamaïque	de la Jamaïque
	en Jamaïque	de Jamaïque
le Japon	au Japon	du Japon
Java (f)	à Java	de Java
la Jordanie	en Jordanie	de Jordanie
le Kenya	au Kenya	du Kenya
le Koweït	au Koweït	du Koweït
le Laos	au Laos	du Laos
la Laponie	en Laponie	de Laponie
le Liban	au Liban	du Liban
le Libéria	au Libéria	du Libéria

la Libye	en Libye	de Libye
le Luxembourg	au Luxembourg	du Luxembourg
Madagascar (f)	à Madagascar	de Madagascar
Madère (f)	à Madère	de Madère
Majorque (f)	à Majorque	de Majorque
la Malaisie	en Malaisie	de Malaisie
le Mali	au Mali	du Mali
Malte (f)	à Malte	de Malte
Manille (f)	à Manille	de Manille
le Maroc	au Maroc	du Maroc
les Marquises	aux Marquises	des Marquises
la Mauritanie	en Mauritanie	de Mauritanie
le Mexique	au Mexique	du Mexique
Minorque (f)	à Minorque	de Minorque
Monaco (m ou f)	à Monaco	de Monaco
la Mongolie	en Mongolie	de Mongolie
le Mozambique	au Mozambique	du Mozambique
le Nederland	au Nederland	du Nederland
le Népal	au Népal	du Népal
le Nicaragua	au Nicaragua	du Nicaragua
le Nigéria	au Nigéria	du Nigéria
la Norvège	en Norvège	de Norvège
la Nouvelle-Calédonie	en Nouvelle-Calédonie	de Nouvelle-Calédonie
la Nouvelle-Guinée	en Nouvelle-Guinée	de Nouvelle-Guinée
les Nouvelles-Hébrides	aux Nouvelles-Hébrides	des Nouvelles-Hébrides
la Nouvelle-Zélande	en Nouvelle-Zélande	de Nouvelle-Zélande
l'Océanie (f)	en Océanie	d'Océanie
l'Ouganda/Uganda (m)	en Ouganda	d'Ouganda
le Pakistan	au Pakistan	du Pakistan
la Palestine	en Palestine	de Palestine
Panama (m)	à Panama	de Panama
le Paraguay	au Paraguay	du Paraguay
les Pays-Bas	aux Pays-Bas	des Pays-Bas
le Pérou	au Pérou	du Pérou
les Philippines (f)	aux Philippines	des Philippines
la Pologne	en Pologne	de Pologne
la Polynésie	en Polynésie	de Polynésie
Porto-Rico (m)	à Porto-Rico	de Porto-Rico
le Portugal	au Portugal	du Portugal
la République Cen-trafricaine	en République Cen-trafricaine	de République Cen-trafricaine
la République Domini-caine	en République Domini-caine	de République Domini-caine
Rhodes (f)	à Rhodes	de Rhodes
la Rhodésie	en Rhodésie	de Rhodésie
la Roumanie	en Roumanie	de Roumanie
le Ruanda	au Ruanda	du Ruanda
la Russie	en Russie	de Russie
le Salvador	au Salvador	du Salvador
la Sardaigne	en Sardaigne	de Sardaigne
la Scandinavie	en Scandinavie	de Scandinavie
les Séchelles (f)	aux Séchelles	des Séchelles
le Sénégal	au Sénégal	du Sénégal

la Sicile	en Sicile	de Sicile
le Soudan	au Soudan	du Soudan
la Suède	en Suède	de Suède
la Suisse	en Suisse	de Suisse
Sumatra (f)	à Sumatra	de Sumatra
la Syrie	en Syrie	de Syrie
la Tanzanie	en Tanzanie	de Tanzanie
le Tchad	au Tchad	du Tchad
la Tchécoslovaquie	en Tchécoslovaquie	de Tchécoslovaquie
la Thaïlande	en Thaïlande	de Thaïlande
le Tibet	au Tibet	du Tibet
le Togo	au Togo	du Togo
la Tunisie	en Tunisie	de Tunisie
la Turquie	en Turquie	de Turquie
l'Union Soviétique (f)	en Union Soviétique	d'Union Soviétique
l'U.R.S.S. (f)	en U.R.S.S.	d'U.R.S.S.
l'Union Sud-africaine (f)	en Union Sud-africaine	d'Union Sud-africaine
l'Uruguay (m)	en Uruguay	d'Uruguay
le Vénézuela	au Vénézuela	du Vénézuela
le Viêt-Nam	au Viêt-Nam	du Viêt-Nam
le Yémen	au Yémen	du Yémen
la Yougoslavie	en Yougoslavie	de Yougoslavie
le Zaïre	au Zaïre	du Zaïre
la Zambie	en Zambie	de Zambie
le Zimbabowe	au Zimbabowe	du Zimbabowe

B. Les états américains

l'Alabama (m)	dans l'Alabama	de l'Alabama
	en Alabama	d'Alabama
l'Alaska (m)	dans l'Alaska	de l'Alaska
	en Alaska	d'Alaska
l'Arizona (m)	dans l'Arizona	de l'Arizona
	en Arizona	d'Arizona
l'Arkansas (m)	dans l'Arkansas	de l'Arkansas
	en Arkansas	d'Arkansas
la Californie	en Californie	de Californie
la Caroline du Nord	en Caroline du Nord	de Caroline du Nord
la Caroline du Sud	en Caroline du Sud	de Caroline du Sud
le Colorado	dans le Colorado	du Colorado
	au Colorado	
le Connecticut	dans le Connecticut	du Connecticut
le Dakota du Nord	dans le Dakota du Nord	du Dakota du Nord
le Dakota du Sud	dans le Dakota du Sud	**du Dakota du Sud**
le Delaware	dans le Delaware	**du Delaware**
la Floride	en Floride	**de Floride**
la Géorgie	en Géorgie	de Géorgie
Hawaii	à Hawaii	d'Hawaii
les îles Hawaii	aux îles Hawaii	des îles Hawaii
l'Idaho (m)	dans l'Idaho	de l'Idaho
l'Illinois (m)	dans l'Illinois	de l'Illinois
	en Illinois	d'Illinois
l'Indiana (m)	dans l'Indiana	de l'Indiana
l'Iowa (m)	dans l'état d'Iowa	de l'état d'Iowa
le Kansas	dans le Kansas	du Kansas

le Kentucky	dans le Kentucky	du Kentucky
la Louisiane	en Louisiane	de Louisiane
le Maine	dans le Maine	du Maine
le Maryland	dans le Maryland	du Maryland
le Massachusetts	dans le Massachusetts	du Massachusetts
le Michigan	dans le Michigan	du Michigan
le Minnesota	dans le Minnesota	du Minnesota
le Mississippi	dans le Mississippi	du Mississippi
le Missouri	dans le Missouri	du Missouri
le Montana	dans le Montana	du Montana
le Nebraska	dans le Nebraska	du Nebraska
le Nevada	dans le Nevada	du Nevada
le New Hampshire	dans le New Hampshire	du New Hampshire
le New Jersey	dans le New Jersey	du New Jersey
* l'état de New York	dans l'état de New York	de l'état de New York
le Nouveau-Mexique	au Nouveau-Mexique	du Nouveau-Mexique
l'Ohio (m)	dans l'Ohio	de l'Ohio
	dans l'état d'Ohio	de l'état d'Ohio
l'Oklahoma (m)	dans l'Oklahoma	de l'Oklahoma
l'Oregon (m)	dans l'Oregon	de l'Oregon
la Pennsylvanie	en Pennsylvanie	de Pensylvanie
le Rhode Island	dans le Rhode Island	du Rhode,Island
le Tennessee	dans le Tennessee	du Tennessee
le Texas	au Texas	du Texas
l'Utah (m)	dans l'Utah	de l'Utah
le Vermont	dans le Vermont	du Vermont
la Virginie	en Virginie	de Virginie
la Virginie-Occidentale	en Virginie-Occidentale	de Virginie-Occidentale
* l'état de Washington	dans l'état de Washington	de l'état de Washington
le Wisconsin	dans le Wisconsin	du Wisconsin
le Wyoming	dans le Wyoming	du Wyoming

* New York, Washington, employés seuls, désignent les deux villes: New York City (New York); Washington D.C. (Washington)

C. Les provinces canadiennes

l'Alberta (m)	dans l'Alberta	de l'Alberta
	en Alberta	d'Alberta
la Colombie-Britannique	en Colombie-Britannique	de Colombie-Britannique
l'île du Prince-Edouard	dans l'île du Prince-Edouard	de l'île du Prince-Edouard
le Manitoba	dans le Manitoba	du Manitoba
le Nouveau-Brunswick	dans le Nouveau-Brunswick	du Nouveau-Brunswick
la Nouvelle-Ecosse	en Nouvelle-Ecosse	de Nouvelle-Ecosse
l'Ontario (m)	dans l'Ontario	de l'Ontario
* le Québec	au Québec	du Québec
la Saskatchewan	en Saskatchewan	de Saskatchewan
Terre-Neuve (f)	à Terre-Neuve	de Terre-Neuve

* Québec, employé seul, désigne la ville: Quebec City (Québec)

D. Les départements français

l'Ain (m)	dans l'Ain	de l'Ain
l'Aisne (m)	dans l'Aisne	de l'Aisne
l'Allier (m)	dans l'Allier	de l'Allier

les Alpes-de-Haute-Provence (f)	dans les Alpes-de-Haute-Provence	des Alpes-de-Haute-Provence
les Alpes-Maritimes (f)	dans les Alpes-Maritimes	des Alpes-Maritimes
l'Ardèche (f)	dans l'Ardèche	de l'Ardèche
les Ardennes (f)	dans les Ardennes	des Ardennes
l'Ariège (f)	dans l'Ariège	de l'Ariège
l'Aube	dans l'Aube	de l'Aube
l'Aude (f)	dans l'Aude	de l'Aude
l'Aveyron (m)	dans l'Aveyron	de l'Aveyron
le Bas-Rhin	dans le Bas-Rhin	du Bas-Rhin
les Bouches-du-Rhône (f)	dans les Bouches-du-Rhône	des Bouches-du-Rhône
le Calvados	dans le Calvados	du Calvados
le Cantal	dans le Cantal	du Cantal
la Charente	dans la Charente en Charente	de la Charente de Charente
la Charente-Maritime	dans la Charente-Maritime en Charente-Maritime	de la Charente-Maritime de Charente-Maritime
le Cher	dans le Cher	du Cher
la Corrèze	dans la Corrèze en Corrèze	de la Corrèze de Corrèze
la Corse-du-Sud	dans la Corse-du-Sud en Corse-du-Sud	de la Corse-du-Sud de Corse-du-Sud
la Côte-d'Or	dans la Côte-d'Or en Côte-d'Or	de la Côte-d'Or de Côte-d'Or
les Côtes-du-Nord	dans les Côtes-du-Nord	des Côtes-du-Nord
la Creuse	dans la Creuse	de la Creuse
les Deux-Sèvres	dans les Deux-Sèvres	des Deux-Sèvres
la Dordogne	dans la Dordogne en Dordogne	de la Dordogne de Dordogne
le Doubs	dans le Doubs	du Doubs
la Drôme	dans la Drôme	de la Drôme
l'Essonne (f)	dans l'Essonne	de l'Essonne
l'Eure (m)	dans l'Eure	de l'Eure
l'Eure-et-Loir (m)	en Eure-et-Loir	d'Eure-et-Loir
le Finistère	dans le Finistère	du Finistère
le Gard	dans le Gard	du Gard
le Gers	dans le Gers	du Gers
la Gironde	dans la Gironde en Gironde	de la Gironde de Gironde
les Hautes-Alpes (f)	dans les Hautes-Alpes	des Hautes-Alpes
la Haute-Corse	dans la Haute-Corse en Haute-Corse	de la Haute-Corse de Haute-Corse
la Haute-Garonne	dans la Haute-Garonne en Haute-Garonne	de la Haute-Garonne de Haute-Garonne
la Haute-Loire	dans la Haute-Loire en Haute-Loire	de la Haute-Loire de Haute-Loire
la Haute-Marne	dans la Haute-Marne en Haute-Marne	de la Haute-Marne de Haute-Marne
les Hautes-Pyrénées (f)	dans les Hautes-Pyrénées	des Hautes-Pyrénées
le Haut-Rhin	dans le Haut-Rhin	du Haut-Rhin

la Haute-Saône	dans la Haute-Saône	de la Haute-Saône
	en Haute-Saône	de Haute-Saône
la Haute-Savoie	dans la Haute-Savoie	de la Haute-Savoie
	en Haute-Savoie	de Haute-Savoie
les Hauts-de-Seine (m)	dans les Hauts-de Seine	des Hauts-de-Seine
la Haute-Vienne	dans la Haute-Vienne	de la Haute-Vienne
	en Haute-Vienne	de Haute-Vienne
l'Hérault (m)	dans l'Hérault	de l'Hérault
l'Ille-et-Vilaine (f)	en Ille-et-Vilaine	d'Ille-et-Vilaine
l'Indre (m)	dans l'Indre	de l'Indre
l'Indre-et-Loire (m)	en Indre-et-Loire	d'Indre-et-Loire
l'Isère (f)	dans l'Isère	de l'Isère
le Jura	dans le Jura	du Jura
les Landes (f)	dans les Landes	des Landes
le Loir-et-Cher	en Loir-et-Cher	du Loir-et-Cher
la Loire	dans la Loire	de la Loire
la Loire-Atlantique	dans la Loire-Atlantique	de la Loire-Atlantique
	en Loire-Atlantique	de Loire-Atlantique
le Loiret	dans le Loiret	du Loiret
le Lot	dans le Lot	du Lot
le Lot-et-Garonne	en Lot-et-Garonne	du Lot-et-Garonne
la Lozère	dans la Lozère	de la Lozère
	en Lozère	de Lozère
le Maine-et-Loire	en Maine-et-Loire	du Maine-et-Loire
la Manche	dans la Manche	de la Manche
la Marne	dans la Marne	de la Marne
la Mayenne	dans la Mayenne	de la Mayenne
	en Mayenne	de Mayenne
la Meurthe-et-Moselle	en Meurthe-et-Moselle	de Meurthe-et-Moselle
la Meuse	dans la Meuse	de la Meuse
le Morbihan	dans le Morbihan	du Morbihan
la Moselle	dans la Moselle	de la Moselle
	en Moselle	de Moselle
la Nièvre	dans la Nièvre	de la Nièvre
le Nord	dans le Nord	du Nord
l'Oise (f)	dans l'Oise	de l'Oise
l'Orne (f)	dans l'Orne	de l'Orne
la Ville de Paris	dans la Ville de Paris	de la Ville de Paris
le Pas-de-Calais	dans le Pas-de-Calais	du Pas-de-Calais
le Puy-de-Dôme	dans le Puy-de-Dôme	du Puy-de-Dôme
les Pyrénées-Atlantiques	dans les Pyrénées-Atlantiques	des Pyrénées-Atlantiques
les Pyrénées-Orientales	dans les Pyrénées-Orientales	des Pyrénées-Orientales
le Rhône	dans le Rhône	du Rhône
la Saône-et-Loire	dans la Saône-et-Loire	de la Saône-et-Loire
	en Saône-et-Loire	de Saône-et-Loire
la Sarthe	dans la Sarthe	de la Sarthe
la Savoie	dans la Savoie	de la Savoie
	en Savoie	de Savoie
la Seine-et-Marne	en Seine-et-Marne	de Seine-et-Marne
la Seine-Maritime	dans la Seine-Maritime	de la Seine-Maritime
	en Seine-Maritime	de Seine-Maritime

la Seine-Saint-Denis	dans la Seine-Saint-Denis	de la Seine-Saint-Denis
la Somme	dans la Somme	de la Somme
le Tarn	dans le Tarn	du Tarn
le Tarn-et-Garonne	en Tarn-et-Garonne	du Tarn-et-Garonne
le Territoire de Belfort	dans le Territoire de Belfort	du Territoire de Belfort
le Val-de-Marne	dans le Val-de-Marne	du Val-de-Marne
le Val-d'Oise	dans le Val-d'Oise	du Val-d'Oise
le Var	dans le Var	du Var
le Vaucluse	dans le Vaucluse	du Vaucluse
la Vendée	dans la Vendée	de la Vendée
	en Vendée	de Vendée
la Vienne	dans la Vienne	de la Vienne
les Vosges	dans les Vosges	des Vosges
l'Yonne (f)	dans l'Yonne	de l'Yonne
les Yvelines (f)	dans les Yvelines	des Yvelines

- Les départements français d'outre-mer:

la Guadeloupe	à la Guadeloupe	de la Guadeloupe
	en Guadeloupe	de Guadeloupe
la Martinique	à la Martinique	de la Martinique
	en Martinique	de Martinique
la Guyane	en Guyane	de Guyane
la Réunion	à la Réunion	de la Réunion
Saint-Pierre-et-Miquelon	à Saint-Pierre-et-Miquelon	de Saint-Pierre-et-Miquelon

E. Les régions françaises

l'Alsace (f)	en Alsace	d'Alsace
l'Aquitaine	en Aquitaine	d'Aquitaine
l'Auvergne (f)	en Auvergne	d'Auvergne
la Bourgogne	en Bourgogne	de Bourgogne
la Bretagne	en Bretagne	de Bretagne
le Centre	dans le Centre	du Centre
la Champagne	en Champagne	de Champagne
la Corse	en Corse	de Corse
la Franche-Comté	en Franche-Compé	de Franche-Comté
le Languedoc-Roussillon	dans le Languedoc-Roussillon	du Languedoc-Roussillon
	en Languedoc-Roussillon	
le Limousin	dans le Limousin	du Limousin
	en Limousin	
la Lorraine	en Lorraine	de Lorraine
le Midi-Pyrénées	dans le Midi-Pyrénées	du Midi-Pyrénées
le Nord-Pas-de-Calais	dans le Nord-Pas-de-Calais	du Nord-Pas-de-Calais
la Basse-Normandie	en Basse-Normandie	de Basse-Normandie
la Haute-Normandie	en Haute-Normandie	de Haute-Normandie
les Pays-de-(la-)Loire	dans les Pays-de-(la-)Loire	des Pays-de-(la-)Loire
la Picardie	en Picardie	de Picardie

le Poitou-Charentes	dans le Poitou-Charentes en Poitou-Charentes	du Poitou-Charentes
la Provence-Côte-d'Azur	en Provence-Côte-d'Azur	de Provence-Côte-d'Azur
la Région Parisienne	dans la Région Parisienne en Région Parisienne	de la Région Parisienne
ou l'Ile-de-France (f)	en Ile-de-France dans l'Ile-de-France	d'Ile-de-France de l'Ile-de-France
la Région Rhône-Alpes	dans la Région Rhône- Alpes	de la Région Rhône-Alpes

F. Les villes

- La plupart des noms de villes n'ont pas d'article:

Berlin	à Berlin	de Berlin
Madrid	à Madrid	de Madrid
Moscou	à Moscou	de Moscou
New York	à New York	de New York
Paris	à Paris	de Paris
Rome	à Rome	de Rome
Tokyo	à Tokyo	de Tokyo

- Un certain nombre de villes françaises et quelques villes étrangères ont un article et le gardent avec les prépositions *à* et *de*:

la Rochelle	à la Rochelle	de la Rochelle
le Mans	au Mans	du Mans
le Caire	au Caire	du Caire
la Nouvelle-Orléans	à la Nouvelle-Orléans	de la Nouvelle-Orléans

- Voici une liste des principales villes qui ne s'écrivent pas de la même façon en anglais et en français:

Algiers	Alger
Athens	Athènes
Barcelona	Barcelone
Bern	Berne
Brussels	Bruxelles
Cairo	Le Caire
Edinburgh	Edimbourg
Geneva	Genève
Granada	Grenade
The Hague	La Haye
Hamburg	Hambourg
Havana	La Havane
Jerusalem	Jérusalem
Lisbon	Lisbonne
London	Londres
Lyons	Lyon
Marseilles	Marseille
Montreal	Montréal
Moscow	Moscou
New Orleans	La Nouvelle-Orléans
Orleans	Orléans

Philadelphia	Philadelphie
Quebec	Québec
Venice	Venise
Vienna	Vienne
Warsaw	Varsovie

gerund VOIR: **present participle**

get VOIR: **reflexive verbs** (section 3)

go

- to go to a place	aller à un endroit
	se rendre à un endroit
We'll go to London.	Nous irons à Londres.
	Nous nous rendrons à Londres.
- to leave	s'en aller, partir
It's time to go.	C'est le moment de s'en
	aller/de partir.

⊖ *C'est le moment d'aller.*

Contrairement à *aller*, les verbes *s'en aller* et *partir* n'exigent pas de complément circonstanciel de lieu.

VOIR: **movement**
geographical names pour les prépositions employées

grade n

a class in school	une classe
a mark in school	une note
a category, a rank	un *grade*

graduate v

- to receive a degree	obtenir un diplôme, recevoir un diplôme
- to mark with degrees	*graduer*
This thermometer is graduated in centigrades.	Ce thermomètre est *gradué* en centigrades.
- to increase gradually	*graduer*
This book graduates the difficulty of its exercises.	Ce livre *gradue* la difficulté de ses exercices.

graduate adj

to have received a diploma/ a degree	diplômé

graduate studies:
  toward a master's   des études de 2ème cycle
  toward a doctorate   des études de 3ème cycle

⊖ *gradué*

graduation

the awarding of degrees/   la remise des diplômes
  diplomas
the division in degrees on an   *graduation*
  instrument, etc.

grain n

a grain of rice   un *grain* de riz
a grain of sand   un *grain* de sable
a grain of salt   un *grain* de sel

Le français emploie *grain* dans d'autres expressions:

a coffee bean   un *grain* de café
a bead (of a rosary)   un *grain* de chapelet
a peppercorn   un *grain* de poivre
a grape   un *grain* de raisin (ou un raisin)
a beauty mark   un *grain* de beauté
a squall (storm)   un *grain*
a touch of madness   un *grain* de folie
a touch of common sense   un *grain* de bon sens

En français *une graine* veut dire: *a seed.*

grand

grandiose, magnificient   grandiose, magnifique, *grand*
a grand view   une vue grandiose, magnifique
grandparents   des grands-parents
great grandparents   des arrière-grands-parents
a grandmother   une grand-mère
a great grandmother   une arrière-grand-mère
a grandfather   un grand-père
a great grandfather   un arrière-grand-père
grand children   des petits-enfants
a granddaughter   une petite-fille
a grandson   un petit-fils
great-grandchildren   des arrière-petits-enfants
a great-granddaughter   une arrière-petite-fille
a great-grandson   un arrière-petit-fils

VOIR: **adjectives**

grape

the fruit	le raisin
I bought some grapes.	J'ai acheté des raisins.
a grape	un grain de raisin
These grapes are big and seedless.	Ces grains (de raisin) sont gros et sans pépins.
a bunch of grapes	une grappe de raisins
a variety of grape	un raisin
Cabernet Sauvignon is a red grape.	Le Cabernet Sauvignon est un raisin rouge.
grape harvest	les vendanges

Pour traduire *raisins* le français emploie l'expression: *des raisins secs.*

gross

coarse	grossier
big, fat	gros(se)

grow vi

to become longer, develop	pousser
My hair grows fast.	Mes cheveux poussent vite.
This plant grows well in this climate.	Cette plante pousse bien dans ce climat.
to become taller	grandir
This child grew 5 cm this year.	Cet enfant a grandi de 5 cm cette année.
to increase	grandir, augmenter
His influence is growing.	Son influence grandit; elle augmente

grow vt

to produce, cultivate	faire pousser, cultiver
He grows tomatoes.	Il fait pousser des tomates. Il cultive des tomates.
to let grow	laisser pousser
She is letting her hair grow.	Elle se laisse pousser les cheveux.
He is growing a beard.	Il se laisse pousser la barbe.

H

H

A. Prononciation

Un *h* au début d'un mot peut être muet ou aspiré. Un *h* muet ne se prononce pas. Un *h* aspiré se prononce seulement, en français, dans des interjections comme:

Ha!	Heu!
Hé!	Hip Hip Hip Hourra!
Hein! Hein?	Holà!
Hep!	Hue!

B. Forme d'articles et de pronoms; liaison

Avec un *h* muet, les articles et pronoms s'élident; les liaisons se font.
l'homme
Je m'habitue.
trois heures

Avec un *h* aspiré, les articles et pronoms ne s'élident pas; les liaisons ne se font pas.
le héros
Il me hait.
trois hangars

C. Principaux mots qui commencent par un *h* aspiré

Mots empruntés directement à l'anglais:

le haddock	le handicap	le hockey	le home
le hall	le hippie/hippy	le holding	le hot-dog
le hamburger	le hobby	le hold-up	

Mots empruntés à l'arabe:
le hachisch (haschich, haschisch)
le harem
le hasard, hasarder, hasardeux

Mots d'origines diverses (anglaise, germanique, francique,...)

la hache, hacher	le halètement, haleter, haletant
la haie	le halo
le haillon	la halte
la haine, haïr	le hamac

137

le hameau
la hanche
handicaper, handicapé
le hangar
la hantise, hanter, hanté
la harangue, haranguer
le harassement, harasser
le harcellement, harceler
la hardiesse, hardi
le hareng
le haricot
le harnais, le harnachement, harnacher
la harpe, le harpiste
le harpon, harponner
la hâte, hâter, hâtif
la hausse, hausser
la hauteur, haut
la haute-fidélité
le haut-le-corps
le haut-parleur
le hérisson, hérisser
la hernie
le héron
le héros
le heurt, le heurtoir, heurter
le hibou

hideux
la hiérarchie, hierarchiser, hiérarchique
hisser
la Hollande, hollandais
le homard
la Hongrie, hongrois
hocher
le hochet
la honte, honnir, honteux
le hoquet, hoquetér
le hors-bord
le hors-d'oeuvre
le hors-la-loi
le hors-texte
la hotte
la houille, houiller (adj)
le houspilleur, houspiller
la housse
le hublot
les huées, huer
huit
humer
la huppe, huppé
le hurlement, hurler, hurlant
la hutte

Le *héros* a un *h* aspiré mais l'*héroïne*, l'*héroïsme*, *héroïque* ont un *h* muet. Le *h* de *hiatus* peut être aspiré ou muet. On dit *le hiatus* ou *l'hiatus*.

En général les dictionnaires indiquent par une marque distinctive (astérisque ou symbole phonétique) la présence d'un *h* aspiré au début d'un mot.

hair

hair on the head	les cheveux
a single hair	un cheveu
His hair is white.	Ses cheveux sont blancs.
	Il a les cheveux blancs.
body hair	des poils
a single body hair	un poil
to have a haircut	se faire couper les cheveux
a hairdo	une coiffure
a hairdresser	un coiffeur, une coiffeuse
a barber	un coiffeur pour hommes
	(*barbier* est vieilli)
a hairpiece	un postiche
a hairpin	une épingle à cheveux

a hairpin curve	un virage en épingle à cheveux
hairspray	de la laque

have to

A. to have to (obligation) devoir (+ infinitif)
avoir à (+ infinitif)
il faut (+ infinitif)
il faut que (+ subjonctif)

I have to work. Je dois travailler.
J'ai à travailler.
Il faut travailler.
Il me faut travailler.
Il faut que je travaille.

I had to work. Je devais/J'ai dû travailler.
J'avais/J'ai eu à travailler.
Il fallait/a fallu travailler.
Il a fallu que je travaille.

I'll have to work. Je devrai travailler.
J'aurai à travailler.
Il faudra travailler.
Il faudra que je travaille.

B. to not have to (choice) ne pas avoir à (+ infinitif)
ne pas être obligé de (+ infinitif)
il n'est pas nécessaire
de (+ infinitif)
que (+ subjonctif)

I don't have to work. Je n'ai pas à travailler.
I have the choice to work or not. Je ne suis pas obligé de travailler.
Il n'est pas nécessaire de
travailler.
Il n'est pas nécessaire que je
travaille.

Il ne faut pas que je travaille. veut dire: *I must not work.*

VOIR: **must**

hazard

danger, risk	un danger, un risque
a fire hazard	un risque d'incendie
	un danger d'incendie
by chance (Brit.)	par *hasard*

139

hazardous

dangerous
It is hazardous to your health.
a hazardous climb

dangereux, périlleux
C'est dangereux pour la santé.
une ascension périlleuse

hear vt

to hear sth
I hear some noise.
to hear sb say sth
to hear about/of
I heard about his accident.

to hear that
I heard that he had an
  accident.

to hear from sb

Did you hear from her?

entendre qch
J'entends du bruit.
entendre qn dire qch
entendre parler de, apprendre
J'ai entendu parler de son accident.
J'ai appris son accident.
entendre dire que, apprendre que
J'ai entendu dire qu'il a eu
  un accident.
J'ai appris qu'il a eu un
  accident.
avoir des nouvelles de qn
recevoir des nouvelles de qn
entendre parler de qn
As-tu eu de ses nouvelles?
As-tu reçu de ses nouvelles?
As-tu entendu parler d'elle?

help vt

to assist
to help sb with sth
Let me help you with the
  dinner.
I cannot help you.

I cannot help it.
He cannot help his attitude.

aider
aider qn à faire qch
Laissez-moi vous aider à
  préparer le dîner.
Je ne peux pas vous aider.

Je ne peux pas m'en empêcher.
Il ne peut pas changer son
  attitude.

here

Where are you? Here!
Here! (answer to a roll call)

Où es-tu? Ici!
Présent(e)!

high

up, elevated
a high mountain

haut, élevé
une haute montagne
une montagne élevée

a high tower	une tour élevée
a high price	un prix élevé
a high salary	un salaire élevé

hill

- a land elevation	une colline
the 7 hills of Rome	les 7 collines de Rome
a hillside	un flanc de colline
a slope	une pente
a ski slope	une pente de ski

- on a road	
a hill going up	une côte
a hill going down	une descente
a steep hill	une côte raide/abrupte
	une descente raide/abrupte
	une pente raide/abrupte

home n

the center of family life	le foyer
to be at home	être chez soi, être à la maison
to go home	aller chez soi, rentrer chez soi
	aller à la maison, rentrer à la maison
to go to sb's home	aller chez qn
homemade	maison, fait (à la) maison

house

living quarters	la maison
at my house	chez moi, à la maison
at your house	chez toi, chez vous

housing

| housing | le logement |
| a housing development | un lotissement |

hors d'oeuvre

| served with drinks before a meal | des amuse-gueule(s) (m) |
| served at the table | des *hors-d'oeuvre* (m, invar.) |

⬤ *des hors-d'oeuvre*

hour

the hour   l'heure

En France on compte officiellement les heures de O à 24. À *a.m.* correspondent les heures de O à 12, et à *p.m.* correspondent les heures de 13 à 24.

The store is opened from   Le magasin est ouvert de
10:00 a.m. to 7:00 p.m.   10 h à 19 h.
12:00 a.m.   midi
12:00 p.m.   minuit

Dans le langage courant cependant on dira *7 h* pour le matin comme pour le soir, sans préciser si ce n'est pas nécessaire.

Venez dîner vers 7 h.
Ce matin, l'orage a commencé à 7 h.

Mais s'il faut préciser, on dira:

7 h du matin, 7 h du soir

however conjonction de subordination, adv

- devant un adjectif:

However good it is, I don't want any.

Quelque bon que ce soit, je n'en veux pas.
Tout bon que ce soit,...
Si bon que ce soit,...

[Cette dernière construction est la plus fréquente.]

- devant un adverbe:

However fast he runs, he won't win.

Si vite qu'il coure, il ne gagnera pas.

Comme on le voit, la traduction de *however* est très complexe en français et demande la plupart du temps l'emploi du subjonctif. Dans la pratique, on essaiera d'employer des constructions plus simples. L'expression *avoir beau*, par exemple:

*Ça **a beau** être bon, je n'en veux pas.*
*Il **a beau** courir vite, il ne gagnera pas.*

Avoir beau équivaut aussi à *no matter what/how:*

*J'**ai beau** faire, ils ne sont jamais satisfaits.*
No matter what I do, they are never satisfied.

⊖ *n'importe comment je le fais ...*
n'importe comment bon/vite ...

► N'importe comment *n'est jamais une conjonction*.

VOIR: **carelessly**

however conjonction de coordination

I understand your position; however you should reconsider it.	Je comprends votre point de vue; cependant/pourtant/néanmoins/toutefois vous devriez la reconsidérer.

humour

wit	l'*humour* (m)
to have a sense of humour	avoir le sens de l'*humour*
mood	l'humeur (f)
to be in a good mood	être de bonne humeur
to be in a bad mood	être de mauvaise humeur

hurt vt

to hurt sb physically	faire du mal à qn, blesser qn
to hurt oneself	se faire mal, se blesser
I hurt my foot	Je me suis fait mal au pied. Je me suis blessé le pied.
to hurt sb mentally	faire de la peine à qn faire du tort à qn nuire à qn
to hurt sb's feelings	froisser qn, blesser qn

hurt vi

to hurt	faire mal, avoir mal
It hurts!	Ça fait mal! J'ai mal!
My knee hurts.	Mon genou me fait mal. J'ai mal au genou.

l

if

La conjonction *si*, en français, peut être suivie de l'indicatif ou du conditionnel selon le contexte dans lequel elle est employée.

Quand *si* veut dire *on condition that*, *admitting that*, la conjonction est suivie de l'indicatif à tous les temps sauf au futur — simple ou antérieur.

*Si j'***étais*** vous, je ne dirais rien.*
If I were you, I'd say nothing.

⊖ *Si je serais vous, ...*

VOIR: **condition** pour toutes les autres possibilités de temps dans les propositions subordonnées de condition

Quand *si* veut dire *whether*, la conjonction peut être suivie de l'indicatif à tous les temps y compris le futur, aussi bien que du conditionnel — présent ou passé.

Savez-vous s'il **pourra** *nous aider demain?*
Do you know if he'll be able to help us tomorrow?

Je lui ai demandé s'il **pourrait** *nous aider demain.*
I asked him if he could help us tomorrow.

illumination

lighting (of a room, a street)	un éclairage
floodlighting	une *illumination*
the illumination of the Eiffel tower	l'*illumination* de la tour Eiffel
decorative lights	des *illuminations*
Christmas lights	les *illuminations* de Noël
an inspiration (fig)	une *illumination*, une inspiration, une lumière

impeach v

to accuse sb	mettre qn en accusation, accuser qn

⊖ *empêcher*

imperative adj

essential	impérieux, urgent
an imperative (need)	un besoin impérieux, un besoin urgent
required	*impératif*
an imperative (order)	un (ordre) *impératif*
It is imperative that you do this.	Il faut absolument que vous fassiez ceci.

imperative mood

VOIR: **moods**
personal pronouns, pour la place des pronoms personnels avec un verbe à l'impératif

in

- place

in my room	**dans** ma chambre
I live in a friend's house.	J'habite **chez** un ami.
I live in a French Family.	J'habite **dans** une famille française.
in Paris	**à** Paris
in Paris (inside the city, not in the suburbs)	**dans** Paris
in old Paris	**dans** le vieux Paris
the avenues in Paris	les avenues **de** Paris
in California, in France, in Iran	**en** Californie, **en** France, **en** Iran
in Canada, in Peru	**au** Canada, **au** Pérou
in Vermont	**dans** le Vermont

VOIR: **geographical names**

He lives in the South.	Il vit **dans** le Sud.
He lives in the Southern part of the state.	Il vit **dans** le Sud de l'état.
The sun rises in the east.	Le soleil se lève **à** l'est.
to be in a car, in a taxi	être **dans** une voiture, **dans** un taxi
to drive in a car, in a taxi	circuler **en** voiture, **en** taxi
in Molière (in his works)	**chez** Molière (dans son oeuvre)
He is in jail.	Il est **en** prison.
His lawyer visits him in jail.	Son avocat va le voir **à** la prison/ **dans** la prison.

(*dans* est plus déterminé que *en*)

in the picture	sur la photo
in places	par endroits
in the rain	sous la pluie
in the shade	à l'ombre
in the sun	au soleil
-manner	
in despair	au désespoir
in fashion	à la mode
to write in ink, in pencil	écrire à l'encre, au crayon
in a loud voice	à haute voix, à voix haute
in some ways (respects)	à certains égards
in many ways	à bien des égards
in all respects	à tous les égards
in a way	d'une certaine façon, d'un côté
in this way	de cette façon, de cette manière
in the same way	de la même façon, de la même manière
in any case	de toute(s) façon(s), de toute(s) manière(s), en tout/tous cas
in that case	dans ce cas (-là)
in other words	en d'autres termes, autrement dit
in French	en français
in silence	en silence
in writing	par écrit
- time	

Bien faire la différence entre l'emploi de *en* et celui de *dans*. *En* s'emploie pour indiquer le temps nécessaire pour faire quelque chose. L'action peut aussi bien avoir lieu dans le passé, le présent ou l'avenir:

Je peux préparer un repas en 15 minutes.

Dans s'emploie pour indiquer le moment précis où l'action se passera dans l'avenir:

Je servirai le dîner dans 15 minutes.

in the daytime	le jour
in the course of the day	dans la journée, pendant la journée, dans le courant de la journée
in the morning	le matin
in the course of the morning	dans la matinée, pendant la matinée, dans le courant de la matinée

in the afternoon	l'après-midi
in the course of the afternoon	**dans** l'après-midi, **pendant** l'après-midi, **dans le courant de** l'après-midi
in the evening	le soir
in the course of the evening	**dans** la soirée, **pendant** la soirée, **dans** le courant de la soirée
in the night	la nuit
in the course of the night	**dans** la nuit, **pendant** la nuit, **dans le courant de** la nuit
at 7:00 in the morning	à 7 h. **du** matin
at 2:00 in the afternoon	à 2 h. **de** l'après-midi
at 8:00 in the evening	à 8 h. **du** soir
at any time in the day	à n'importe quelle heure **du** jour
at any time in the night	à n'importe quelle heure **de la** nuit
in March	**en** mars
in the month of March	**au** mois de mars
in the spring	**au** printemps
in the summer, in the fall, in the winter	**en** été, **en** automne, **en** hiver
one day in spring, in summer	un jour **de** printemps, **d'**été
in 1975	**en** 1975
in the 50s	**dans** les années cinquante
in the 17th century	**au** 17ème siècle
in the first (or the last) part of the century	**dans** la première (ou la dernière) partie du siècle
in the reign of Louis XIV	**sous** le règne de Louis XIV
I have not seen him in years.	Je ne l'ai pas vu **depuis** des années.
in these days	actuellement, **à** l'heure actuelle, **à** notre époque, **de** nos jours
in our time	**de** notre temps
in those days	**à** cette époque (-là), **en** ce temps-là
in the old days, in the past	jadis, autrefois, **dans** le temps, **dans** le passé
as in the past	comme **par** le passé
in the future	**à** l'avenir, dorénavant
in between (time)	entre-temps, **dans** l'intervalle
in between (place)	entre
in due time	**en** temps voulu, **au** moment voulu
in turn	**à** tour de rôle, **à** son tour

He was back in 2 days. (2 days later)	Il est revenu deux jours **après**/deux jours **plus tard/** **au bout de** deux jours.
(within 2 days)	Il est revenu **moins de** deux jours **après.**

- condition, state

to be in control of a car/ of a situation	être maître d'une voiture/d'une situation
to be in good health	être **en** bonne santé
to be in love	être amoureux
May he rest in peace.	Qu'il repose **en** paix.
to be in tears	être **en** larmes

- after a superlative

It's the most beautiful city in the world.	C'est la plus belle ville **du** monde.

- other expressions:

in dealing with	quand on a affaire à
in his eyes	**à** ses yeux
in my opinion	**à** mon avis
in principle	**en** principe
to rejoice in	se réjouir **de**
to trust in	se fier **à**
to believe in	croire **à**, croire **en**

VOIR: **believe**

inconvenience

an inconvenience	un inconvénient, un dérangement

⊖ *inconvenience* n'est pas français

inconvenient

untimely	mal choisi, inopportun
unhandy	mal commode, peu pratique

⊖ *c'est inconvenient*

individual n

a human being	un *individu*

Attention à ce mot qui peut être employé péjorativement:

an oddball	un drôle d'*individu*

⊖ *individuel*

infant

an infant

un bébé, un nourrisson, un nouveau-né

● *enfant*

infinitive   *l'infinitif*

En anglais, *to* est la marque de l'infinitif (*to* win).
En français, la terminaison du verbe est la marque de l'infinitif (gagn*er*).

► *Lorsque* **to** *veut dire* **in order to,** *c'est une préposition de but qu'il faut traduire par* **pour**:

Pour *gagner, il faut s'entraîner.*
In order to win, you have to practice.

A. L'Infinitif Seul

L'infinitif correspond souvent à un participe présent anglais:

Living here is difficult.	Vivre ici est difficile.
Seeing is believing.	Voir c'est croire.

On le rencontre aussi souvent, au lieu de l'impératif, dans des modes d'emploi (directions), des recettes de cuisine, des réclames, des annonces publiques:

Cook for an hour in the oven.	Faire cuire une heure au four.
Do not litter.	Défense de jeter des ordures.
Live on the Riviera!	Vivre sur la Côte d'Azur!
For sale	À vendre

B. L'Infinitif Complément de Nom

L'infinitif est précédé en général de **à** et correspond souvent à un participe présent anglais.

an adding machine	une machine à calculer
a carving knife	un couteau à découper
a coloring book	un album à colorier
a dining room	une salle à manger
a drawing board	une planche à dessiner
a frying pan	une poêle à frire
an ironing board	une planche à repasser
knitting needles	des aiguilles à tricoter
a mixing bowl	un bol à mélanger
a sewing machine	une machine à coudre

| a washing machine | une machine à laver |
| a building permit | un permis de construire |

C. L'Infinitif Complément d'Adjectif ou de Participe Passé Employé comme Adjectif

L'infinitif est précédé de **à** ou **de**, quelquefois de **pour**.

1. Adjectifs + **à** + Infinitif:

Je suis prêt *à* partir.

adroit	enclin	instruit
agréable	engagé	lent
aisé	entraîné	long
appelé	exact	opposé
apte	excellent	porté
assidu	expert	poussé
attentif	exposé	prédestiné
bon	facile	prêt
commode	habile	prompt
désagréable	habitué	propre
destiné	hardi	quitte
déterminé	impossible	réduit
difficile	incommode	résigné
disposé	impuissant	résolu
dur	ingénieux	rompu
employé	inhabile	utile
		voué

2. Adjectifs + **de** + Infinitif:

Elle est heureuse *de* nous voir.

La plupart de ces adjectifs expriment des sentiments:

ambitieux	dépité	éreinté
avide	désappointé	étonné
brûlant	désespéré	excusable
capable	désireux	exténué
certain	désolé	fâché
charmé	digne	fatigué
chargé	dispensé	fier
choqué	dissuadé	flatté
confus	ébloui	forcé
consterné	écoeuré	fou
content	effaré	furieux
contrarié	effrayé	heureux
convaincu	enchanté	honteux
coupable	enragé	humilié
courroucé	enthousiasmé	impatient
curieux	épaté	incapable
déchargé	épouvanté	incertain
dégoûté	épuisé	inconsolable

inexcusable	peiné	suffoqué
irrité	pressé	sûr
las	prié	surpris
libre	ravi	susceptible
malade	reconnaissant	suspect
malheureux	satisfait	touché
mécontent	soucieux	tourmenté
mortifié	soulagé	triste
navré	soupçonné	ulcéré
obligé	stupéfait	

3. Adjectifs + **pour** + Infinitif:

Tu n'es pas doué *pour* faire ce travail.

compétent	incompétent
doué	insuffisant
fort	mûr
	suffisant

▶ *Pour les adjectifs employés après* **c'est** *ou* **il est**, *impersonnels, on utilise* de *avec* il est *et* à *avec* c'est *devant l'infinitif.*

Il *est facile* **de** *se reposer.*
Se reposer, **c'est** *facile* **à** *faire.*

VOIR: **personal pronouns** pour les emplois de *c'est* et *il est*

D. L'Infinitif dans les Propositions Subordonnées Complétives

Trois cas se présentent:

- Le sujet du verbe de la proposition principale et celui du verbe de la complétive sont les mêmes.
- Les deux sujets sont différents.
- Le sujet du verbe principal est impersonnel.

1. Le sujet du verbe de la proposition principale et celui du verbe de la proposition complétive sont les mêmes.

a. le verbe de la complétive est à l'infinitif:

J'aime **conduire.**
I like to drive.

Il est arrivé à **finir** *à temps.*
He managed to finish on time.

Accepteras-tu de les **voir?**
Will you agree to see them?

Exceptions:

Si le verbe de la principale est *se douter, soupçonner,* ou *supposer,* le verbe de la complétive ne peut pas être mis à l'infinitif.

Je suppose **que je devrais** *me porter volontaire.*
I suppose I should volunteer.

b. choix entre l'infinitif ou un mode personnel:

Si le verbe de la principale est l'un des suivants, on a le choix d'utiliser dans la complétive l'infinitif ou un mode personnel. Ces verbes ne changeront pas de sens ou leur sens sera presque le même:

admettre	déclarer	reconnaitre
affirmer	douter	souhaiter
avouer	espérer	se rappeler
confesser	imaginer	se réjouir
craindre	jurer	se souvenir
croire	prétendre	se vanter
décider	promettre	

J'avoue **être** *fatigué.*
J'avoue **que je suis** *fatigué.*
I admit that I am tired.

Je crois **pouvoir** *le faire.*
Je crois **que je peux** *le faire.*
I think I can do it.

Avec le verbe *dire* on emploie plus couramment *que* et un mode personnel dans la complétive; mais l'infinitif est possible:

Elle **dit qu'elle a** *compris.*
Elle **dit avoir** *compris.*
She says she understood.

Avec les verbes *entendre, sentir, voir,* si l'on choisit de les faire suivre d'un infinitif, ils deviennent réfléchis:

Il **sent qu'il perd** *du terrain.*
Il **se sent perdre** *du terrain.*
He feels he is losing ground.

On a aussi le choix avec des principales comme *Je suis heureux..., je suis désolé..., je suis enchanté...,* etc. mais l'infinitif dans la complétive est cependant meilleur qu'un mode personnel.

Je suis heureux **que je puisse** *vous aider.*
Je suis heureux **de pouvoir** *vous aider.*
I am happy to be able to help.

Les verbes suivants changeront de sens, selon qu'ils sont suivis d'un infinitif ou d'un mode personnel:

penser:

Je pense que j'irai à la réunion.	I think I'll go to the meeting.
Je pense aller à la réunion.	I intend to go to the meeting.

apprendre:

Il a appris qu'il était reçu à l'examen.	He found out that he passed the exam.
Il a appris à nager.	He learned to swim.

rêver:

Elle a rêvé qu'elle était un oiseau.	She dreamed she was a bird.
Elle rêve d'avoir une maison.	She dreams of having a house.

savoir:

Je sais que je dois partir.	I know I have to leave.
Je sais faire du cheval.	I know how to ride a horse.

trouver:

Tu trouves que tu as raison.	You think you are right.
Tu trouves à t'amuser.	You manage to have fun.

2. Le sujet du verbe de la proposition principale et celui du verbe de la complétive sont **différents**.

a. Le verbe de la complétive n'est pas à l'infinitif mais il est à **l'indicatif**, au **subjonctif** ou au **conditionnel** selon le cas.

Elle pense **que vous écoutez.**
She thinks you are listening.

En anglais, on peut parfois utiliser l'infinitif:

Je veux **qu'il vienne.**
I want him to come.

Exceptions:

Les semi-auxiliaires *laisser* et *faire* doivent être suivis d'un infinitif dans la complétive:

Je laisse **pousser** *l'herbe.*
I let the grass grow.

Tu me fais **rire.**
You make me laugh.

Noter la place des sujets en français:

Si c'est un nom (*l'herbe*), il est placé après l'infinitif.

Si c'est un pronom personnel (*me*), il est placé avant le semi-auxiliaire.

b. choix entre l'infinitif ou un mode personnel après les verbes

admirer qn	*de* + infinitif **ou**	*que* + mode personnel
approuver qn	↓	↓
défier qn		
soupçonner qn		
supplier qn		
suspecter qn		

Je soupçonne **qu'il est coupable.**
Je le soupçonne **d'être coupable.**

I suspect he is guilty.

commander à qn	*de* + infinitif **ou**	*que* + mode personnel
conseiller à qn	↓	↓
crier à qn		
déconseiller à qn		
demander à qn		
défendre à qn		
dire à qn		
écrire à qn		
interdire à qn		
ordonner à qn		
permettre à qn		
prescrire à qn		
promettre à qn		
proposer à qn		
rappeler à qn		
recommander à qn		
répéter à qn		
suggérer à qn		
téléphoner à qn		

Je t'interdis **de revenir.**
J'interdis **que tu reviennes.**

I forbid you to come back.

3. Le sujet du verbe de la proposition principale est **impersonnel.**

On a le choix entre l'infinitif et un mode personnel dans la complétive.

a. verbes impersonnels:

Il advient	*de* + infinitif	**ou**	*que* + mode personnel
Il s'agit	↓		↓
Il arrive			
Il convient			
Il importe			
Il suffit			
Il me (te...) tarde			

Il faut	+ infinitif	**ou**	que + mode personnel
Il vaut mieux	+ infinitif	**ou**	que + mode personnel

Il vaut mieux **se préparer.**
It's better to get ready.

Il vaut mieux **que tu te prépares.**
You'd better get ready.

Avec un mode personnel, le sujet est précisé automatiquement. Avec un infinitif, le sujet n'est pas précisé. On peut cependant le faire (sauf avec: *il s'agit, il vaut mieux*) en mettant un pronom personnel objet indirect devant le verbe impersonnel:

Il **nous** *faut* **passer** *l'examen.*
We must take the exam.

Il **leur** *advient* **de l'aimer.**
They sometimes happen to like it.

Exceptions:

Les verbes impersonnels suivants ne peuvent pas être suivis d'un infinitif:

Il est à craindre	+ *que* + mode personnel	
Il/ça n'empêche	↓	
Il s'ensuit		
Il paraît		
Il se peut		
Il (me) semble		
Il survient		
Il se trouve		

b. locutions verbales impersonnelles composées de: il est + adjectif

Quand le sujet du verbe de la proposition principale est **impersonnel** *on a le choix entre l'***infinitif** *et un* **mode personnel** *dans la complétive avec les expressions impersonnelles composées de:* Il est + un adjectif.

Il est bon	*de* + infinitif	**ou**	*que* + mode personnel
Il est dommage	↓		↓
Il est inadmissible			
etc.			

Il est dommage **de le laisser** *seul.*
It's too bad to leave him alone.
Il est dommage **qu'il soit** *seul.*
It's too bad he is alone.

Exceptions:

Les expressions impersonnelles suivantes ne peuvent pas être suivies d'un infinitif:

Il est certain   *que* + mode personnel
Il est clair
Il est douteux
Il est évident
Il est probable
Il est improbable
Il est sûr

Il est clair **qu'ils ne s'aiment pas.**
It is clear that they don't like each other.

E. L'Infinitif dans les Propositions Subordonnées Circonstancielles

Celles-ci sont introduites par une conjonction à valeur circonstancielle de temps (*quand*) de condition, (*si*), etc.

Quand le sujet du verbe de la proposition principale est le même que celui de la subordonnée circonstancielle, on emploie l'infinitif précédé de la préposition qui convient. Cela peut se faire dans tous les cas où les conjonctions ont des prépositions équivalentes.

Il est descendu **pour** *ouvrir la porte.*
He went downstairs in order to open the door.

⊖ *Il est descendu pour qu'il ouvre la porte.*

VOIR: **conjunctions:** Tableau des Principales Conjonctions de Subordination et des Prépositions Correspondantes. (pp 89, 90)

Si la conjonction n'a pas de préposition équivalente, l'infinitif est impossible:

Je ne sais pas **si je peux** *continuer.*
I don't know if I can continue.

F. L'Infinitif Passé

Comme les autres formes composées, l'infinitif passé se forme avec l'auxiliaire qui convient (être ou avoir) et le participe passé de ce verbe.

> *avoir fait*   to have done
> *être parti*   to have left

L'action qu'il exprime est antérieure à celle du verbe qui le précède.

> *Il est en prison pour **avoir tué** un homme.*
> He is in jail for having killed a man.

C'est pourquoi, la préposition *après* est toujours suivie d'un infinitif passé:

> *Elle est sortie après **avoir déjeuné**.*
> She went out after she had eaten lunch.

G. Différentes Constructions des Verbes Suivis d'un Infinitif

1. Verbe + Infinitif

> *Je voudrais voyager.*
> I'd like to travel.

Les verbes qui se construisent ainsi, sans préposition, sont:

- la plupart des auxiliaires secondaires de mode, comme *devoir, pouvoir, vouloir*, etc.

- les verbes de mouvement suivants:

courir	passer, repasser ·
descendre, redescendre	rester
entrer, rentrer	retourner
monter, remonter	sortir, ressortir
partir, repartir	venir, revenir

VOIR: **auxiliaries**

2. Verbe + **objet direct** + Infinitif

> *Elle a regardé les enfants **jouer**.*
> She watched the children playing.

Les verbes qui se construisent ainsi sont

- les verbes de perception suivants:

apercevoir	regarder
écouter	sentir
entendre	voir, revoir

- et les verbes suivants:

157

emmener
envoyer, renvoyer
laisser

Place de l'objet du verbe, du sujet et de l'objet de l'infinitif selon qu'ils sont des noms ou des pronoms personnels:

- L'objet du verbe est aussi le sujet de l'infinitif:

Je sens **l'orage** *venir.* ou *Je sens venir* **l'orage.**
Je **le** *sens venir.*
I feel a storm coming on.
I feel it coming.

- L'infinitif a un sujet et un objet:

Ils écoutent **le candidat** *présenter* **son programme.**
Ils l'écoutent **le** *présenter.*
They are listening while the candidate gives a speech.
They are listening to him give it.

- L'infinitif n'a pas de sujet, mais a un objet:

Elle a envoyé chercher **le médecin.**
Elle l'a envoyer chercher.
She sent for the doctor.
She sent for him.

VOIR: **auxiliaries** pour des exemples avec *laisser*

3. Verbe + **à** + Infinitif

Il cherche à comprendre.
He is trying to understand.

4. Verbe + **objet direct** + **à** + Infinitif

J'autorise mon fils à prendre la voiture.
I authorize my son to take the car.

5. Verbe + **à** + **objet indirect** + **à** + Infinitif

Les verbes qui se construisent ainsi sont *apprendre, enseigner,* et *montrer.*

Apprenons aux enfants à nager.
Let's teach the children how to swim.

6. Verbe + **de** + Infinitif

Elle essaye de dormir.
She is trying to sleep.

7. Verbe + **objet direct** + **de** + Infinitif

J'admire cet homme de résister.
I admire this man for resisting.

inflammable or flammable

that which can burn	*inflammable*
that which cannot burn, non-flammable, non-inflammable	ininflammable

informal

an informal agreement	un accord officieux
an informal dinner	un dîner simple, un dîner sans cérémonie
an informal dress	une tenue de ville, une robe simple
an informal person	une personne simple, une personne sans façon
an informal style	un style familier

inherit

to inherit sth	hériter (de) qch
to inherit sth from sb	hériter qch de qn

injury

a physical injury	une blessure
a moral injury	un tort, un préjudice

VOIR: **prejudice**

⬤ une *injure*

insignificant

insignificant	*insignifiant*

⬤ *insignificant* n'est pas français

insist

I insist that you come.	J'insiste pour que tu viennes.

> Je veux absolument que tu viennes.

> ⊖ *J'insiste que tu viennes.*

to insist on sth	insister sur qch
to insist on doing sth	insister pour faire qch, tenir à faire qch

issue n

a matter	une question, un sujet
a problem	un problème
an effect (result)	une *issue*, un effet, un résultat
a copy (of a magazine)	un numéro (de revue)

Le mot *issue* en français veut dire aussi: an exit. L'expression *une voie sans issue* veut dire: a dead end (street).

instance n

an example	un exemple
for instance	par exemple
a case, a circumstance	un cas, une circonstance, une occasion

Les exemples suivants représentent des sens peu utilisés du mot *instance* en anglais:

a request	une *instance*, une demande
at the instance of...	sur l'*instance* de ..., à la demande de...
proceedings (legal)	les *instances*
in the process of	en *instance de*, en cours de
to be waiting for a divorce	être en *instance* de divorce

instructor

in a school (any level)	un professeur
in a primary school	un(e) instituteur (-trice)
in a university	un maître assistant, un professeur de faculté
a ski instructor	un moniteur de ski
in the Army	un *instructeur*

insulation

a protection (from the cold)	l'isolation (contre le froid)

> ⊖ *isolement, insolation, insulation* (le dernier n'est pas français)

integral adj

to be an integral part of...   faire partie intégrante de...

entire, complete   complet, *intégral*

the complete payment of a sum   le paiement *intégral* d'une somme

Sartre's entire works   l'oeuvre *intégrale* de Sartre

                               les oeuvres complètes de Sartre

interrogation   *l'interrogation*

A. Pronoms Interrogatifs dans l'Interrogation Directe

1. Qui, Que, Quoi

	Le pronom représente un	
fonction	**nom animé**	**nom non-animé**
1. sujet	*qui* *qui* est-ce *qui*	*qu'*est-ce *qui*
2. objet direct	*qui* *qui* est-ce *que*	*que* *qu'*est-ce *que*
3. avec une préposition	prép + *qui* prép + *qui* est-ce *que*	prép + *quoi* prép + *quoi* est-ce *que*

Exemples:

1. *Qui* est là?   *Who* is there?
    Qui est-ce *qui* est là?
    *Qu'*est-ce *qui* se passe?   *What* is going on?

2. *Qui* as-tu rencontré?   *Whom* did you meet?
    Qui est-ce *que* tu as rencontré?
    Que feras-tu?   *What* will you do?
    *Qu'*est-ce *que* tu feras?

3. Avec *qui* est-elle sortie?   *Whom* did she go out with?
    Avec *qui* est-ce *qu'*elle est
      sortie?
    A *quoi* pensiez-vous?   *What* were you thinking
    A *quoi* est-ce *que* vous pensiez? about?

- Bien faire attention aux formes:
                qui est-ce qui, qu'est-ce qui
                qui est-ce que, qu'est-ce que
                ...quoi est-ce que

| interrogation

- Contrairement à l'anglais, les prépositions précèdent toujours le pronom relatif: *avec qui, à quoi,* etc.

- Lorsqu'on pose une question qui se rapporte à une définition, on peut dire:

Qu'est-ce que c'est qu'un ordinateur? (langue courante)
Qu'est-ce qu'un ordinateur? (langue soutenue)
What is a computer?

                ⊖ *Qu'est-ce que c'est un ordinateur?*

Le tableau ci-dessous indique la place des sujets dans les questions où l'on fait l'inversion:

temps	sujet	
	un pronom personnel	un nom : on le répète en employant le pronom personnel correspondant
simple	Pour qui voteras-*tu* ?	Pour qui *ton mari* votera-t-*il* ?
composé	Pour qui as-*tu* voté ?	Pour qui *ton mari* a-t-*il* voté ?

2. Lequel

fonction	Le pronom représente un	
	nom animé ou nom non-animé	
	masculin	féminin
1. sujet	lequel, lesquels	laquelle, lesquelles
2. objet direct	lequel, lesquels	laquelle, lesquelles
3. avec "à"	auquel, auxquels	à laquelle, auxquelles
4. avec "de"	duquel, desquels	de laquelle, desquelles
5. avec les autres prépositions	prép + lequel, lesquels	prép + laquelle, lesquelles

162

Exemples

1. *Laquelle* (de ces solutions) est la meilleure? *Which one* is the best?

2. *Lequel* (de ces candidats) préfères-tu? *Which one* do you prefer?

3. *Auquel* (de ces employés) faut-il s'adresser? (s'adresser *à*) *Which one* do we have to talk to?

4. *Desquels* (de ces sujets) parlerez-vous? (parler *de*) *Which ones* will you talk *about*?

5. Pour *lequel* (de ces pays) se battait-il? *Which one* (of these countries) was he fighting for?

Lequel, etc. se contracte avec les prépositions *à* et *de*. Les autres prépositions précèdent les pronoms (comme avec *qui* et *quoi*).

Mais, les prépositions *à* et *de* ne se contractent pas avec les adjectifs interrogatifs *quel(s)* et *quelle(s)*:

A quel *arrêt descends-tu?*
Which stop do you get off at?

⊖ *Auquel arrêt...*

*Auquel,...Duquel,...*sont des pronoms; ils ne s'utilisent jamais avec des noms.

B. Pronoms Interrogatifs dans l'Interrogation Indirecte

	Le pronom représente un	
fonction	**nom animé**	**nom non-animé**
1. sujet	qui	ce qui
2. objet direct	qui	ce que
3. avec une préposition	prép + qui	prép + quoi

Exemples:

Je lui ai demandé... I asked her...

1. *qui* allait venir. *who* was coming.
   ce qui l'ennuyait. *what* was bothering her.

2. *qui* elle avait invité. *whom* she had invited.
   ce que je pouvais faire. *what* I could do.

163

3.   *sur qui* elle comptait.   *whom* she was counting on.
    de quoi elle voulait parler.   *what* she wanted to talk
                              about.

                           ⊖ Je lui ai demandé *qu'est-ce qui* l'ennuyait.

▶ Qu'est-ce qui *ne s'emploie que dans l'interrogation directe.*

Les formes de pronoms, *lequel*, etc. ne changent pas dans l'interrogation indirecte.

         Je lui ai demandé **laquelle** *(de ces robes) elle préférait.*
         I asked her which one (of these dresses) she preferred.

introduce

  - to insert sth into sth   *introduire* qch dans qch
I introduced the key into   J'ai introduit la clef dans la
  the lock.   serrure.
                           J'ai inséré la clef dans la
                           serrure.

  - to propose, submit   proposer, soumettre, présenter
They introduced a reform.   Ils ont proposé une réforme.
                           Ils ont soumis une réforme.
                           Ils ont présenté une réforme.

  - to introduce the use of sth   *introduire*, lancer, répandre
We are introducing a new   Nous introduisons un nouveau
  product.   produit.
                           Nous lançons un ...

  - to introduce sb to sth   faire connaître qch à qn
                           initier qn à qch
I'll introduce him to French   Je vais lui faire connaître les
  wines.   vins français.
                           Je vais l'initier aux vins
                           français.

to introduce sb to sb   présenter qn à qn
                           introduire qn auprès de qn (moins
                           usité)

Let me introduce myself!   Je me présente!

Autre sens du mot *introduire* en français: *to show somebody in*.

J

job

a job	un travail, un poste, un *job*
to look for a job	chercher du travail/un travail/un poste/un job
to find a job	trouver du travail/un travail/un poste/un *job*

journey n

a journey	un voyage

                    ⊖ une *journée*

VOIR: **day**

just adv

Pour exprimer le passé immédiat:

They have just left.	Ils viennent de partir.
They had just left when it started to snow.	Ils venaient de partir quand il a commencé à neiger.

L'expression *venir de* ne peut s'utiliser qu'au présent ou à l'imparfait lorsqu'elle exprime le passé immédiat.

K

keep vt

Ce verbe s'utilise dans de nombreux contextes et ne se traduit pas toujours par *garder*. Voici quelques expressions courantes:

to keep a promise	tenir une promesse
to keep one's word	tenir (sa) parole
to keep sb alive	maintenir qn en vie
to keep sth warm	garder qch au chaud
	tenir qch au chaud
to keep oneself warm	se tenir au chaud
This blanket keeps me warm.	Cette couverture me tient chaud.
Keep at it!	Continue!
to keep away from	se tenir éloigné de
	ne pas s'approcher de
to keep (on) doing sth	continuer à faire qch
to keep out of an argument	ne pas se mêler d'une dispute
Keep it to yourself.	Garde-le pour toi. Ne dis rien.
to keep up a house	(bien) entretenir une maison
to keep up with sb	se maintenir à la hauteur de qn
to keep up with the times	être de son temps

keep vi

These carrots keep well.	Ces carottes se gardent bien; elles se conservent bien.
to keep fit, in shape	se maintenir en forme
	rester en forme
to keep quiet	se taire, se tenir tranquille
Keep out!	Défense d'entrer!

know

- to be aware of	**savoir**
I know the news.	Je sais la nouvelle.
I know that he left.	Je sais qu'il est parti.
I don't know anything about him.	Je ne sais rien sur lui.

I don't know anything about it.	Je n'en sais rien.
as far as I know	autant que je sache

- to know intellectually
I know my part. (I learned it by heart.)	Je sais mon rôle. (Je l'ai appris par coeur.)
I know it by heart.	Je le sais par coeur.

- to know how to do sth
I know how to fly.	Je sais piloter.
She knows how to cook.	Elle sait faire la cuisine.

- to inform sb of sth
Let me know of your plans.	Faites-moi savoir vos projets.
Let me know what you want to do.	Faites-moi savoir ce que vous voulez faire.

- to be acquainted with **connaître**
I know his brother.	Je connais son frère.
to know by name	connaître de nom
to know by sight	connaître de vue
We know Portugal.	Nous connaissons le Portugal.
Do you know her novels?	Connaissez-vous ses romans?
Do you know of a good hotel?	Connaissez-vous un bon hôtel?
I know of a competent secretary.	Je connais une secrétaire qualifiée.

- to be knowledgeable — s'y connaître, s'y entendre, connaître
He knows about business.	Il s'y connaît en affaires. Il s'y entend en affaires.
He knows his stuff.	Il connaît son métier.

  - to recognize **reconnaître**
I know this tree by its leaves.	Je reconnais cet arbre à ses feuilles.

- to understand **comprendre**
When I saw him, I knew that something was wrong.	Quand je l'ai vu, j'ai compris que ça n'allait pas.

- autres expressions
What do you know!	Eh bien! Ça alors!

167

L

language

a foreign language | une langue étrangère

Langage peut être synonyme de *langue*, mais il s'emploie plutôt pour exprimer une manière de parler. Il est alors synonyme de *vocabulaire*, *jargon*:

familiar language | un langage familier
slang | un langage argotique
technical language | un langage technique
administrative language | un langage administratif

large

a large house | une grande maison
a large number | un grand nombre
a large size | une grande taille
a large person | une grosse personne
a large animal | un gros animal
a large sum | une grosse somme
 | une forte somme
a large family | une famille nombreuse

⊖ *large*

late adv

- not early | tard
It is late. | Il est tard.
to go to bed late | se coucher tard
late in the afternoon | tard dans l'après-midi
Better late than never. | Mieux vaut tard que jamais.

- not on time | en retard
He is late. | Il est en retard.
 | Il a du retard.

The train is late. | Le train est en retard.
 | Le train a du retard.

| The plane left 10 minutes late. | L'avion est parti 10 minutes en retard. |
| | L'avion est parti avec 10 minutes de retard. |

VOIR: **early** adv

late adj

a late hour	une heure tardive
Spring is late.	Le printemps est tardif.
a late variety	une variété tardive
the latest news	les dernières nouvelles
	les nouvelles les plus récentes
a late train	un des derniers trains
in the late 50's	vers la fin des années cinquante
the late Mrs. X	feu Mme X

VOIR: **early** adj

leave vt

- to leave a place	quitter un endroit
I left the house at 8:00.	J'ai quitté la maison à 8 h.
to leave sb/sth	quitter qn /qch
She left her job.	Elle a quitté son travail.
I left him a while ago.	Jé l'ai quitté il y a un moment.
- to leave sth behind	laisser qch
I left a tip.	J'ai laissé un pourboire.
- to forget sth	oublier
I left my umbrella.	J'ai oublié mon parapluie.
- to leave sb with sb	laisser/confier qn à qn
She left the children with a neighbor.	Elle a laissé les enfants à un voisin.
	Elle a confié les enfants à un voisin.
- other expressions	
Don't leave the door open.	Ne laisse pas la porte ouverte.
Leave me alone!	Laisse-moi tranquille!

leave vi

	partir, s'en aller
I am leaving.	Je pars.
	Je m'en vais.
The bus leaves at 7:00 a.m.	L'autobus part à 7 h.

lecture n

a speech	une conférence
a formal course	un cours magistral

● une *lecture*

legume

a legume	une légumineuse
Beans, peas, lentils are legumes.	Les haricots, les pois, les lentilles sont des légumineuses.

● un *légume*

library

a library	une bibliothèque

● une *librairie*

line

to draw a line	tirer une ligne, tirer un trait
a line in a poem	un vers
a line in a play	une réplique, un rôle
The actor forgot his line.	L'acteur a oublié sa réplique/ son rôle.
	L'acteur a eu un trou.
a line of cars	une file de voitures
a line of trees	une rangée d'arbres
a line of people	une file de gens, une queue de gens
to stand in line	faire la queue

liquor

an alcoholic beverage	de l'alcool, des spiritueux
a liquor store	un magasin de spiritueux

● une *liqueur*

location

a site	un site, un emplacement
	un endroit, un lieu

● une *location*

long adj

                                   long

a long trip   un *long* voyage

long adv

                                   longtemps

He left long ago.   Il y a longtemps qu'il est parti.
                                   Il est parti il y a longtemps.

look v

   - to look at sth/sb   regarder qch/qn
                                   (pas de préposition en français)

   - to seem, appear   sembler, paraître, avoir l'air
She looks funny   Elle semble/paraît bizarre.
                                   Elle a l'air bizarre.

This cake looks good.   Ce gâteau a l'air bon.
He looks good.   Il a bonne mine.

luck

   (good) luck   la chance
   to have good luck   avoir de la chance
   to have bad luck   avoir de la malchance, ne pas
                                     avoir de chance

   Good luck!   Bonne chance!

lucky

   to be lucky   avoir de la chance, être chanceux
                                     (moins fréquent)

   Lucky you!   Tu en as de la chance!
                                     Veinard(e)!

luxuries

   all the comfort   le luxe (sing)
                                   le bien-être matériel
   to have all the luxuries   mener une vie fastueuse/lux-
                                   ueuse

M

magazine

a magazine   un *magazine*, une revue,
     un périodique

a monthly magazine   un *magazine* mensuel
     une revue mensuelle

a weekly magazine   un hebdomadaire

⛔ un *magasin*

major n

a field of specialization   une matière principale
     une spécialité

a student specializing in a field   un spécialiste

a major in natural science   un spécialiste en sciences
     naturelles

major v

to specialize   se spécialiser

He is majoring in geography.   Il se spécialise en géographie.

make

Make est un verbe qui décourage bien souvent le traducteur car il ne se traduit pas toujours par *faire*. Voici quelques expressions usuelles où on ne traduit pas *make* par *faire*:

to make an appointment	prendre (un) rendez-vous
to make a change	apporter un changement
to make a complaint	déposer une plainte
to make a decision	prendre une décision
to make friends	se faire des amis
to make fun (of)	se moquer (de)
to make good grades	obtenir de bonnes notes
to make a judgement	émettre/exprimer/porter un jugement
to make a living	gagner sa vie
to make a meal	préparer un repas

to make money	gagner de l'argent
to make a fresh start	recommencer à zéro
to make out a check	écrire un chèque
to make up a story	inventer une histoire
Don't make an issue of it!	Ne dramatise pas!
You made it!	Bravo! Tu as réussi!
	Tu y es arrivé!
It makes sense.	C'est logique.
to make + adj	rendre
Snow makes roads slippery.	La neige rend les routes glissantes.
This makes me happy.	Cela me rend heureux.

> ⊖ *Cela me fait heureux.*

to make sb do sth	faire + inf + sujet de l'infinitif
He makes his students work.	Il fait travailler ses étudiants.

(Attention à la place du sujet de l'infinitif en français: après l'infinitif)

VOIR: **infinitive**

maroon adj

maroon	bordeaux

> ⊖ *marron*

VOIR: **adjectives** pour les adjectifs de couleur

marry

- to marry someone (perform the ceremony)	*marier* qn (attention à l'orthographe: *un* r)
The mayor married this couple.	Le maire a marié ce couple.
- to give in marriage	*marier* qn
They married their daughter to a foreigner.	Ils ont marié leur fille à un étranger.
- to wed sb	se marier avec qn
	épouser qn
He married a childhood friend.	Il s'est marié avec une amie d'enfance.
	Il a épousé une amie d'enfance.

material n

a piece of fabric	un tissu
a substance	une matière

a raw material	une matière première
construction materials	des matériaux de construction
documentation	des matériaux, des documents de la documentation
I am looking for materials to write my paper.	Je cherche des matériaux/des documents/de la documentation pour écrire mon devoir.
equipment	du *matériel*
farming material	du *matériel* agricole

may, might aux

Le verbe *pouvoir* présente des nuances de sens différentes selon les temps employés.

A. may (permission, possibility) **pouvoir**

- permission

May I come in?	Puis-je entrer?
	Est-ce que je peux entrer?
You may go out.	Tu peux sortir.

- to be possible that

She may come tomorrow.	Elle peut venir demain.
	Il se peut qu'elle vienne...
	Il est possible qu'elle vienne...

VOIR: **maybe**

B. may have (supposition) **pouvoir**

I may have lost them.	J'ai pu les perdre.
	Je peux les avoir perdus.
	Il se peut que je les aie perdus.

C. might (suggestion) **pouvoir**

You might try to contact him.	Tu pourrais (peut-être) essayer d'entrer en contact avec lui.

D. might have (condition un- fulfilled) **pouvoir**

She might have tried to help.	Elle aurait pu essayer d'aider.

A la forme négative, faire attention à la place de la négation en français. Elle change le sens de la phrase selon qu'elle porte ou non sur l'auxiliaire *pouvoir*.

La négation porte sur l'auxiliaire:

They cannot move out.   Ils ne peuvent pas déménager.

La négation ne porte pas sur l'auxiliaire:

They may not move out.   Il se peut qu'ils ne déménagent
                                        pas.
                                        Il est possible qu'ils ne démé-
                                        nagent pas.
                                        Ils peuvent ne pas déménager.

maybe adv

En anglais, on a tendance à placer cet adverbe au début de la phrase.
Cela peut se faire aussi en français, mais certaines constructions sont
requises.

Maybe he'll come.

- *Peut-être* + que   Peut-être qu'il viendra.

- *Peut-être* + inversion   Peut-être viendra-t-il.
  du pronom sujet   Peut-être Paul viendra-t-il.

- *Peut-être* après le verbe   Il viendra peut-être.
  le verbe

Les 1ère et 3ème constructions sont les plus courantes.

⊖ *Peut-être il viendra.*

mechanic n

a mechanic   un mécanicien

⊖ *mécanique*

mechanical adj

a mechanical process   un procédé mécanique

mechanics n

He studies mechanics.   Il étudie la mécanique (n sing).

medicine

the science   la *médecine*

⊖ La *médicine* (avec un *i*) n'est pas français.

a medication   un médicament, un remède

VOIR: **drug**

Principales formes sous lesquelles se présentent les médicaments:

a capsule	une capsule, une gélule
a lozenge	une pastille
a pill	une pilule
a syrup	un syrop
a tablet	un cachet, un comprimé

memory

the ability to remember	la mémoire
a recollection	un souvenir

⛔ un *mémoire*

miserable

unhappy	malheureux, triste
Today, I feel miserable.	Aujourd'hui, je suis malheureux / ça ne va pas /j'ai le cafard.

⛔ *misérable*

miss vt

- to fail to hit	manquer, rater
I missed the target.	J'ai manqué/raté le but.
- to fail to catch	manquer, rater
I missed the plane.	J'ai manqué/raté l'avion.
I missed the opportunity.	J'ai manqué/raté l'occasion.
- to fail to attend	manquer, sécher
I missed school yesterday.	J'ai manqué/séché l'école hier.
- to fail to reach sb	manquer qn
I missed him, he was already gone.	Je l'ai manqué, il était déjà parti.
- to fail to understand sth	ne pas comprendre qch
I missed what he said.	Je n'ai pas compris ce qu'il a dit.
- to escape sth	échapper à qch
We missed the storm.	Nous avons échappé à la tempête.
- to feel the absence of sb/sth	manquer à qn/qch
I miss my country.	Mon pays me manque.
I miss my friends.	Mes amis me manquent.

A noter dans ces deux derniers exemples la différence de construction entre les deux langues. L'objet direct en anglais devient le sujet en français et le sujet en anglais devient l'objet indirect en français.

⛔ *Je manque mon pays/mes amis.*

- *autres emplois de manquer* en français:

to break a promise	manquer à sa promesse
to lack sth, to be short of sth	manquer de qch
At the end of the month I am short of money.	A la fin du mois je manque d'argent.
to nearly do sth	manquer (de)/faillir faire qch
I nearly fell.	J'ai manqué (de) tomber.
	J'ai failli tomber.
to be sure to do sth	ne pas manquer qch
Be sure to water the flowers.	Ne manque pas d'arroser les fleurs.

miss vi

to be missing	manquer, avoir disparu
A book is missing.	Un livre manque/a disparu.
	Il manque un livre. (v. impers.)
missing in action	disparu au champ d'honneur

money

cash	de l'argent
Give me some money.	Donne-moi de l'argent.
currency	une *monnaie*
change	la *monnaie*
He gave me the change.	Il m'a rendu la *monnaie*.

moods   *les modes des verbes*

Alors que les temps indiquent *quand* se fait l'action exprimée par le verbe, les modes servent à exprimer *la manière dont* se fait cette action, la nuance qui la colore.

1. L'indicatif, mode de la réalité:
Il **fait** beau.
Il **a fait** beau.
Il **fera** beau.

2. Le subjonctif, mode de la subjectivité, du doute, de la supposition, des faits envisagés dans la pensée:
Il est regrettable que vous ne **puissiez** pas venir.
Je doute qu'il **dorme**.
On sortira à moins qu'il (ne) **pleuve**.
Pensez-vous qu'elle **veuille** le faire?

3. Le conditionnel, mode de l'éventualité, de l'hypothèse:
J'aimerais bien visiter l'Alaska (si je pouvais).

4. L'impératif, mode de l'ordre adressé directement:
Taisez-vous.

5. L'infinitif a une valeur nominale:
J'aime **chanter**. (J'aime le chant.)

6. Les participes ont une valeur adjective:

- présent: un travail **demandant** une certaine force physique.
- passé: un roman **écrit** en anglais.

Ils peuvent aussi avoir une valeur adverbiale.

- présent: **Sentant** la pluie venir, je suis rentré. (Parce
             que je sentais...)
             Il mange **en travaillant**. (pendant qu'il travaille)

- passé: **Arrivé** le premier, j'ai gagné la course. (Puisque
             je suis arrivé...)

VOIR: **tenses** pour les temps à l'intérieur des modes et
present participles et **past participles**
subjunctive
condition
infinitive

morale

morale	le moral
have high/low morale	avoir bon/mauvais moral

morals, morality

	la moralité, les principes moraux, les moeurs
He is a man of loose morals.	Il est d'une moralité douteuse.
	Il a des moeurs douteuses.

morning

A. matin: unité de temps précise

in the morning	le matin
this morning	ce matin
yesterday morning	hier matin
tomorrow morning	demain matin
every morning	chaque matin, tous les matins
two days ago in the morning	avant-hier matin
the day after tomorrow in the morning	après-demain matin
the other morning	l'autre matin
Tuesday morning	mardi matin
the morning of the 20th	le matin du 20, le 20 au matin

at 9:00 in the morning	à 9 h. du matin
the morning paper	le journal du matin
the morning mass	la messe du matin

B. matinée: durée imprécise entre le lever du soleil et midi

at the beginning of the morning	au/en début de la matinée
in the middle of the morning	dans (le courant de) la matinée
at the end of the morning	à la fin de la matinée
the whole morning, all morning	toute la matinée
most of the morning	la plus grande partie de la matinée

- autres emplois de *matinée* en français:

a party in the afternoon	une matinée
a matinee (early afternoon show) at a theater	une matinée
to stay in bed late	faire la grasse matinée

move vt

- change location

to move sth	bouger/déplacer qch
	changer qch de place
to move sth into	emménager qch
to move sth out of	déménager qch

- create an emotion

The story moved me.	L'histoire m'a ému.
Her tears moved me.	Ses larmes m'ont attendri.
His help moved me.	Son aide m'a touché.

move vi

to leave	partir, s'en aller
to move away/out	déménager
to move from a place	quitter un endroit
to move into a new house	emménager/s'installer dans une nouvelle maison.
to move to a new house	aller habiter une nouvelle maison
	aller s'installer dans une nouvelle maison
to move to Paris	aller habiter (à) Paris
	aller s'installer/vivre à Paris

⊖ *déménager à Paris*

movement *le mouvement et le changement de lieu*

En anglais on utilise le même verbe pour indiquer:

- un mouvement, une forme d'exercice
  I like **to swim**. I like **swimming**.
  J'aime nager. J'aime la natation.

- le même mouvement au moyen duquel on change de lieu.
  On lui ajoute alors une préposition ou un adverbe.
  I **swam** back.
  Je suis revenu à la nage/en nageant.

  I **swam** to the island.
  Je suis allé à l'île à la nage/en nageant.

En français, on sépare nettement la notion de mouvement de celle de changement de lieu. Si on traduit *I swam to the island* par *J'ai nagé à l'île*, cela veut dire en français: *Une fois arrivé à l'île, j'ai nagé là-bas.* (I swam when I was there.)

Puisqu'on sépare en français l'idée de mouvement et celle de changement de lieu, nous allons voir comment traduire:

- le mouvement seul et

- le mouvement accompagné d'un changement de lieu.

A. Le Mouvement Seul

I like **to swim**.	J'aime **nager**.
I like **swimming**.	J'aime **la natation**.
I **swim** in the lake.	Je **nage** dans le lac.

Voici une liste de verbes courants qui, employés intransitivement, indiquent un mouvement, sans impliquer un changement de lieu.

crawl	ramper
drive	conduire, faire de la voiture
fly	piloter, voler
hitch-hike	faire de l'auto-stop, faire du stop
hop	sautiller
limp	boîter
paddle	pagayer
ride a bicycle	faire du vélo/de la bicyclette
ride a horse	faire du cheval
ride a motorcycle	faire de la moto (cyclette)
run	courir
sail	faire du bateau (en général)
	faire de la voile (en bateau à voile)
skate	faire du patin (à glace, à roulettes)

skateboard	faire de la planche à roulettes
ski	faire du ski, skier
snowshoe	marcher avec des raquettes
stagger	tituber
stroll	se promener, flâner
swim	nager, faire de la natation
tiptoe	marcher sur la pointe des pieds
walk	marcher, faire de la marche (à pied)

Le mouvement exécuté est fait dans un lieu donné, précisé ou non.

B. Le Mouvement Accompagné d'un Changement de Lieu

Je suis revenu à la nage/en nageant.
I swam back.

Comme on peut le voir ci-dessous le mouvement s'exprime en anglais par un verbe, en français par une locution adverbiale. Le changement de lieu s'exprime en anglais par un adverbe ou une préposition, en français par un verbe.

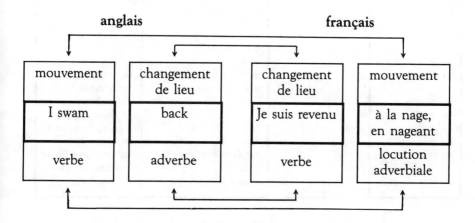

Le tableau p 182 indique comment exprimer le mouvement: le verbe de mouvement anglais se traduit par une locution adverbiale française.
Le tableau p 183 indique comment exprimer le changement de lieu: la préposition ou l'adverbe anglais se traduit par un verbe français.

Le tableau suivant indique comment exprimer le mouvement: le verbe de mouvement anglais se traduit par une locution adverbiale française.

Mouvement verbe	changement de lieu		Mouvement	
			locution adverbiale	
	across around etc.	traverser contourner etc.	préposition + nom	gérondif
to crawl				en rampant
to drive			en auto, en voiture	
to fly			en / par avion	
to hitch-hike			en auto-stop, en stop	en faisant du stop
to hop				en sautillant
to limp				en boitant
to paddle			à la pagaie	en pagayant
to ride				
a bike			à/en bicyclette, à/en vélo	
a horse			à cheval	
a motorcycle			à/en moto(cyclette)	
to run			à la course	en courant
to sail			en bateau, (à voile) à la voile	
to skate			en patins (à glace, à roulettes)	en patinant
to ski			à skis	en skiant
to snowshoe			en raquettes, avec des raquettes	en marchant avec des raquettes
to stagger				en titubant
to stroll				en flânant, en se promenant
to swim			à la nage	en nageant
to tiptoe			sur la pointe des pieds	en marchant sur la pointe des pieds
to walk			à pied	en marchant

Elle est sortie de la chambre **sur la pointe des pieds**.
She tiptoed out of the bedroom.

Je suis allé à Paris **en avion**.
I flew to Paris.

Le tableau suivant indique comment exprimer le changement de lieu:
la préposition ou l'adverbe anglais se traduit par un verbe français.

mouvement	Changement de Lieu préposition ou adverbe	Changement de Lieu verbe	mouvement
to crawl, to drive, etc.	across	traverser	en rampant, etc.
	around	contourner, faire le tour (de)	
	back	reculer, revenir, retourner	
	by	passer devant/auprès	
	down	descendre	
	into	entrer dans	
	out (of)	sortir (de)	
	through	traverser	
	to	aller à / en	
	up	monter	

Nous **avons descendu** *la colline à pied.*
We walked down the hill.

Il **a traversé** *le champ en rampant.*
He crawled across the field.

Deux verbes, *to move*, et *to travel* ne se traduisent pas non plus de la même façon en français suivant qu'ils indiquent un mouvement ou un changement de lieu. Ils font chacun l'objet d'une entrée.

VOIR: **move** et **travel**

movie

a film	un film
the best movie of the year	le meilleur film de l'année
a movie theatre	un cinéma
to go to the movies	aller au cinéma
the movie industry	le cinéma
	l'industrie cinématographique
a movie camera	une caméra

VOIR: **camera**

musical adj

a musical sound	un son *musical*
a musical instrument	un instrument de musique
a music box	une boîte à musique

musical n

a musical comedy	une comédie *musicale*

⊖ un *musical* (jamais un nom en français)

must aux

A. must (obligation)

devoir (+ infinitif)
il faut (+ infinitif)
il faut que (+ subjonctif)
il est nécessaire de (+ infinitif)
il est nécessaire que (+ subjonctif)

I must leave right away.	Je dois partir tout de suite. Il faut partir. Il me faut partir. Il faut que je parte.

B. must not (interdiction)

ne pas devoir (+ infinitif)
il ne faut pas (+ infinitif)
il ne faut pas que (+ subjonctif)

You must not leave.	Tu ne dois pas partir. Il ne faut pas partir. Il ne faut pas que tu partes.

C. must have (probability)

avoir dû (+ infinitif)
avoir probablement/sans doute/
 certainement (+ participe passé)

He must have misunderstood.	Il a dû mal comprendre. Il a probablement/sans doute/ certainement mal compris.

N

naive adj

ingenuous

naïf (m), *naïve* (f)
ingénu(e)

name n

first name, given name
last name
maiden name
married name
nickname

le prénom, le nom de baptème
le nom (de famille)
le nom de jeune fille
le nom de femme mariée
le surnom, le sobriquet

necessities

les choses essentielles, l'essentiel
les choses nécessaires, le nécessaire

negations   *les négations*

A. Place des Négations Courantes

Négations sujets:	verbe à un temps simple	verbe à un temps composé
	Rien n'arrivera. Personne ne parle. Plus rien n'arrivera. Jamais rien n'arrivera. Plus personne ne parle. Jamais personne ne parle.	Rien n'est arrivé. Personne n'a parlé. Plus rien n'est arrivé. Jamais rien n'est arrivé. Plus personne n'a parlé. Jamais personne n'a parlé.

Négations objets	verbe à un temps simple	verbe à un temps composé	verbe à l'infinitif
simples	Il ne voit **pas**.	Il n'a **pas** vu.	Ne **pas** voir.
	Il ne voit **guère**.	Il n'a **guère** vu.	Ne **guère** voir.
	Il ne voit **rien**.	Il n'a **rien** vu.	Ne **rien** voir.
	Il ne voit **jamais**.	Il n'a **jamais** vu.	Ne **jamais** voir.
	Il ne voit **plus**.	Il n'a **plus** vu.	Ne **plus** voir.
	Il ne voit **personne**.	Il n'a vu **personne**.	Ne voir **personne**.
doubles	Il ne voit **plus jamais**.	Il n'a **plus jamais** vu.	Ne **plus jamais** voir.
	Il ne voit **plus rien**.	Il n'a **plus rien** vu.	Ne **plus rien** voir.
	Il ne voit **jamais rien**.	Il n'a **jamais rien** vu.	Ne **jamais rien** voir.
	Il ne voit **plus personne**.	Il n'a **plus** vu **personne**.	Ne **plus** voir **personne**.
	Il ne voit **jamais personne**.	Il n'a **jamais** vu **personne**.	Ne **jamais** voir **personne**.

Remarques:

1. Ne pas oublier de mettre les deux parties d'une négation:

*Je **n'**ai **rien** vu.*
I saw nothing.

Dans la langue parlée cependant, on entend souvent *J'ai rien vu.*

2. Quand *personne* et *rien* sont sujets, ne pas oublier non plus de mettre la deuxième partie de la négation *ne*. Dans ce cas, *ne* se met après:

Personne n'*est venu.*
Nobody came.

Rien n'*arrive.*
Nothing happens.

3. Faire attention au sens de *ne plus* et *ne pas encore*.
- *Ne plus* est la négation de *encore*:

*Il est **encore** ici.*
He is still here.

*Il **n'**est **plus** ici.*
He is not here any more.

- *Ne pas encore* est le négation de *déjà*:

> *Je l'ai **déjà** fait.*
> I have already done it.

> *Je **ne** l'ai **pas encore** fait.*
> I have not done it yet.

B. La Négation "ni"

1. Elle porte sur le **verbe**:

Il **ne** boit **ni ne** fume.
Il **ne** boit **pas** et il **ne** fume **pas non plus**.

On **ne** lui permet **ni** de boire **ni** de fumer.
On **ne** lui permet **pas** de boire **ni** de fumer.

On **ne** le voit **jamais** boire **ni** fumer.
On **ne** le voit **rien** boire **ni** fumer.

Il reste des jours **sans** boire **ni** fumer.

2. Elle porte sur le **nom** ou le **pronom**:

Ni le froid **ni** la neige **ne** l'empêchent de sortir.
Ni lui **ni** elle **ne** veulent se marier.

Elle **n'**aime **ni** la bière **ni** le vin.
Elle **n'**aime **pas** la bière **ni** le vin.

Je **ne** prends **ni** sucre **ni** crème dans mon café.
Je **ne** prends **pas** de sucre **ni** de crème dans mon café.
Je prends mon café **sans** sucre **ni** crème.

Il **n'**y a de lettres **ni** pour vous, **ni** pour moi.

3. Elle porte sur l'**adjectif**:

Cette femme **n'**est **ni** belle **ni** intelligente.
Cette femme **n'**est **pas** belle **ni** intelligente.

Comparer les deux phrases suivantes:

affirmative:

On **peut** vous servir du sorbet **ou** de la glace.

négative:

On **ne peut pas** vous servir de sorbet **ni** de glace.

⊖ *On ne peut pas vous servir de sorbet **ou** de glace.*

Ou ne s'emploie pas dans un contexte négatif.

new adj

new (fresh) carrots   des carottes nouvelles

a new (recently made) wine	du vin nouveau
a new (recently acquired) car	une nouvelle voiture
a brand new car	une voiture neuve

Remarques:
- *Nouveau, nouvelle* se place soit avant soit après le nom et le sens change suivant la place.
- *Neuf, neuve* se place toujours après le nom.

VOIR: **adjectives**

- *Nouveau* devant un nom commençant par une voyelle s'écrit *nouvel*. Mais au pluriel *nouveaux* ne change pas.

| a new apartment | un nouvel appartement |
| new students | de nouveaux étudiants |

newspaper

a newspaper	un journal
newspapers	des journaux
a daily newspaper	un quotidien
Did you read the paper this morning?	As-tu lu le journal ce matin?

⊖ le *papier*

next adj

next Sunday	dimanche prochain
next week	la semaine prochaine
next month	le mois prochain
next year	l'année prochaine
next time	la prochaine fois, la fois prochaine
the next day	le lendemain, le jour suivant
the next week	la semaine suivante/d'après
the next month	le mois suivant/d'après
the next year	l'année suivante/d'après
the next Sunday	le dimanche suivant

next adv

| next (to express order of events) | après, ensuite, puis |
| First we ate, next we talked. | D'abord nous avons mangé, après/ensuite/puis nous avons parlé. |

⊖ *prochainement*

night

- opposed to day	la nuit
night and day	nuit et jour
Nights are longer in the winter.	Les nuits sont plus longues en hiver.
- bedtime	la nuit
I could not sleep last night.	Je n'ai pas pu dormir la nuit dernière/cette nuit.
	J'ai passé une nuit blanche.
It snowed during the night.	Il a neigé pendant la nuit.
to stay overnight	passer la nuit
- evening	le soir
Tonight, I work.	Ce soir je travaille.
Last night, I watched television.	Hier soir, j'ai regardé la télé(vision).
Tomorrow night, we'll go out.	Demain soir, nous sortirons.
He works every night.	Il travaille tous les soirs.

VOIR: **evening**

nouns   *les noms*

A. Genre des Noms

Le genre naturel, déterminé par le sexe des personnes et des animaux, existe en français aussi bien qu'en anglais:

a man, a woman	un homme, une femme
a lion, a lioness	un lion, une lionne

Le genre grammatical, qui a presque disparu de la langue anglaise, s'applique en français à tous les autres noms (objets, actions, abstractions).

Quelques règles permettent de reconnaître le genre d'un certain nombre d'entre eux selon leur catégorie ou leur terminaison. Seules les exceptions les plus courantes sont mentionnées.)

1. Genre des noms d'après leur catégorie:

Féminin:

- Sciences
    la chimie, la sociologie
  exceptions: *le calcul, le droit*
- Maladies
    une bronchite, une grippe
  exceptions: *le diabète, un rhume*, les noms en *-isme*

- Voitures
        une Peugeot

Masculin:

- Jours, mois, saisons, points cardinaux
        le samedi, un mars froid, un hiver rigoureux, le nord-est
- Chiffres, lettres, notes de musique
        un deux, un F, un la
- Métaux, corps chimiques
        le phosphore, le bronze, le cuivre, l'oxygène
exception: *la fonte*
- Couleurs
        le bleu, un orange
- Langues
        le japonais, l'anglais
- Arbres
        un érable, un pommier
- Camions
        un Berliet

2. Genre des noms d'après leur terminaison:

Féminin:

- *e* final
        une table, la prudence
nombreuses exceptions
-ade
        une passade, une ballade
exception: *le jade*
-aie
        une baie, une raie
-aille
        la paille, une maille
-aine
        une douzaine, la plaine
-aison
        la comparaison, une raison
-aisse
        une baisse, la caisse
-ance
        l'espérance, une enfance
-ande
        une réprimande, une amande

-ée
>
> une journée, une bouchée, une odyssée

exceptions: *un apogée, un camée, un lycée, un musée, un trophée*

-eille
>
> une bouteille, une treille

-esse
>
> une hôtesse, la politesse

-eur, (noms abstraits)
>
> la candeur, une valeur, la peur

exceptions: *le bonheur, le déshonneur, le labeur*

-euse
>
> une serveuse, une veilleuse

-ie
>
> la poésie, la vie

exceptions: *un incendie, le génie*

-ière
>
> une barrière, la bière

exception: *un cimetière*

-ille
>
> une fille, la famille

exceptions: *un bacille, un vaudeville*

-ion
>
> la télévision, une opinion

exceptions: *un avion, un pion*

-ise
>
> une bêtise, la franchise

-itude
>
> la solitude, une attitude

-oire
>
> une histoire, une poire, la gloire, une écritoire

exceptions: *un interrogatoire, un laboratoire, un pourboire, un territoire*

-rie
>
> une boucherie, l'infanterie

-té
>
> une quantité, la bonté

exceptions: *un comté, un côté, un comité, l'été, un pâté, un traité*

-tié
>
> une amitié, la pitié

-tion, -ation, -ition, -otion, -ution
>   la tentation, une addition, une notion, une solution

-ture
>   la nature, une posture

-ure
>   une parure, une coiffure

exceptions: *le mercure, un murmure, un parjure*

Masculin:

- consonne finale
>   le chant, un cours

nombreuses exceptions

- voyelle autre que *e*
>   le cinéma, un piano, le métro

-age
>   un camouflage, un gage

exceptions: *une image, la nage, la rage*

-ail
>   un portail, un émail

-al
>   un journal, le festival

-eau
>   un bureau, un manteau

exception: *l'eau*

-ement
>   le commencement, un évènement

-er
>   un boucher, le clocher

exception: *la mer*

-et
>   un sujet, un navet

-eur, noms concrets
>   un ordinateur, un moteur

exceptions: *une fleur, une couleur, la longueur*

-ier
>   du papier, un sentier

-illon
>   un portillon, un papillon

-in
>   un engin, un cousin

exception: *la fin*

-is

　　un avis, un semis, un iris
　exceptions: *une brebis, une souris, une oasis*
-isme

　　le socialisme, le tourisme
-oir

　　un miroir, un loir

3. Noms qui ont un seul genre en anglais et deux genres en français:

Un grand nombre d'entre eux n'ont pas de forme spéciale pour le féminin; seul le déterminatif indique le genre.

un artiste	une artiste	an artist
un enfant	une enfant	a child
un imbécile	une imbécile	an idiot

D'autres ont une forme différente au masculin et au féminin. Voici les plus courants:

- professions:

un ambassadeur	une ambassadrice	ambassador
un avocat	une avocate	lawyer
un chef	une cuisinière	cook
un conférencier	une conférencière	speaker
un danseur	une danseuse	dancer
un directeur	une directrice	director
un étudiant	une étudiante	student
un instituteur	une institutrice	teacher (elementary)
un lecteur	une lectrice	reader, assistant
un musicien	une musicienne	musician
un patron	une patronne	boss
un romancier	une romancière	novelist
un serviteur	une servante	servant

- rapports entre personnes:

un amant	une maîtresse	lover
un ami	une amie	friend
un cousin	une cousine	cousin
un criminel	une criminelle	criminal
un ennemi	une ennemie	enemy
un époux	une épouse	spouse
un étranger	une étrangère	foreigner
un invité	une invitée	guest
un jumeau	une jumelle	twin
un parent	une parente	relative
un voisin	une voisine	neighbor

- nationalités: (avec une majuscule, comme en anglais)

un Grec	une Grecque	Greek
un Japonais	une Japonaise	Japanese
etc.		

4. Noms toujours masculins même s'ils se rapportent à des femmes:

un acquéreur	buyer
un agent	agent
un agresseur	attacker
un amateur	amateur
un ange	angel
un architecte	architect
un assassin	murderer
un assureur	insurance agent
un athlète	athlete
un auteur	author
un bandit	bandit
un bébé	baby
un brigand	brigand
un capitaine	captain
un chaperon	chaperon
un charlatan	charlatan
un chef	chief
un cinéaste	movie maker
un colonel	colonel
un commandant	commandant
un conservateur (de musée)	curator
un consul	consul
un critique	critic (theater, literature)
un chauffeur	driver
un défenseur	defender
un démon	demon
un député	representative, deputy
un détective	detective
un diplomate	diplomat
un disciple	disciple
un écrivain	writer
un émissaire	emissary
un escroc	crook
un fournisseur	supplier
un général	general

(On dira Madame *la* générale pour parler de la femme d'un général.)

un homicide	homicide
un humoriste	humorist
un imposteur	impostor
un ingénieur	engineer
un juge	judge
un juré	juror
un leader	leader
un lieutenant	lieutenant
un magistrat	magistrate
un maire	mayor
un mannequin	mannequin, fashion model
un mime	mime
un ministre	minister
un modèle	model

un monstre	monster
un officier	officer
un orateur	speaker
un otage	hostage
un outsider	outsider
un parlementaire	member of Parliament
un peintre	painter
un penseur	thinker
un pilote	pilot
un pionnier	pioneer
un précurseur	precursor
un prédécesseur	predecessor
un préfet	prefect
un procureur	prosecutor
un professeur	professor
un recteur	regional director of education
un régisseur	stage manager
un sauveteur	rescuer
un sculpteur	sculptor
un soprano	soprano
un sosie	look-alike
un souscripteur	subscriber
un substitut	substitute
un successeur	successor
un témoin	witness
un traiteur	caterer
un transporteur	carrier
un vandal	vandal
un vainqueur	victor

5. Noms toujours féminins même s'ils se rapportent à des hommes:

une brute	brute
une canaille	good-for-nothing
une connaissance	acquaintance
une crapule	scoundrel
une dupe	dupe
une ganache	idiot
une idole	idol
une ordure	low-life
une personne	person
une recrue	recruit
une sentinelle	sentinel
une vedette	star
une victime	victim

6. Noms qui ont des sens différents suivant leur genre:

masculin		**féminin**	
un(e) aide	assistant, helper	de l'aide	help
le crêpe	crepe (fabric)	une crêpe	crepe (pancake)
un critique	critic	une critique	criticism
un garde	guard, watchman	une garde	protection
un guide	guide	des guides	reins

195

un livre	book	une livre	pound
un manche	handle	une manche	sleeve
un manoeuvre	unskilled worker	une manoeuvre	manoeuver, move
un mémoire	memoir, report	la mémoire	memory
un merci	thank you	la merci	mercy
un mode	method, way	la mode	fashion, custom
le moral	morale	la morale	moral doctrine
un mort	cadaver	la mort	death
un moule	mold	une moule	mussel
un mousse	apprentice sailor	la mousse	foam, lather, moss
un page	page (attendant)	une page	page (in a book)
un parallèle	geographical line	une parallèle	geometrical line
un pendule	pendulum	une pendule	clock
le physique	physical appearance	la physique	physics
le platine	platinum	une platine	deck, turntable
un poêle	stove (for heating)	une poêle	frying pan
un poste	job; radio, TV set	la poste	post office
un solde	balance; sale	une solde	pay (military)
un somme	nap	une somme	sum
un tour	circumference walk, ride	une tour	tower
un vapeur	steamboat	la vapeur	steam
un vase	vase	la vase	mud, slime
un voile	veil	une voile	sail

VOIR: **geographical names** pour le genre des noms propres géographiques

B. Nombre des Noms

1. Noms qui sont au pluriel en français et au singulier en anglais:

pluriel	singulier
des achats	shopping
des agrès	gymnastic apparatus
aguets (être aux...)	on the watch (to be...)
les alentours	surrounding area
des applaudissements	applause
des appointements	salary
des armoiries	coat of arms
des arrhes	down payment
les belles lettres	great literature
des bureaux	office space
des combats	fighting
des condoléances	sympathy
des conseils	advice
des conserves	canned food
des courses	shopping
des décombres	rubble
aux dépens de	at the expense of
des devoirs et des leçons	homework
distances (garder ses...)	distance (to keep one's...)
des ennuis (avoir...)	trouble (to be in...)
les environs	surrounding area

les feuillages	foliage
des fiançailles	engagement
des floralies	flower show
des funérailles	funeral
ses forces (physiques)	one's strength
les gens	people
des honoraires	fee
les impôts sur le revenu	income tax
des incidents violents	violence
des logements	housing
les loisirs	leisure
des mesures (prendre...)	action (to take...)
des munitions	ammunition
des obsèques	funeral
des panneaux	panneling
des preuves	evidence
des rayons	shelf space
des renseignements	information
des romans	fiction
les sciences naturelles	natural science
les sciences politiques	political science
les semailles	sowing
des sévices	physical cruelty
des soins	attention, care, treatment
les ténèbres	darkness
les toilettes, les cabinets	toilet
des vacances	vacation

Adjectifs pris substantivement:

les affamés	the hungry
les aveugles	the blind
les déshérités	the underpriviledged
les handicapés	the handicapped
les jeunes	the young
les malades	the sick
les pauvres	the poor
les vieux	the aged
les riches	the rich

Noms de nationalités:

Quand ils désignent l'ensemble d'un peuple, certains d'entre eux sont au singulier en anglais:

les Anglais	the British/English
les Chinois	the Chinese
les Français	the French
les Hollandais	the Dutch
les Irlandais	the Irish
les Japonais	the Japonese
les Portugais	the Portuguese
les Suisses	the Swiss
les Vietnamiens	the Vietnamese

2. Noms qui sont au singulier en français et au pluriel en anglais:

singulier	pluriel
un arriéré	arrears
l'avoine	oats
la banlieue	suburbs
le billard	billiards
la cervelle	brains
une chambre	lodgings
un chapelet; un collier	beads
de la chapelure	breadcrumbs
le confort	conveniences
le contenu	contents
du cran, de l'estomac	guts
la douane	customs
à cette époque-là, en ce temps-là	in those days
un escalier	stairs
une espèce	species
l'essentiel	**necessities**
la gymnastique	**gymnastics**
à l'heure actuelle	**these days**
l'humeur (bonne, mauvaise ...)	spirits (good, bad ...)
la lie	dregs
la linguistique	linguistics
le marc de café	coffee grounds
la mécanique	mechanics
la morale, l'ethique	ethics
la moralité	morals
de la mousse (de savon)	suds
le Moyen-Age	the Middle Ages
le nécessaire	necessities
une nouvelle	(a piece of) news
la peine, le mal	pains (trouble)
un pantalon	trousers, pants
au pastel	in pastels
la phonétique	phonetics
pile ou face	heads or tails
la physique	physics
la politique	politics
la présence d'esprit, l'intelligence	wits
une propriété	grounds (property)
le quartier général	headquarters (army)
le rachitisme	rickets
une raison, un motif	grounds (a reason)
la rougeole	measles
la rubéole	German measles
un salaire	earnings, wages
une série/séquence/suite	series
le siège général	headquarters (company)
la vaisselle	dishes
un zona	shingles (illness)

3. Noms qui sont au singulier ou au pluriel en français et au singulier en anglais:

singulier ou pluriel	singulier
un cheveu	one hair
les cheveux	hair
un daim	a deer
des daims	deer
un fruit	a fruit
des fruits	fruit
un meuble	a piece of furniture
des meubles	furniture
un poisson	a fish
des poissons	fish

4. Noms qui, en français, ont un sens différent au singulier et au pluriel:

singulier		pluriel	
le bien	good	les biens	possessions
l'ennui	boredom	les ennuis	problems, trouble
la foudre	lightning	les foudres	wrath
le frais	cool, fresh air	les frais	expenses
le loisir	time (to do sth)	les loisirs	leisure, spare time
le peuple	ordinary people	les peuples	peoples, nations

5. Noms qui, au pluriel, peuvent garder le même sens ou avoir un sens différent selon le contexte:

singulier		pluriel	
une affaire	matter, case, deal transaction	des affaires	business, affairs belongings
une assise	foundation, basis	les Assises	a kind of tribunal
un ciseau	chisel	des ciseaux	scissors, shears
un effet	result, effect	des effets	clothes
un gage	guarantee	des gages	wages
un grain	grain, bean; a short rain	des grains	cereals
une jumelle	binoculars (marine)	des jumelles	binoculars (theater)
la lumière	light	des lumières	explanation, knowledge
une lunette	telescope	des lunettes	glasses
une noce	wedding	des noces (d'argent, d'or)	wedding anniversary (25th, 50th)
une ordure	filth, low-life	des ordures	garbage; obscenity
un reste	leftover	des restes	mortal remains
un trait	line; characteristic	des traits	features
une vacance	vacancy	des vacances	vacation

tirer des traits
to draw some lines

avoir des traits fins
to have delicate features

novel n

a long literary piece   un roman

⊖ une *nouvelle*

number n

- a sum of units	un *nombre*
8, 10 are even numbers.	8, 10 sont des *nombres* pairs
3, 13 are odd numbers	3, 13 sont des *nombres* impairs
- a digit, a symbol representing a number	un chiffre
Roman numerals	chiffres romains
Arabic numbers	chiffres arabes
a nine-digit number	un nombre de 9 chiffres
- an identification	un numéro
room number 560	chambre numéro 560
I live at (number) 34.	J'habite au (numéro) 34.
a telephone number	un numéro de téléphone
a license plate number	un numéro minéralogique/ d'immatriculation

numbers   *les nombres*

A. Emploi de "Et"

On emploie *et* dans les nombres suivants:

vingt et un
trente et un
quarante et un
cinquante et un
soixante et un
soixante et onze

Au-dessus de 71 on n'emploie plus *et*:

quatre-vingt-un
quatre-vingt-onze
cent un, etc.

Exceptions:

cent et quelques
mille et quelques
Les mille et une nuits

B. Emploi du Trait d'Union

Entre les éléments inférieurs à 100, sauf ceux qui sont reliés par *et*, on emploie un trait d'union:

dix-neuf
trente-huit
soixante-dix-sept
cent cinquante-quatre
dix-huit mille

C. Emploi de la Virgule

Elle sert à séparer les décimaux des nombres entiers (contrairement à l'anglais qui utilise un point dans ce cas):

Ce livre coûte 15,75 F (quinze francs soixante-quinze).
Pi égale 3,1416.

D. Emploi du Point

Le point sert à séparer les tranches de trois chiffres dans les grands nombres (contrairement à l'anglais qui utilise une virgule dans ce cas). Ce sont surtout les banques qui l'emploient dans les grandes sommes d'argent:

F 10.500.000 (dix millions cinq cent mille francs)

Le point n'est pas obligatoire dans les autres cas; il est en général remplacé par un blanc:

640 000 habitants (six cent quarante mille habitants)

Dans les nombres de quatre chiffres, aucune séparation n'est obligatoire:

2500 km (deux mille cinq cents kilomètres)

E. Nombres Variables et Invariables

1. Les adjectifs numéraux sont en général invariables:

quatre parties
cinq mille personnes

Un, vingt et *cent* varient dans certains cas:

- *un* devient *une* devant un nom féminin et pour indiquer l'heure, même quand le mot *minute* est sous-entendu:

une semaine
quarante et **une** pages
cent **une** propositions

quatre heures **une**
minuit moins **une**

- *un* devient *une* dans l'expression *la une* (the front page of a newspaper)
- *un* reste invariable quand il identifie quelque chose:

> page quarante et **un**
> voiture cent **un**

- *vingt* et *cent* prennent un *s* lorsqu'ils sont multipliés:

> quatre-**vingts** places
> deux **cents** personnes

- *vingt* et *cent* ne prennent pas un *s* quand ils sont suivis d'un autre nombre:

> quatre-**vingt**-cinq places
> six **cent** cinquante personnes

- *vingt* et *cent* restent invariables quand ils identifient:

> page quatre-**vingt**
> chambre trois **cent**

2. Les noms qui désignent des nombres sont variables:

> un million, cinq millions
> un milliard, dix milliards
> une douzaine, trois douzaines
> une centaine, plusieurs centaines
> un millier, des milliers

VOIR: **quantities**

F. Emploi de Nombres Cardinaux au Lieu d'Ordinaux

A l'exception de *premier*, on emploie en français des nombres cardinaux après les noms de souverains et dans les dates (contrairement à l'anglais qui utilise des nombres ordinaux):

Louis the Sixteenth	Louis Seize
September 2nd	le 2 septembre
Francis the First	François Ier
January first	le 1er janvier

nurse n

a nurse	une infirmière
	un infirmier

⊖ une *nurse*

O

of

- belonging

the 14th of July	le 14 juillet
the history of France	l'histoire **de** France
a friend of mine	un **de** mes amis
a doctor of law/of medicine/	un docteur **en** droit/**en** médecine/
of pharmacology/of philosophy	**en** pharmacie/**en** philosophie
(a doctor of letters, of science)	(un docteur ès lettres, ès sciences)

- quantity

all of them	tous
all of us	nous tous
two of them	deux **d'entre** eux
some of them	quelques-uns **d'entre** eux
many of them	beaucoup **d'entre** eux
most of them	la plupart **d'entre** eux
how many of them?	combien **d'entre** eux?
which of them?	lesquels **d'entre** eux?
six out of ten	six **sur** dix

Remarquer l'emploi obligatoire de *entre* dans certaines de ces expressions.

⊖ *beaucoup d'eux*

- hour

It's five of eleven.	Il est onze heures **moins** cinq.

- content

a glass of wine	un verre **de** vin

- other expressions

to approve of	approuver
to catch sight of	apercevoir
to consist of	comprendre, être fait **de**, se composer **de**, consister en

to make fun of	se moquer **de**
to remind sb of sth	rappeler qch **à** qn
to rob sb of sth	voler qch **à** qn
I think of them. (I remember them.)	Je pense **à** eux. (Je ne les oublie pas.)
What do you think of him/feel about him? (opinion)	Que pensez-vous **de** lui? (opinion)
to get tired of	se fatiguer **de**, se lasser **de**
to take a taste of sth	goûter qch, goûter **à** qch

VOIR: **taste**

How nice of you!	Comme vous êtes gentil!
	Comme c'est gentil!
	Que c'est gentil!
It's kind of you.	C'est gentil **à** vous.
It's none of your business.	Ça ne te regarde pas.

offense

an insult	une *offense*
a sin	un péché
a crime	un délit, une infraction/ violation à la loi

oil

oil and vinegar	de l'huile et du vinaigre
an oil painting	une peinture à l'huile
Check the oil (in the engine).	Vérifiez l'huile (dans le moteur).
an oil deposit	un gisement de pétrole
an oil well	un puits de pétrole
an oil tanker	un pétrolier
an oil refinery	une raffinerie de pétrole

old adj

advanced in years	vieux (m), vieille (f), vieil (m) (devant un nom commençant par une voyelle ou un *h* muet)
an old gentleman	un vieux monsieur
an old man	un vieil homme
an old lady	une vieille dame
an old woman	une vieille femme
old people	les vieilles gens, les vieillards, les personnes âgées, le troisième âge

VOIR: **people** et **adjectives**

older (than somebody else)	plus vieux, aîné
an older brother	un frère aîné
How old are you?	Quel âge avez-vous?
I am 20 (years old).	J'ai 20 ans.

Attention à la traduction de:

a single woman	une célibataire
a spinster	une vieille fille (péjoratif)
a bachelor	un célibataire
	un vieux garçon (péjoratif)
an old flame	un(e) ancien(ne) petit(e) ami(e)
an old house	une vieille maison
an old piece of furniture	un vieux meuble
an antique piece of furniture	un meuble ancien

VOIR: **adjectives** pour la place d'*ancien*

on

- place:

on the farm	**à** la ferme
on the 3rd floor	**au** 3ème étage
on your knees	**à** genoux
on the left, on the right	**à** gauche, **à** droite
on page 250	page 250, **à** la page 250
on the surface	**à** la surface
on one side	**d'**un côté
on the other side	**de** l'autre côté
on the side	**sur** le côté
He fell on the floor.	Il est tombé **par** terre.
a rug on the floor	un tapis **sur** le plancher
hanging on the wall	accroché **au** mur
	accroché **sur** le mur
on a street	**dans** une rue
on an avenue	**dans/sur** une avenue
on a boulevard	**sur** un boulevard
on a road	**sur** une route

- means of transportation:

to be on foot	être **à** pied
to be on horseback	être **à** cheval
to be on a bus/a plane/ a train	être **dans** un autobus/un avion/un train

to be on a boat	être **dans/sur** un bateau
to be on a bicycle/a motorcycle	**être** sur une bicyclette/ une motocyclette
- direction:	
I'm on my way/leaving.	Je pars.
	Je m'en vais.
I'm on my way/coming.	J'arrive.
	Je viens.
on my way to...	**en** allant à
on my way, I saw...	**en** chemin, j'ai vu...
	chemin faisant, j'ai vu...
on my way back	**en** revenant
- time:	
on June 30th	le 30 juin
on Monday	lundi
on Mondays	le lundi, tous les lundis
on Christmas day	le jour de Noël
on my arrival	**à** mon arrivée
on my departure	**à** mon départ
The plane is on time.	L'avion est **à** l'heure.
on occasion	**à** l'occasion, de temps en temps
on rare occasions	**en** de rares occasions, rarement
on several occasions	**à** plusieurs occasions/reprises
It's going on six o'clock.	Il va être six heures.
	Il va **sur** les six heures.
- other expressions:	
on behalf of	**au** nom de, **de** la part de
on this condition	**à** cette condition
on the contrary	**au** contraire
on a trial basis	**à** l'essai
on an exam	**à** un examen, **dans** un examen
on his level	**à** son niveau
on the phone	**au** téléphone
on the program	**au** programme
on the radio	**à** la radio
on television	**à** la télévision

➖ *sur le téléphone/la radio/la télé*

to make an attempt on sb's life	attenter **à** la vie de qn
to be on the bottle again	se remettre **à** boire, recommencer **à** boire

to live on 10,000 dollars a year	vivre **avec** 10 000 dollars par an
to be on a committee, on a team	faire partie **d**'un comité/ **d**'une équipe
to congratulate sb on sth	féliciter qn **de** qch
to depend on	dépendre **de**
on one hand, on the other hand	**d**'un côté, **de** l'autre côté
to have pity on sb	avoir pitié **de** qn
to live on cereals	vivre **de** céréales
to live on love alone	vivre **d**'amour et **d**'eau fraîche
I did it on my own initiative.	Je l'ai fait **de** moi-même.
on fire	**en** feu
on a leash	**en** laisse
on leave	**en** congé
on sale	**en** vente, **en** réclame, **en** solde
on vacation	**en** vacances
on principle	**par** principe
to spend money on food	dépenser de l'argent **pour** la nourriture
to be on drugs	se droguer
to be on a medication	prendre un médicament
You are on the air!	Vous avez l'antenne! L'antenne est à vous!
on my own	tout(e) seul(e)
on purpose	exprès
to put on a coat	mettre un manteau

operate vt

to operate a machine	faire marcher une machine faire fonctionner une machine
to operate a business	diriger une affaire
to operate on sb	opérer qn
The surgeon operated on him for a hernia.	Le chirurgien l'a opéré d'une hernie.

operate vi

This machine operates on electricity.	Cette machine marche/fonctionne à l'électricité.

opportunity

a chance	une occasion, une chance
openings (employment)	des débouchés

There are not many opportun-
ities in this town.

Il n'y a pas beaucoup de
débouchés dans cette ville.

⊖ l'*opportunité*

ordinary

an ordinary day	un jour *ordinaire*/habituel
ordinary people	des gens *ordinaires*/quelconques

other adj

another day	un autre jour
some other days	d'autres jours
the other day	l'autre jour
the other days	les autres jours

Différence entre *d'autres* et *des autres*:

Some tourists like to travel
alone, other tourists don't.

Certains touristes aiment voyager
seuls, **d'autres** touristes pas.

I want the opinion of the
other students.

Je veux l'opinion **des
autres** étudiants.

other pron

another one	un autre
others	d'autres
the other one	l'autre
the other ones	les autres

Différence entre *d'autres* et *des autres*:

Some like it, others don't.

Certains l'aiment, **d'autres**
pas.

I want the opinion of the
others.

Je veux l'opinion **des autres**.

outside adv

dehors

It's cold outside.

Il fait froid dehors.

outside prep

outside	en dehors de
outside the town line	en dehors des limites de
la ville

over prep

- place

The plane flew over the house.	L'avion est passé **au-dessus de** la maison.
to climb over a wall	grimper **par-dessus** un mur
to jump over a wall	sauter **par-dessus** un mur
to lean over a wall	se pencher **par-dessus** un mur
to look over a wall	regarder **par-dessus** un mur
to put a coat over a dress	mettre un manteau **par-dessus** une robe
all over the place	partout
all over Canada	**dans** tout le Canada
	partout au Canada
all over the world	**dans** le monde entier
	partout dans le monde

- number

children over 12	les enfants **au-dessus de** 12 ans
There were over a thousand.	Ils étaient **plus de** mille.
He is over thirty.	Il a **plus de** 30 ans.
	Il a **dépassé** la trentaine.

- time

over the last few weeks	**pendant** ces dernières semaines
We stayed home over the holidays.	Nous sommes restés chez nous **pendant** les fêtes.

- other expressions

to discuss sth over the phone	discuter qch **au** téléphone
He triumphed over his shyness.	Il a triomphé **de** sa timidité.

P

pain n

physical pain	la douleur, la souffrance
to be in pain	souffrir, avoir mal, avoir des douleurs

VOIR: **ache, hurt**

sorrow	de la *peine*, du chagrin
great sorrow	la douleur
What a pain in the neck!	Quel casse-pieds!
	Quel enquiquineur!
to take pains doing sth	se donner la *peine*/le mal de faire qch
He worked painstakingly.	Il s'est donné de la *peine*/du mal.

painful

physically painful	douloureux
mentally painful	pénible

pamphlet

a booklet	une brochure
a violent, satirical document attacking sb or sth	un *pamphlet*

paper n

paper	du *papier*
a paper bag	un sac en *papier*
document (for identification)	un *papier*
(Show me) your papers, please.	(Montrez-moi) vos *papiers*, s'il vous plaît.
a newspaper	un journal
written composition	un travail écrit, un devoir, une composition

Les journaux et les compositions ne sont pas des *papiers*.

210

parade n

a military parade	une *parade* militaire
	une revue militaire
	un défilé militaire
a circus parade	une *parade* de cirque
a parade of protesters	une manifestation, un défilé
	de manifestants
a religious procession	une procession religieuse

parent

father and mother	les *parents*
PTA	Association des *parents* d'élèves
	et des professeurs
the in-laws	les beaux-*parents*

VOIR: **relative**

park vt

to park	garer, parquer
to park one's car	garer sa voiture, parquer sa
	voiture

park vi

to park	stationner, se garer
No parking	défense de stationner
Where can I park?	Où puis-je stationner?
	Où puis-je me garer?

parole n

He is on parole.	Il est en liberté conditionnelle.

⊖ la *parole*

part n

- division	une partie
the second part of the show	la deuxième partie du spectacle
to be a part of sth	faire partie de qch
to become a part of	s'intégrer à
- share	une *part*
a part of an inheritance	une *part* d'héritage
- participation	une *part*
to take part in a discussion	prendre *part* à une discussion
a spare part (for repair)	une pièce détachée

| a part in a play | un rôle dans une pièce |

party

a political party	un *parti* politique
a social gathering	une réception, une surprise-partie une soirée, une boum (familier)
a party of nine (people)	un groupe de neuf (personnes)

pass vt

to go by a place, a building	*passer* devant un endroit, un immeuble
to pass a vehicle:	
going in the same direction	dépasser/doubler un véhicule
going in the opposite direction	croiser un véhicule
to pass an exam	être reçu à un examen réussir à un examen

⛔ *passer un examen*

passive voice   *la voix passive*

A. La Voix Passive en Français

La voix passive est plus utilisée qu'on ne le prétend souvent, mais elle l'est moins qu'en anglais. Et cela pour trois raisons principales:

1. Le déroulement logique de la pensée, en français, suit la structure de la phrase à la voix active: d'abord le sujet de l'action, ensuite le verbe, puis les compléments:

Michèle a mis le couvert ce soir.

Plutôt que: *Le couvert a été mis ce soir par Michèle.*

2. Le nombre des verbes qui peuvent se mettre à la voix passive en français est plus limité qu'en anglais. Seuls les verbes transitifs directs peuvent se mettre au passif, à l'exception de:

- pouvoir
- avoir (sauf s'il veut dire *tromper* ou *duper*): *J'ai été eu.*

Mais en anglais on peut mettre au passif:

- des verbes transitifs directs:	It is well done.
- des verbes transitifs in-directs:	She was laughed at during her speech.
- des verbes intransitifs:	He was run over by a car.

3. La dernière raison découle des deux autres. La langue française peut éviter facilement la voix passive par l'emploi du pronom sujet **on** ou de verbes pronominaux.

B. Passage de la Voix Active à la Voix Passive

Pour mettre une phrase active à la voix passive en français, il faut que le verbe actif soit transitif direct:
- voix active:

Le Sénat   discute   **le projet de loi.**
(sujet)   (objet direct)

- voix passive:

Le projet de loi   est discuté   **par le Sénat.**
(sujet)   (complément d'agent)

Le sujet de la voix active devient le complément d'agent de la voix passive. L'objet direct de la voix active devient le sujet de la voix passive.

C. Le Complément d'Agent

1. Il est souvent introduit par **par**:

La maison a été détruite **par** *la tempête.*

2. Mais il est introduit par **de**:

- après des verbes de sentiment comme: *aimer, admirer, craindre, détester, estimer, haïr, respecter*:

Il est craint **de** *tout le monde.*

- après des verbes qui se construisent en anglais avec *with* comme *remplir*:

Elle est remplie **de** *joie.*
She is filled with joy.

3. Différence de sens entre **par** et **de**:
- *par* met l'accent sur l'action:

Il fut entouré **par** *une foule hostile.*

- *de* met l'accent sur l'état:

La ville est entourée **de** *remparts.*

D. Emplois Stylistiques de la Voix Passive

1. On ne sait pas qui est l'auteur de l'action:

Cette cathédrale **a été construite** *au XIIème siècle.*
This cathedral was built in the 12th century.

2. L'auteur de l'action n'a aucune importance ou il est évident:

    Le prisonnier **a été libéré** *la semaine dernière.*

    The prisoner was released last week.

3. On veut mettre en relief le sujet du verbe passif:

C'est pourquoi, dans le style journalistique, on rencontre souvent la voix passive dans des articles relatant des fait divers, des accidents:

    Trois étudiants **ont été tués** *dans un accident d'auto.*

    Three students were killed in an automobile accident.

4. Souvent, on trouve aussi la voix passive dans des énoncés de règles, de règlements, et dans des communiqués administratifs:

    La conjonction afin que **est** *toujours* **suivie** *du subjonctif.*

    The conjunction *afin que* is always followed by the subjunctive.

    Les demandes d'inscription **doivent être tapées** *à la machine.*

    Applications must be typed.

    Le bureau **a été transféré** *au 2ème étage.*

    The office has been moved to the 3rd floor.

E. Emplois Impossibles de la Voix Passive

La voix passive est impossible en français avec les verbes:

- pronominaux
- intransitifs
- transitifs indirects

Quand on passe de l'anglais au français, il faut bien faire attention à la différence entre certains verbes qui sont transitifs directs en anglais et transitifs indirects en français (donc impossibles à utiliser à la voix passive). Exemple: *She was told to wait.*

                    ⊖ *Elle a été dit d'attendre.*

Exceptions:

obéir à, désobéir à, pardonner à, peuvent se mettre à la voix passive:

    Le patron **est obéi.**

    L'ordre **a été désobéi.**

    Vous **serez pardonné.**

F. Emploi Obligatoire de la Voix Active

Il faut remplacer la forme passive anglaise par la voix active dans les expressions suivantes:

to be advised to do sth	**conseiller** à qn de faire qch
to be allowed to do sth	**permettre** à qn de faire qch

to be asked to do sth	**demander** à qn de faire qch
to be denied the right to do sth	**refuser** à qn de faire qch
to be forbidden to do sth	**défendre** à qn de faire qch
sth is offered to sb	**offrir** à qn de faire qch
to be ordered to do sth	**ordonner** à qn de faire qch
to be reminded to do sth	**rappeller** à qn de faire qch
to be told to do sth	**dire** à qn de faire qch
it is suggested to sb to do sth	**suggérer** à qn de faire qch

On a demandé *au directeur de démissionner.*
The director was asked to resign.

Dans les expressions suivantes, l'infinitif anglais doit se traduire par *que* + un mode personnel en français:

to be believed to be doing sth	**croire** que qn fait qch
to be expected to do sth	**s'attendre** à ce que qn fasse qch
to be said to be doing sth	**dire** que qn fait qch
to be supposed to do sth	**supposer** que qn fait qch
to be thought to be doing sth	**penser** que qn fait qch

On croit qu'*il* **a disparu**.
He is believed to have disappeared.

Ces mêmes verbes peuvent se rencontrer dans des expressions impersonnelles, comme:

It is believed that...	**On croit** que...
It is assumed that...	**On suppose** que...
It is felt that...	**On sent** que, on estime que...
It is hoped that...	**On espère** que...
It is understood that...	**On croit comprendre** que...

On suppose *qu'il va gagner l'élection.*
It is assumed that he'll win the election.

G. Remplacements de la Voix Passive

On peut remplacer la voix passive par la voix active et utiliser:

1. le pronom **on** si l'agent de l'action n'est pas connu ou s'il est inutile de le préciser:

On va réparer *la route.*
The road is going to be repaired.

2. un verbe pronominal, s'il s'agit d'une action habituelle, d'une coutume comme:

to be applied to	s'appliquer à
to be bored	s'ennuyer
to be called	s'appeler
to be concerned with	se soucier de, s'inquiéter de
to be conjugated	se conjuguer
to be cured	se guérir
to be discovered	se découvrir

to be divided	se diviser
to be done	se faire
to be drunk	se boire
to be eaten	se manger
to be found	se trouver
to be interested in	s'intéresser à
to be mistaken	se tromper
to be planted	se planter
to be read	se lire
to be said	se dire
to be seen	se voir
to be served	se servir
to be situated	se situer
to be spoken	se parler
to be told	se dire, se raconter
to be translated	se traduire
to be used	s'employer, s'utiliser
to be written	s'écrire

Le champagne **se sert** *frappé.*
Champagne is served chilled.

3. à + infinitif dans des expressions utilisées dans des directives (instructions), comme:

to be added	à ajouter
to be checked	à vérifier
to be completed	à compléter
to be filled out	à remplir
to be opened	à ouvrir
to be left	à laisser
to be sent	à envoyer
to be used	à employer/utiliser
to be watered	à arroser

A arroser *deux fois par semaine.*
This is to be watered two times a week.

H. On évite la voix passive dans l'expression d'une action en cours (progressive form)

On est en train de restaurer *les peintures du plafond.*
The paintings on the ceiling are being restored.

*Je n'ai pas pu le voir parce qu'***on était en train de l'opérer***.*
I could not see him because he was being operated on.

past participles   *le participe passé*

L'accord d'un participe passé dépend soit de l'auxiliaire employé (*être* ou *avoir*) pour former le temps composé du verbe soit de la nature du verbe lui-même, par exemple: verbes pronominaux et verbes impersonnels.

Un certain nombre de règles, difficiles à appliquer même pour les Français, ont été récemment révisées: un arrêté ministériel du 28 décembre 1976 a accordé des tolérances à leur sujet. Puisqu'elles offrent maintenant un choix d'accord, il semble inutile de les mentionner ici.

Tableaux des principales règles:

Participes passés qui s'accordent	
avec le sujet du verbe	**avec l'objet direct placé avant le verbe**
- verbes intransitifs avec l'auxiliaire *être* - verbes pronominaux non réfléchis - verbes pronominaux à sens passif - verbes essentiellement pronominaux, excepté *s'arroger*	- verbes avec l'auxiliaire *avoir* - verbes pronominaux réfléchis et réciproques
Participes passés qui sont invariables	
- verbes avec l'auxiliaire *avoir* qui n'ont pas d'objet direct - verbes pronominaux qui n'ont pas d'objet direct - verbes impersonnels - *faire, se faire* + infinitif	

A. L'Accord des Participes Passés

1. Participes passés qui s'accordent avec le sujet du verbe:

a. verbes intransitifs avec l'auxiliaire *être*.

> *Ils sont **partis** hier.*
> *Nous sommes **nés** le même jour.*

Ne pas oublier que certains verbes peuvent employer soit être soit avoir selon qu'ils sont utilisés transitivement ou intransitivement (avec ou sans complément d'objet).

> *Elle a **monté** les revues.* (transitif)
> *Elle est **montée**.* (intransitif)

VOIR: **auxiliaries**

b. verbes pronominaux non réfléchis.

> *Elle s'est **servie** de ma voiture.*
> *Ils s'étaient **attendus** à une catastrophe.*

VOIR: **reflexive verbs**

c. verbes pronominaux à sens passif.

> *Ces livres se sont bien **vendus**.*
> *Sa maladie s'est vite **guérie**.*

VOIR: **passive voice**

d. verbes essentiellement pronominaux.

> *Elle s'est **souvenue** de l'avoir déjà rencontré.*

VOIR: **reflexive verbs**

Exception:

Le participe passé de *s'arroger* (claim) s'accorde avec l'objet direct s'il précède le verbe.

> *Ils se sont **arrogé** des privilèges.*
> *Les privilèges qu'ils se sont **arrogés**.*

2. Participes passés qui s'accordent avec l'objet direct placé avant le verbe, sauf si celui-ci est le pronom *en*:

a. verbes avec l'auxiliaire **avoir**.

> *J'ai **écrit** les lettres.*
> *Je les ai **écrites**.*

> *Vous avez **cueilli** des fleurs qui sont très belles.*
> *Les fleurs que vous avez **cueillies** sont très belles.*

> *Des oiseaux, j'en ai **vu** beaucoup.*

b. verbes réfléchis et réciproques.

- l'objet direct est le pronom réfléchi:

> *Elle s'est **couchée** tard.*
> *Ils se sont **lavés** dans la rivière.*

VOIR: **reflexive verbs**

- l'objet direct n'est pas le pronom réfléchi:

> *Les vacances qu'ils se sont **offertes**...*
> *Elle s'est **lavé** les cheveux.*

La meilleure façon d'identifier la présence, la nature, et la place de l'objet direct est de se poser la question *qui* ou *quoi?*

*Ils se sont **lavés** dans la rivière.*

Ils ont lavé qui? eux-mêmes. *Se* est l'objet direct placé avant le verbe: il y a/accord.

*Elle s'est **lavé** les cheveux.*

Elle a lavé *quoi?* ses cheveux. *Les cheveux* est l'objet direct placé après le verbe: il n'y a pas d'accord.

B. Participes Passés Invariables

1. Les participes des principaux verbes avec l'auxiliaire **avoir** qui n'ont pas d'objet direct:

agi	failli	péri	ruisselé
appartenu	flâné	périclité	rusé
attenté	flotté	persévéré	séjourné
bavardé	fonctionné	persisté	semblé
blémi	fraternisé	philosophé	sévi
blondi	frémi	plu	siégé
brillé	gémi	préexisté	sombré
bronché	gravité	préludé	sommeillé
capitulé	grogné	procédé	soupé
cessé	hésité	profité	sourcillé
chancelé	influé	progressé	souri
circulé	insisté	prospéré	substitué
coexisté	intercédé	pullulé	subvenu
comparu	jailli	raffolé	succédé
compati	jasé	râlé	succombé
complu	jeûné	rampé	suffi
concouru	joui	réagi	surgi
condescendu	langui	récriminé	surnagé
contrevenu	lésiné	regorgé	survécu
contribué	lui	rejailli	sympathisé
convenu	lutté	relui	tâché
coopéré	marché	remédié	tardé
correspondu	médit	reparu	testé
culminé	menti	reposé	toussé
daigné	mugi	résidé	transigé
dégoutté	nagé	résisté	trébuché
déjeuné	nui	résonné	tremblé
désobéi	obéi	resplendi	trépigné
déplu	obtempéré	ressemblé	trinqué
diné	officié	résulté	triomphé
disparu	opté	retenti	trotté
dormi	oscillé	rétrogradé	végété
douté	pâli	ri	verbalisé
erré	parlementé	rivalisé	vibré
exténué	participé	rôdé	viré
excellé	pâti	ronflé	voulu (en vouloir)
existé	patienté	rougi	voyagé
faibli	péché	rugi	

2. Les participes de quelques verbes accidentellement pronominaux qui ne peuvent pas avoir d'objet direct:

complu	nui	ri	survécu
convenu	parlé	souri	voulu (s'en vouloir)
déplu	plu (se plaire)	succédé	
menti	ressemblé	suffi	

Les présidents qui se sont **succédé** *depuis le début du siècle...*
Ils se sont **parlé** *pendant des heures au téléphone.*

3. Les participes des verbes impersonnels ou utilisés impersonnellement:

Les mois qu'il a **fallu** *pour faire ce travail!*
la manifestation qu'il y a **eu** *dans la rue*

4. Les participes de **faire** et **se faire** employés comme auxiliaires devant un infinitif:

la maison qu'elle a **fait** *construire*
la maison qu'elle s'est **fait** *construire*

past tenses *temps passés*

A. Equivalence de Temps Passés Anglais et Français

anglais		français	
I spoke.	past	Je parlais.	imparfait
		Je parlai.	passé simple
		J'ai parlé.	passé composé
I have spoken.	present perfect	J'ai parlé.	passé composé
I had spoken.	pluperfect	J'avais parlé.	plus-que-parfait

D'après le tableau ci-dessus on voit que le *past* correspond à trois différents temps en français: imparfait, passé simple, passé composé. C'est pourquoi l'emploi de ces temps français présente des difficultés.

Le passé simple et le passé composé ont en général la même valeur temporelle. On emploie plutôt le passé simple dans le style écrit: dans des romans, des récits, des livres d'histoire, des thèses. Dans la langue courante on emploie plutôt le passé composé. Le problème se réduit donc à l'emploi de l'imparfait et du passé composé.

B. Le Passé Composé

Le passé composé sert à exprimer:

1. des faits qui ont eu lieu à un moment donné, que ce soit une seconde ou une année. On sait quand l'action a eu lieu; elle peut être précisée ou non dans la phrase:

The plane left at 8:30.   L'avion **est parti** à 8h 30.

| We bought a house in 1976. | Nous **avons acheté** une maison en 1976. |
| He ate. | Il **a mangé**. |

2. des faits de durée définie, c'est-à-dire qui ont eu lieu pendant une période dont on connaît ou dont on pourrait connaître le commencement et la fin:

| The Second World War lasted from 1939 until 1945. | La Deuxième Guerre mondiale **a duré** de 1939 à 1945. |
| It lasted several years. | Elle **a duré** plusieurs années. |

3. des faits de durée continue qui ont **commencé** à un moment précis, connu, ou que l'on pourrait préciser:

| The Second World War started in 1939. | La Deuxième Guerre mondiale **a commencé** en 1939. |

4. des faits de durée continue qui se sont **terminés** à un moment précis, connu, ou que l'on pourrait préciser:

| The Second World War ended in 1945. | La Deuxième Guerre mondiale **a fini** en 1945. |

C. L'Imparfait

Comme son nom l'indique, c'est le temps passé de l'action inachevée.

Il sert à exprimer:

1. des faits de durée continue dont on ne peut pas, ou on ne veut pas préciser le commencement, ni la fin, ni la durée:

| It was bitter cold. | Il **faisait** un froid de chien. |
| They had problems. | Ils **avaient** des ennuis. |

2. des actions progressives (which were going on):

| He was speaking on the phone. | Il **parlait** au téléphone. Il **était en train de parler** au téléphone. |

3. des états de faits, des états d'esprit:

| When he was young, he lived in Ireland. | Quand il **était** jeune, il **habitait** l'Irlande. |
| I wanted to leave because I felt useless. | Je **voulais** partir parce que je me **sentais** inutile. |

4. des habitudes, des répétitions non déterminées dans le temps:

| She used to visit us often. | Elle **venait** souvent nous voir. |
| Every evening, we would watch television. | Tous les soirs, nous **regardions** la télé. |

Mais si l'habitude ou la répétition est déterminée dans le temps, on emploie le passé composé, car il s'agit d'une période précise:

This year, from January till March I skied every weekend.	Cette année, de janvier à mars j'**ai fait** du ski tous les week-ends.

On emploie aussi l'imparfait:

5. dans des phrases de discours indirect comme équivalent du présent dans un discours direct:

I told him, "You can come."	Je lui ai dit, "Tu peux venir".
I told him he could come.	Je lui ai dit qu'il **pouvait** venir.

6. avec **si** de condition:

If I had more money, I could travel.	Si j'**avais** plus d'argent, je pourrais voyager.

VOIR: **for** pour l'emploi de l'imparfait avec *depuis*

D. Illustration de l'Emploi de l'Imparfait et du Passé Composé

On utilise:

1. le **passé composé** pour toutes les actions, pour ce qui est arrivé. C'est la réponse à, *What happened (next)?*

Je **suis sortie**.
Je **suis montée** dans ma voiture.
Je **suis allée** en ville.
J'**ai fait** mes courses.
J'**ai déjeuné** dans un petit bistrot.
Je **suis rentrée** en fin d'après-midi.

2. l'**imparfait** pour décrire les circonstances qui entouraient ces actions (décor, attitudes, jugements). C'est la réponse à, *What was going on then?*

Il **faisait** froid.
La voiture ne **voulait** pas démarrer.
La circulation **était** intense.
Les magasins **étaient** bourrés de monde.
Le menu **était** très varié.
J'**étais** contente mais fatiguée.

Voici le texte combinant les deux temps:

Je **suis sortie**. Il **faisait** froid. Je **suis montée** dans ma voiture qui ne **voulait** pas démarrer. Je **suis allée** en ville où la circulation **était** intense. J'**ai fait** mes courses dans des magasins

qui **étaient** bourrés de monde. J'**ai déjeuné** dans un petit bistrot
dont le menu **était** très varié. Je **suis rentrée** en fin d'après-midi;
j'**étais** contente mais fatiguée.

Avec le passé composé et l'imparfait, on peut utiliser aussi le plus-que-parfait et le présent du conditionnel.

On utilise:

a. le plus-que-parfait pour marquer une antériorité au passé composé ou à l'imparfait:

It was cold because it had snowed the day before.	Il faisait froid parce qu'il **avait neigé** la veille.

b. le présent du conditionnel pour exprimer une action future dans un contexte passé:

I did not know if I'd have enough time to do all my shopping.	Je ne savais pas si j'**aurais** assez de temps pour faire toutes mes courses.

E. Expressions de Temps avec Passé Composé ou Imparfait

1. Le passé composé s'emploie avec des adverbes ou expressions adverbiales qui aident à préciser le moment d'une action dans le passé, comme:

hier	yesterday
avant-hier	the day before yesterday
la semaine dernière	last week
le mois dernier	last month
en 1980	in 1980
l'hiver dernier	last winter
une fois	once
un jour	one day
à 6 heures	at 6:00
soudain, tout à coup	suddenly
après	next, then
ensuite	next, then
puis	next, then
alors	next, then

*Un jour j'***ai vu*** un arc-en-ciel double.*
One day I saw a double rainbow.

*Il ***a lu*** le livre puis il ***a écrit*** le compte-rendu.*
He read the book, then he wrote the report.

2. L'imparfait s'emploie avec des adverbes et des locutions adverbiales qui réfèrent à un passé vague, ou suggèrent une habitude, une répétition dans une période non précisée, comme:

alors	at that time
autrefois	back then

jadis	in the old days
naguère	in the old days
à cette époque-là	at that time
dans/en ce temps-là	at that time
parfois	occasionally
quelquefois	sometimes
de temps en temps	from time to time
souvent	often
toujours	always

A cette époque-là il n'y **avait** pas d'électricité.
At that time there was no electricity.

Ils **venaient** souvent.
They used to come often.

Mais si ces répétitions se passent dans une période précise, on emploie le passé composé.

Pendant le mois de juin, ils **sont** souvent **venus** nous voir.
During the month of June they came to see us often.

3. Cas particulier de **pendant:**

a. avec **pendant + période de temps précise** on emploie le passé composé.

I lived in Canada for 10 years.   **J'ai habité** le Canada pendant 10 ans.

b. avec **pendant + période de temps vague** on emploie aussi le passé composé.

He was sick for some time/ for a long time/for a short time.   Il **a été** malade pendant un certain temps/longtemps/ peu de temps.

c. avec **pendant + une période de temps** qui peut être considérée comme précise ou vague dans l'esprit de celui qui l'utilise.

- On utilise le passé composé si l'on pense à une période précise, considérée dans sa totalité du début à la fin:

During the summer I worked at the beach. (all summer)   Pendant (tout) l'été j'**ai travaillé** à la plage.

- On utilise l'imparfait si l'on pense à une période vague:

During the war we did not always have enough to eat. (some time during the war)   Pendant la guerre nous n'**avions** pas toujours assez à manger.

patron

a supporter	un protecteur, une protectrice
a lady who sponsors a charity	une dame patronnesse (souvent ironique)
a patron saint	un (saint) *patron*, une (sainte) *patronne*
a customer	un(e) client(e), un(e) habitué(e)

Le mot *patron* en français veut dire aussi: *an employer, a boss,* and *a pattern* used in sewing.

pay v

to pay for sth	*payer* qch
to pay cash	*payer* comptant
to pay attention to	faire attention à

peaceful

quiet	calme, tranquille, paisible
a quiet person	une personne calme/tranquille/ paisible
a quiet place	un endroit calme/tranquille/ paisible
peace loving	pacifique
a peaceful people	un peuple pacifique
peaceful coexistence	la coexistence pacifique

peas

those you grow (the plant)	des pois
those you buy and eat (the food)	des petits pois

Voici la façon dont les Français classent les tailles de petits pois qu'on achète, avec leur équivalence approximative en anglais:

peas	petits pois moyens
small peas	petits pois fins
very small peas	petits pois très fins
very small young peas	petits pois extra fins

people   *gens, monde, personne, peuple*

A. Nombre Indéterminé: Gens, Monde

Gens est un nom collectif toujours pluriel; il est généralement masculin.

1. Genre des adjectifs qui le précèdent:

- Si ces adjectifs se terminent par un *e* muet au masculin, ils restent tels quels.

les honnêtes gens

- L'indéfini *tous* employé avec ces adjectifs suit la même règle.

tous les honnêtes gens

- Si ces adjectifs ne se terminent pas par un *e* muet au masculin, ils se mettent au féminin.

les vieilles gens

- L'indéfini *certain* suit la même règle.

certaines gens

- L'indéfini *tous* employé avec ces adjectifs se met aussi au féminin.

toutes les vieilles gens

2. Expressions idiomatiques qui utilisent **gens:**

les gens bien	decent (very nice) people
les bonnes gens	good people
les braves gens	good people
les honnêtes gens	honest people
les petites gens	modest people
les vieilles gens	old people
les pauvres gens	poor people
les jeunes gens	young people

3. On peut facilement remplacer *les gens qui (que, dont)* par *ceux qui (que, dont)*:

Versez du café aux gens qui en veulent.
Versez du café à ceux qui en veulent.

Monde est un nom collectif, masculin singulier. Voici quelques expressions idiomatiques qui utilisent *monde:*

Nous aurons du monde dimanche.	We'll have people coming Sunday.
Il connaît son monde.	He knows the people he deals with.
Il y avait un monde fou.	There were a lot of people.
Il y a du monde à la porte.	There are people at the door.

déterminatifs employés avec **gens**	déterminatifs employés avec **monde**	mots et expressions équivalents pouvant être employés seuls
les		
des	du	
d'autres		d'autres
certaines		certains, certaines
les mêmes		les mêmes
peu de	peu de	peu
un petit nombre de		un petit nombre
assez de	assez de	assez
un certain nombre de		un certain nombre
un grand nombre de		un grand nombre
beaucoup de	beaucoup de	beaucoup
bien des	bien du	
une foule de		une foule
un tas de	un tas de	un tas
un groupe de		un groupe
que de ...!	que de ...!	
tant de	tant de	tant
tellement de	tellement de	tellement
trop de	trop de	trop
plus de	plus de	plus
moins de	moins de	moins
autant de	autant de	autant
la plupart des		la plupart
tous les	tout le	tous, toutes
combien de ...?		combien?

Tant de gens l'aiment.
Tant de monde l'aime.
Tant l'aiment.

So many people like him.

B. Nombre Déterminé: Personne(s)

Personne(s) est un nom féminin qui s'emploie au singulier ou au pluriel. En plus des mêmes déterminatifs employés avec *gens*, il pourra aussi être accompagné de ceux qui s'emploient avec les noms comptables:

la personne
une personne
quelques personnes
cent, mille, etc. personnes
un million de personnes

C. Peuple(s)

Peuple(s) est un nom collectif masculin employé soit au singulier, soit au pluriel suivant le sens:

1. Au singulier

- groupe social (the masses):

> *Le peuple est pauvre dans cette partie du pays.*
> People are poor in this part of the country.

- groupe de gens qui vivent dans un même pays:

> *Le peuple canadien, les Canadiens*
> The Canadian people, Canadians

2. Au pluriel

- ensemble de peuples qui vivent sur certaines parties de la terre.

> *Les Brésiliens sont un des peuples d'Amérique du Sud.*

D. Autres Traductions Plus Précises

au théâtre, au cinéma	des spectateurs
au concert, à une conférence	des auditeurs
à un match de football	des supporters
à une manifestation	des manifestants
à une protestation	des protestataires
	des contestataires
à l'église	des fidèles
à l'université	des étudiants
à l'école	des élèves
dans une ville, un pays	des habitants
dans un village	des villageois
dans un musée, à une exposition	des visiteurs
dans des lieux touristiques	des touristes
dans la rue	des piétons
dans un camping	des campeurs
dans un magasin	des clients

Remarque:

Quand *people* désigne l'ensemble des membres d'une même famille, traduire par: *famille.*

performance

at the theatre	une représentation (théâtrale)
at the movies	une séance (de cinéma)
the acting in a show	une interprétation
an athlete's exploit	une *performance*, un exploit (sportif)
the efficiency of an engine, a car	la *performance* d'un moteur, d'une voiture

person

VOIR: **people**

personal pronouns   *les pronoms personnels*

Tableau des Pronoms Personnels

pronoms toniques avec ou sans préposition	pronoms sujets	Pronoms compléments						verbe	préposition	pronoms toniques
		pronoms réfléchis	objets directs ou indirects	objets directs	objets indirects	objet indirect ou pronom-adverbe	objet direct ou indirect ou pronom-adverbe			
						y	en			
moi	je	me, m'	me, m'							moi
toi	tu	te, t'	te, t'							toi
lui	il	se, s'		le, l'	lui					lui
elle	elle	se, s'		la, l'	lui					elle
soi	on	se, s'								soi
nous	nous	nous	nous							nous
vous	vous	vous	vous							vous
eux	ils	se, s'		les	leur					eux
elles	elles	se, s'		les	leur					elles

Ce tableau indique la forme des pronoms personnels et leur place par rapport au verbe, conjugé à tous les temps et à tous les modes, sauf à l'impératif affirmatif. (Pour la forme et la place des pronoms avec l'impératif affirmatif, voir plus loin.)

A. Remarques sur la Forme de Certains Pronoms

1. On

Ce pronom est très usité en français. Il est toujours sujet, et le verbe qui le suit est à la 3ème personne du singulier.

> **On** dit qu'il va faire chaud aujourd'hui.

On remplace n'importe qui (anybody), tout le monde (everybody), les gens (people), etc. si le sujet est indéfini, ou si on généralise:

> Dans cette région **on** fait pousser des orangers.
> En Angleterre, **on** conduit à gauche.

Il s'emploie aussi dans des proverbes et maximes; c'est l'équivalent de one en anglais:

> **On** ne peut pas avoir toujours raison.
> One cannot always be right.

> **On** peut faire ce qu'on veut.
> One can do what one wants.

⊖ On peut faire ce qu'il veut.

▶ Ne jamais utiliser **il** lorsqu'on se réfere à **on**.

Le pronom réfléchi qui lui correspond est se:

> **On se** rappelle la guerre.

Le pronom tonique qui lui correspond est soi:

> **On** n'est jamais mieux que chez **soi**.

Le déterminatif possessif qui lui correspond est son:

> **On** doit emporter **son** passeport quand on va à l'étranger.

On remplace nous dans la langue courante:

> Ce soir **on** dîne à huit heures.

Si le verbe employé est être et qu'il soit suivi d'un participe passé ou d'un adjectif qualificatif on peut mettre ceux-ci au pluriel:

> **On** est arrivé à 5 heures. **On** est arrivé(e)s à 5 heures.
> **On** a été malade. **On** a été malades.

On sert à éviter la voix passive quand l'agent de l'action n'est pas connu ou sans importance.

On *construit maintenant beaucoup de nouvelles autoroutes.*
Many new superhighways are being built now.

VOIR: **passive voice**

2. Lui

Lui, pronom complément d'objet indirect est aussi bien masculin que féminin:

> *Elizabeth? Je **lui** ai parlé hier.*
> *Pierre? Je vais **lui** téléphoner.*

Il en est de même pour *les*, objet direct, et *leur*, objet indirect.

> *Ces filles, je **les** connais; ces garçons, je **les** connais aussi.*
> *Ces filles, je **leur** parle; ces garçons, je **leur** parle aussi.*

Lui n'est que masculin lorsqu'il est tonique. Voir plus loin pour les pronoms toniques.

3. Leur

Leur, pronom personnel, ne prend jamais de *s*. Mais les possessifs: *leurs* (their) et *les leurs* (theirs) prennent un *s*.

> *Je **leur** écrirai.*
> I'll write to them.

> **leurs** *enfants*, **les leurs**
> their children, theirs

4. Tu, Vous

VOIR: **you**

5. Le

Le, pronom objet direct peut être masculin. Il représente un nom masculin:

> *Je vois **le ballon**. Je **le** vois.*
> I see the ball. I see it.

Le peut être neutre. Il représente un groupe de mots, toute une phrase, un verbe, un adjectif. Il équivaut à *cela*.

> **Il est arrivé hier.** *Est-ce que tu **le** savais?*
> *J'ai oublié de **sortir**. Je **l'**ai oublié.*
> *Ils sont **très surpris**. Ils **le** sont.*

6. Y

Y est un pronom personnel objet indirect quand il représente un nom non animé introduit par la préposition *à*:

> *Il fait attention **à son travail**. Il **y** fait attention.*

Y est un pronom-adverbe quand il représente un complément cir-constanciel de lieu introduit par *à, en* (to, in):

> *Ils sont partis* **à la Nouvelle-Orléans.** *Ils* **y** *sont partis.*
> *Ils sont allés* **en Grèce.** *Ils* **y** *sont allés.*

7. En

En est un pronom personnel objet direct quand il représente un nom animé ou non animé déterminé par un article indéfini, un article partitif ou une expression de quantité précise ou non:

> *J'ai* **des amis.** *J'***en** *ai.*
> *Il a eu* **de la chance.** *Il* **en** *a eu.*

Les expressions de quantités, y compris *un, une* doivent être reprises après le verbe.

> *Tu achèteras* **deux balles.** *Tu* **en** *achèteras* **deux.**
> *Vous avez* **beaucoup d'ennuis.** *Vous* **en** *avez* **beaucoup.**
> *J'ai* **une soeur.** *J'***en** *ai* **une.**

En est un pronom personnel objet indirect quand il représente un nom non animé introduit par la préposition *de*:

> *Il s'occupe* **de sa propriété.** *Il s'***en** *occupe.*
> *On a besoin* **d'espoir.** *On* **en** *a besoin.*

En est un pronom-adverbe quand il représente un complément cir-constanciel de lieu introduit par *de* (from):

> *Nous revenons* **du Mexique.** *Nous* **en** *revenons.*

8. Il

Il, pronom sujet, peut être personnel ou impersonnel:

- personnel

> **Il** *a oublié ses gants.*
> He forgot his gloves.

> *Ce programme,* **il** *est très intéressant.*
> This program, it is very interesting.

- impersonnel

> **Il** *pleut.*
> It is raining.

> **Il** *est difficile de vous comprendre.*
> It is difficult to understand you.

9. Choix entre *c'est* et *il est*

Pour choisir la forme correcte, il faut considérer deux facteurs: le contexte dans lequel on se trouve et la nature grammaticale du mot qui suit le verbe *être*.

- le contexte impersonnel:
    this is, **it** is = **c'est, il** est
- le contexte personnel:
    he is, = **c'est, il** est
    she is = **c'est, elle** est
    they are = **ce** sont, **ils/elles** sont

- la nature grammaticale du mot qui suit le verbe *être*. Ce mot peut être:

    un nom
    un pronom
    un adverbe ou une expression adverbiale
    un adjectif

Pour simplifier les tableaux ci-après, le verbe *être* n'est employé qu'au présent de l'indicatif. Mais les règles sont les mêmes pour les autres temps et modes:

Ce sera un médecin. **Il sera** médecin.
C'était toi.
Ce serait très bien.
Il a été extraordinaire.
Il faut que **ce soit** demain.
etc.

1		
Être + adverbe ou expression adverbiale		
	C'EST	IL EST
lieu	C'est **ici.**	
manière	C'est **très bien.**	
quantité	C'est **beaucoup.**	
temps -date	C'est **aujourd'hui.** C'est **samedi.** C'est **le matin.** C'est **cette semaine.** C'est **le 14 juin.**	
-heure		Il est **dix heures.**
It's early. It's late. Once upon a time ...	C'est **tôt.** C'est **tard.**	Il est **tôt.** Il est **tard.** Il était une fois ...

2 Être + un nom		
	C'EST ce sont	**IL EST** elle est, ils/elles sont
Noms communs avec déterminant	C'est **un** ordinateur. Ce sont **les** enfants. C'est **mon** chien. C'est **ce** monsieur. C'est **la** première fois.	
Noms de profession, nationalité, religion, appartenance politique -avec un déterminant	C'est **mon électricien.** C'est **une Suédoise.** C'est **ce catholique.** Ce sont **des socialistes.**	
-sans déterminant (ils sont considérés comme des adjectifs)		Il est **électricien.** Elle est **suédoise.** Il est **catholique.** Ils sont **socialistes.**
Noms propres	C'est **Rome.** C'est **Henri.**	

3 Être + un pronom		
	C'EST ce sont	**IL EST** elle est, ils/elles sont
personnel tonique démonstratif relatif interrogatif indéfini	C'est **moi.** Ce sont **ceux-là.** C'est **ce** qu'il me faut. C'est **lequel**? C'est **tout.**	
Expression de la possession: pronom possessif à + pronom personnel tonique	C'est **la mienne.**	Elle est **à moi.**

4	
Être + un adjectif qualificatif	
C'EST	IL EST elle est, ils/elles sont
Contexte impersonnel, abstrait, général, indéfini	Contexte personnel, concret, particulier, précis

Il joue dans cette pièce :
(He is in this play)
      c'est **magnifique** !
      (**this/it** is marvelous !)
 	
Une voiture, c'est **pratique**.
Le pain frais, c'est **délicieux**.
Ça, c'est très **important**.
	il est **merveilleux** !
	(**he** is marvelous !)
	
	Elle est **pratique**, ta voiture.
	Il est **délicieux**, ce pain frais.
	Il est **important**, le travail que tu fais.

5	
Être + adjectif qualificatif + **à** ou **de** + verbe à l'infinitif	
C'EST + à (impersonnel)	IL EST + de (impersonnel)
Se reposer, **c'est** facile à faire.	**Il** *est* facile **de** se reposer.
Le caramel, **c'est** difficile **à** manger.	**Il** *est* difficile **de** manger du caramel.
C'est : se rapporte à ce qui précède. **Conclusion.**	**Il** est : se rapporte à ce qui suit. **Introduction.**
Pour retenir facilement ces emplois, remarquer que **C'est** et **Conclusion** commencent par la même lettre **C** **Il est** et **Introduction** commencent par la même lettre **I** C'est facile à retenir !	

10. Les pronoms toniques

- Les pronoms toniques s'emploient avant le sujet ou à la fin de la phrase. Ils mettent en relief:

le sujet:

        Toi, *tu sais bien faire les crêpes.*
        Tu sais bien faire les crêpes, **toi**.

l'objet direct:

        Lui, *je ne l'ai pas invité.*
        Je ne l'ai pas invité, **lui**.

l'objet indirect:

> **A eux**, *je ne veux rien demander.*
> *Je ne veux rien leur demander,* **à eux**.

d'autres compléments:

> **Avec vous**, *on peut toujours discuter.*
> *On peut toujours discuter* **avec vous**.

Quand plusieurs pronoms toniques sont sujets du même verbe, faire attention à l'accord de ce verbe:

moi, nous + toi, vous, lui, eux, elle(s) = **nous**

toi, vous + lui, eux, elle(s) = **vous**

lui, eux, elle(s) + lui, eux, elle(s) = **ils**

elle(s) + elle(s) = **elles**

> *Elle et moi (nous)* **irons** *au cinéma.*
> *Vous et lui (vous)* **allez** *au cinéma.*
> *Elles et eux (ils)* **sont allés** *au cinéma.*
> *Elle et elles (elles)* **sont allées** *au cinéma.*

- On emploie aussi les pronoms toniques avec l'expression de mise en relief: *C'est...qui,* (sujet) *C'est...que* (objet):

> **C'est moi qui** *ai fait ce bruit.*
> It was I who made that noise.

> **C'est lui que** *tu devrais écouter.*
> It is he you should listen to.

Quand l'expression est sujet, bien accorder le verbe avec la personne du pronom tonique:

C'est **moi** *qui* **ai...**	*C'est* **nous** *qui* **avons...**
C'est **toi** *qui* **as...**	*C'est* **vous** *qui* **avez...**
C'est **lui/elle** *qui* **a**	*C'est/ce sont* **eux/elles** *qui* **ont...**

- Dans une réponse sans verbe, ou après *c'est:*

> *Qui a fait ça?* **Lui.** *C'est* **lui.**
> *A qui est-ce? A* **moi.** *C'est à* **moi.**

- Dans la deuxième partie d'une comparaison:

> *Il travaille mieux que* **vous.**
> *Je suis aussi étonné que* **toi.**

- Après l'impératif affirmatif:

> *Excusez-***moi.**

- Après les prépositions, autres que *à* et *de:*

> *Il a fait ça pour* **moi** *(avec* **moi***, sans* **moi** *etc.).*

- Dans certains cas, après les prépositions *à* et *de* pour remplacer des personnes, voir les tableaux ci-dessous:

Pronoms qui Remplacent un Complément Introduit par la Préposition "À"

Verbe + à	Nom animé	Nom non-animé
a- avec tous les verbes pronominaux et avec : aller, courir, croire, être, faire attention, penser, prendre garde, réfléchir, renoncer, rêver, songer, venir, tenir	à + pronom tonique	y
b- avec : demander, devoir, donner, enlever, ôter, préférer, rendre, résister, servir	lui, leur	lui, leur
c- avec les autres verbes	lui, leur	y

Quelques exemples correspondant au tableau:

a. Nous nous adresserons **aux voisins**. Nous nous adresserons **à eux**.
Elle s'intéresse **à son travail**. Elle s'y intéresse.

Il pense **à sa petite amie**. Il pense **à elle**.
Je renonce **à mon rêve**. J'y renonce.

b. Il faut donner une réponse **au directeur**. Il faut **lui** donner une réponse.
· Je donne de l'eau **à mes plantes**. Je **leur** donne de l'eau.

c. Ils ont parlé **à leur conseiller**. Ils **lui** ont parlé.
Je vais répondre **à sa lettre**. Je vais y répondre.

Pronoms qui Remplacent un Complément Introduit par la Préposition "De"

Verbe + de	Nom animé	Nom non-animé
a- avec tous les verbes (pronominaux ou non) et lorsque DE veut dire FROM	de + pronom tonique	en
b- lorsque DE remplace ou fait partie d'un article indefini ou partitif	en	en

Quelques exemples correspondant au tableau:

a. Il se souvient **de sa grand-mère.** Il se souvient **d'elle.**
Vous souvenez-vous **de nos vacances?** Vous **en** souvenez-vous?

Que penses-tu **de cette jeune fille?** Que penses-tu **d'elle?**
Que penses-tu **de ce film?** Qu'**en** penses-tu?

J'ai reçu une lettre **de Paul.** J'ai reçu une lettre **de lui.**
Ce parfum vient **de Paris.** Ce parfum **en** vient.

b. Nous avons **des parents** au Canada. Nous **en** avons au Canada.
Elle veut **des résultats.** Elle **en** veut.

B. Remarques sur la Place des Pronoms Personnels

1. Place des pronoms personnels avec un verbe à n'importe quels temps, forme et mode, sauf à l'impératif affirmatif.

Ils se placent toujours immédiatement avant le verbe dont ils sont compléments:

> Elle **le** voit.
> Elle **l'**a vu.
> Elle ne **le** voit pas.
> **Le** voit-elle?
> Ne **le** voit-elle pas?
> Elle peut **le** voir.
> etc.

Il ne peut jamais y avoir plus de deux pronoms compléments d'un même verbe avant celui-ci.

Les pronoms de la 1ère et de la 2ème personnes précèdent ceux de la 3ème personne:

> *Marie* **te les** *donne.*
> Mary gives them to you.

> *Elle* **me les** *donne.*
> She gives them to me.

Quand l'un des deux pronoms est un pronom réfléchi, celui-ci précède toujours l'autre, quelle que soit la personne.

> *Nous* **nous** *achèterons la maison. Nous* **nous** *l'achèterons.*
> *Il s'achètera les arbres. Il* **se les** *achètera.*

Les **combinaisons possibles** de pronoms personnels compléments
sont les suivantes:

réfléchis	avec
me, m' te, t' se, s' nous vous se, s'	le, l' la, l' les y en

Je **me le** *rappelle.*
Vous **vous en** *occuperez.*

objets indirects	avec
me, m' te, t' nous vous	le, l' la, l' les y en

Elle **te l'***a donné.*
Je **vous y** *retrouverai.*

objets directs	avec
le, l' la, l' les	lui leur y en

Tu vas **le lui** *dire.*
On **le leur** *a demandé.*

objets indirects	avec
lui leur	en

Tu ne **lui en** *parleras pas.*
Il **leur en** *a donné.*

Les **combinaisons impossibles** de pronoms personnels compléments sont les suivantes:

réfléchis	avec
me, m' te, t' se, s' nous vous se, s'	me te nous vous lui leur

Je **m'**adresse **à lui**.

⊖ *Je me lui adresse.*

objets directs	avec objets indirects
me te nous vous	me te nous vous lui leur

Elle **nous** a présentés **à eux**.

⊖ *Elle nous leur a présentés.*

objets indirects	avec
lui leur	y

Je **lui** ai apporté des fleurs **là (-bas)**.

⊖ *Je lui y ai apporté des fleurs.*

	avec
y	en

J'**en** ai apporté **là (-bas)**.

⊖ *J'y en ai apporté.*

La combinaison "*y en*" n'est possible que dans l'expression impersonnelle: *Il* **y en** *a* (*avait, aura,* etc.)

2. Place des pronoms personnels toniques avec un verbe à l'impératif affirmatif:

Tous ces pronoms se placent toujours après le verbe et son précédés d'un tiret. (-)

Pronoms Personnels Toniques avec l'Imperatif Affirmatif

verbe	pronoms réfléchis	objets directs	objets indirects	objet indirect ou pronom-adverbe	objet direct ou indirect ou pronom-adverbe
				y	en
	toi nous vous	moi toi nous vous le la les	moi, m' toi, t' nous vous lui leur		

Il ne peut jamais y avoir plus de deux pronoms après le verbe. Les combinaisons possibles sont les suivantes:

a. pronom personnel avec un verbe non pronominal:

objets directs	avec objets indirects
-le -la -les	-moi -toi -nous -vous -lui -leur

*Donne-**le-moi**.*
*Faites-**les-lui**.*

objets directs	avec
-nous -vous -les	-y

*Recontrez-**nous-y**.*
*Emportons-**les-y**.*

objets indirects	avec
-m' -t' -nous -vous -lui -leur	-en

*Parle-***m'en.**
*Demandez-***leur-en.**

b. pronom personnel avec un verbe pronominal:

- + la préposition *à*:

réfléchis	nom animé
-toi -nous -vous	à + moi toi lui, elle nous vous eux, elles

réfléchis	nom non-animé
-nous -vous	-y

Intéressez-vous **à ces étudiants.**
Intéressez-vous **à eux.**

Intéressez-vous **à ce projet.**
*Intéressez-***vous-y.**

- + la préposition *de*:

réfléchis	nom animé
-toi -nous -vous	de + moi toi lui, elle nous vous eux, elles

réfléchis	nom non-animé
-t' -nous -vous	-en

Souviens-toi **du capitaine.**
Souviens-toi **de lui.**

Souviens-toi **de cet été.**
Souviens-t'en.

Remarques sur l'emploi de y:

On a tendance à employer y plutôt seul après un impératif affirmatif.

Retournons-y.
Allez-y.

Pour une raison de son, on ajoute un *s* à la 2ème personne du singulier des verbes dont la forme n'en comporte pas.

Vas-y.
Penses-y.

Pour la même raison, on n'emploiera pas *moi, toi, le, la* avec y. Dans ce cas, on remplacera y par *là* ou *là-bas*.

Attendez-moi **là(-bas).**

➖ *Attendez-moi-z-y. Attendez-m'y.*

phrase n

an expression	une expression
a group of words	une locution
an adverbial phrase	une locution adverbiale

➖ une *phrase*

pick vt

to pick up apples from under the tree	ramasser des pommes sous l'arbre
to pick apples from the tree	cueillir des pommes dans l'arbre
to pick flowers	cueillir des fleurs
to pick grapes	vendanger les raisins
to pick up sb/sth	passer prendre qn/qch
	aller chercher qn/qch

➖ *piquer*

picture n

an illustration	une image, une illustration
a picture book	un livre d'images
There are a lot of pictures in this magazine.	Il y a beaucoup d'illustrations dans cette revue.

on television	une image
a clear picture	une image nette
a photograph	une photo(graphie)
a painting	une peinture, un tableau
a movie	un film
Do you get the picture?	Tu vois (la situation)?
	Tu comprends? Tu piges? (familier)

piece n

a piece of bread	un morceau de pain
a slice of bread	une tranche de pain
a piece of meat	un morceau de viande
a piece of paper	un morceau de papier
	une feuille de papier
a piece of music	un morceau de musique
a piece of land	un terrain
	une parcelle de terre
	une *pièce* de terre

Le mot *pièce* en français veut dire aussi: *a room, a play, a coin, a patch.*

pillow

on a bed	un oreiller
a pillow case	une taie d'oreiller
a cushion, a decorative pillow	un coussin

pin n

for sewing	une épingle
a hairpin	une épingle à cheveux
a safety pin	une épingle de sûreté/de nourrice
a brooch	une broche

pipe n

a tube	un tube, un tuyau
a water main	un conduit, une conduite d'eau
a pipeline	un pipeline
a natural gas pipeline	un gazoduc
an oil pipeline	un oléoduc
a pipe for smoking	une *pipe*

placard n

a poster	une affiche, un placard

Le mot *placard* en français veut dire aussi *a closet, a cupboard, a cabinet.*

place n

a location	un endroit, un lieu
I am looking for a place to live.	Je cherche un endroit où habiter.
My place or yours?	Chez moi ou chez toi?
to take place	avoir lieu
a seat in a theatre	une *place* au théâtre
in the first place	d'abord, premièrement

Le mot *place* en français veut dire aussi: *a position* or *job*, *space* or *room*, *a plaza* or *square in a town.*

plain adj

straight forward	clair, franc
a plain answer	une réponse franche
obvious, apparent	clair, évident
it is plain that	il est clair que
	il est évident que
simple	simple
a plain meal	un repas simple
a plain tea (no sugar etc.)	un thé nature
a plain fabric (one color)	un tissu uni

⊖ *plein(e)*

plant n

vegetation	une *plante*
I grow plants in my greenhouse.	Je fais pousser des *plantes* dans ma serre.
a factory	une fabrique, une manufacture, une usine
a furniture plant	une fabrique de meubles
a china factory	une manufacture de porcelaine
a chemical plant	une usine de produits chimiques
a steel plant	une acierie
a nuclear plant	une centrale nucléaire

plate

a dish	une assiette
a serving dish	un *plat*

a denture	un dentier
a license plate (on a car)	une plaque minéralogique
	une plaque d'immatriculation

Le mot *plat* en français veut dire aussi: *a part of a meal* ou *the contents of a dish*.

point n

Voici quelques expressions idiomatiques où ce mot ne se traduit pas par *point*:

Let's get to the point!	(Venons-en) au fait!
	(Allons) au fait!
That is not the point.	Ce n'est pas la question.
	Il ne s'agit pas de cela.
	Cela n'a rien à voir.
at this point	à ce stade, ici
points of interest	les curiosités
	les endroits à voir/à visiter
	les sites à voir/à visiter

poisonous

a poisonous mushroom	un champignon vénéneux
a poisonous snake	un serpent venimeux
a poisonous gas	un gaz toxique
a poisonous chemical	un produit chimique toxique

⛔ *poisonneux* n'est pas français

police

the police force	la *police*
The police arrested a suspect.	La *police* a arrêté un suspect.

Comme les autres noms collectifs singuliers en français, ce nom s'accompagne d'un verbe au singulier.

VOIR: **nouns** pour le nombre des noms

policy

a tactic, a method, principles, a course of action	une politique, une règle, des principes, une ligne de conduite
It is good policy to do this.	Il est de bonne politique de faire cela.
an insurance policy	une *police* d'assurance

politics

ways of governing	la politique (sing)

I am not interested in politics.	La politique ne m'intéresse pas.

political

political science	les sciences politiques (pl)

🚫 *political* n'est pas français

position n

place	une *position*, une place, un emplacement, une situation
an opinion	une opinion, une *position*
a job	un poste, une situation

VOIR: **present participle** pour les positions du corps (standing, sitting, etc.)

positive adj

- opposed to negative	*positif* (m) *positive* (f) constructif, constructive
positive results	des résultats positifs
- sure	sûr, certain
I am positive.	J'en suis sûr/certain.
- definite	indéniable, formel
a positive proof	une preuve indéniable/formelle

possibility

There is a possibility that I ...	Il se peut que je ... (subj) Il est possible que je ... (subj)

possibly adv

perhaps	peut-être

VOIR: **maybe**

🚫 *possiblement* n'est pas français

post n

a job	un *poste* (m), une situation
a post office	une *poste* (f), un bureau de *poste*
a pole, a stake	un poteau
a lamp post	un réverbère, un lampadaire
a trading post	un comptoir

poster

a placard	une affiche

a reproduction of a paint-
  ing, a picture, etc.
  for decoration

un *poster*

powder n

de la poudre

milk powder	du lait en poudre
baking powder	de la levure (chimique)
confectioners (powdered) sugar	du sucre glace

⊖ du *sucre en poudre*

power n

capacity	le pouvoir, la capacité, la faculté

It is not in their power
  to do this.
	Il n'est pas en leur pouvoir
	  de faire cela.

the world powers	les puissances mondiales
the superpowers	les grandes puissances
energy (of an engine)	la puissance (d'un moteur)
nuclear power	la puissance nucléaire, l'énergie nucléaire
electrical power	l'électricité, l'énergie électrique
a power station	une centrale électrique
a power failure	une panne d'électricité/de courant
power brakes	des freins assistés
power steering	une direction assistée

practice v

to practice a profession	exercer un métier/une profession
to practice a religion	*pratiquer* une religion
to practice a sport	s'entraîner à un sport
to practice the piano	faire des exercices au piano
to practice scales	faire des gammes
to practice a scene of a play	répéter une scène d'une pièce de théâtre

prejudice n

a preconceived opinion	un préjugé, un parti pris, une idée préconçue

to have a prejudice against
  sth/sb
	avoir un préjugé/un parti
	  pris/une idée préconçue
	  contre qch/qn

Contrairement au nom anglais qui suit l'étymologie latine
(praejudicium: anticipated judgement), le nom français *préjudice* ne le
fait pas; il veut dire seulement: *harm, damage inflicted on somebody's
interests, feelings, rights, reputation.*

> *Ce scandale porte* **préjudice** *à sa réputation.*
> This scandal damages his reputation.

prejudice v

to predispose sb in favor of sb/sth	prévenir qn en faveur de qn/qch
to predispose sb against sb/sth	prévenir qn contre qn/qch

prejudice adj

to be prejudiced	avoir des préjugés

⊖ *être préjugé/préjudice* n'est pas français

prepositions   *les prépositions*

Un assez grand nombre de verbes n'emploient pas de préposition devant
les compléments de la même façon en anglais et en français. Voici les
principaux:

[Les verbes qui sont suivis d'un astérisque * font l'objet d'entrées particulières.]

préposition en anglais	pas de préposition en français
	J'écoute la radio.
	I listen to the radio.
aim at	viser
appeal to sb	attirer/interesser/tenter qn
to apply for (a job)	faire une demande (d'emploi)
approve of	approuver
ask* for	demander
bargain over	marchander
buy for (a price)	acheter (un certain prix)
continue with	continuer
cry out for sth	demander/implorer/réclamer qch
hope for	espérer
know* about	connaître
live at, in, on	habiter
listen to	écouter
look* at	regarder
look* for	chercher
operate* on	opérer
pay for	payer
pray to	prier

preside over	présider
proceed with	continuer
put on (clothes)	mettre (des vêtements)
reproach for	reprocher
send for	envoyer chercher
smell of (smoke)	sentir (la fumée)
stare at	fixer, dévisager
take care of (an invalid)	soigner (un invalide)
	(mais: s'occuper de qn)
try on, out	essayer
be unaware of	ignorer
wait* for	attendre

pas de préposition en anglais	**préposition en français**

Ils ont besoin de plus de temps.
They need more time.

abuse sth	abuser **de** qch
address* sb	s'adresser **à** qn
answer sb, sth (the phone)	répondre **à** qn/qch (au téléphone)
approach sth	s'approcher **de** qch
approach sb (about sth)	s'adresser **à** qn (au sujet de qch)
attend* sth	assister **à** qch
board (a plane)	monter **dans** (un avion)
call sb (up)	téléphoner **à** qn
change (one's mind, a dress)	changer **de** (d'avis, de robe)
climb* (a ladder)	monter **sur** (une échelle)
cure sth	remédier **à** qch
disobey sb	désobéir **à** qn
displease sb	déplaire **à** qn
divorce* sb	divorcer **(d') avec** qn
doubt sth	douter **de** qch
enjoy (the possession of) sth	jouir **de** qch
enter (a place)	entrer **dans** (un endroit)
escape (a danger)	échapper **à** (un danger)
expect* sth	s'attendre **à** qch
fight sth	lutter/se battre **contre** qch
fit sb, sth	convenir **à** qn/qch
harm sb, sth	nuire **à** qn/qch
hit sth (in an accident)	entrer **dans** qch (dans un accident)
hurt* sb	faire mal **à** qn
inherit* sth	hériter **de** qch
join (the crowd)	se mêler **à** (la foule)
lack sth	manquer **de** qch
leave* (a place)	partir **de** (quelque part)
marry* sb	se marier **avec** qn

mind (one's business)	s'occuper **de** (ses affaires)
sb misses* sth/sb	qch/qn manque **à** qn
need sb/sth	avoir besoin **de** qn/qch
notice sth	s'apercevoir **de** qch
obey sb/sth	obéir **à** qn/qch
oppose sb/sth	s'opposer **à** qn/qch
play (a game, ball)	jouer **à** (un jeu, la balle)
play (the guitar)	jouer **de** (la guitare)
please sb	plaire **à** qn, faire plaisir **à** qn
protest sth	protester **contre** qch
recall sth	se souvenir **de** qch
remedy sth	remédier **à** qch
remember sb/sth	se souvenir **de** qn/qch
renounce sb/sth	renoncer **à** qn/qch
resent sth	être indigné **de** qch
resist sb/sth	résister **à** qn/qch
ride* (a bike,...)	monter **à** (bicyclette)
succeed* sb/sth (come after)	succéder **à** qn/qch
suit sb	convenir **à** qn
suspect sth	se douter **de** qch
survive sb/sth	survivre **à** qn/qch
taste*sth	goûter **à**/**de** qch
trust sb/sth	se fier **à** qn/qch
use* sb/sth	se servir **de** qn/qch
visit* sb	rendre visite **à** qn
watch* (one's step)	faire attention **à** (la marche)

---

objet indirect sans préposition + objet direct en anglais — objet direct + objet indirect avec préposition en français

Il a offert une nouvelle voiture à sa femme.
He gave his wife a new car.

allow sb sth	permettre/donner qch **à** qn
answer sb sth	répondre qch **à** qn
ask* sb sth	demander qch **à** qn
award sb sth	accorder/décerner qch **à** qn
bring* sb sth	apporter qch **à** qn
cable sb sth	télégraphier qch à qn
deny sb sth	refuser qch **à** qn
envy sb sth	envier qch **à** qn
forgive sb sth	pardonner qch **à** qn
get sb sth	procurer qch **à** qn
give sb sth	donner qch **à** qn
grant sb sth	accorder qch **à** qn
hand sb sth	remettre qch **à** qn
leave* sb sth	laisser qch **à** qn

lend sb sth	prêter qch **à** qn
offer sb sth	offrir qch **à** qn
order sb sth	ordonner, commander qch **à** qn
owe sb sth	devoir qch **à** qn
pass* sb sth	passer qch **à** qn
prepare sb sth	préparer qch **à** qn
read sb sth	lire qch **à** qn
refuse sb sth	refuser qch **à** qn
reserve sb sth	réserver qch **à** qn
sell sb sth	vendre qch **à** qn
send sb sth	envoyer qch **à** qn
teach* sb sth	apprendre, enseigner qch **à** qn
tell* sb sth	dire qch **à** qn
wish sb sth	souhaiter qch **à** qn
write sb sth	écrire qch **à** qn

---

prépositions différentes en anglais et en français .

Il emprunte de l'argent à tout le monde.
He borrows money from everybody.

to act **out of** (anger)	agir **par** (colère)
to attend* **to** sth	s'occuper **de** qch
to be* annoyed **about** sth	être contrarié **par** qch
to be **at** sb	être **après** qn
to be doubtful **about** sth	avoir des doutes **sur** qch
to be interested **in** sb/sth	s'interesser **à** qn/qch
to believe* **in** sb/sth	croire **à/en** qn/qch
to be pleased **with** sb/sth	être content **de** qn/qch
to be responsible **for** sb/sth	être responsable **de** qn/qch
to be useful **for** sth	être utile **à** qch
to blush **at** sth	rougir **de** qch
to borrow* **from** sb/sth	emprunter **à** qn/qch
to buy **from, for** sb	acheter **à** qn (ambigu en français)
to care* **for** sb/sth	se soucier **de** qn/qch
to consist* **of** sth	consister **en** qch
to contend **with** sb **for** sth	disputer qch **à** qn
to dash **at** sb, sth	se précipiter **sur** qn/qch
to deal **in** sth	faire commerce **de** qch
to deal **with** sth	traiter **de** qch, s'occuper **de** qch
to depend **on** sb/sth	dépendre **de** qn/qch
to distinguish sb/sth **from** sb/sth	distinguer qn/qch **de/d'avec** qn/qch
to have doubts **about** sb/sth	douter **de** qn/qch
to drink **from** (the bottle)	boire **à** (la bouteille)
to drink **from** (a glass)	boire **dans** (un verre)
to drink **to** sb	boire **à la santé de** qn
to eat* **off** (a plate)	manger **dans** (une assiette)

to end up **in/at** (a place)	aboutir **à/dans** (un endroit)
to escape **from** sth	échapper **à** qch
to exchange sth **for** sth	échanger qch **contre** qch
to fight **with** sb, sth	lutter/se battre **contre** qn/qch
to have credit **with** sb	trouver crédit **auprès de** qn
to get angry **with** sb	se fâcher **contre** qn
to get indignant **about** sth	s'indigner **de** qch
to get involved **in** sth	se mêler **de** qch
to get **up from** (a chair)	se lever **de** (une chaise)
to get prepared **for** sth	se préparer **à** qch
to go **to** sb's place	aller **chez** qn
to go **to** ruin	tomber **en** ruine
to grab sth **away from** sb	arracher qch **à** qn
to have pity **on** sb	avoir pitié **de** qn
to hesitate **at** sth	hésiter/reculer **devant** qch
to hide sth **from** sb	cacher qch **à** qn
to interfere **in** sth	se mêler **de** qch
to judge **by** (appearances)	juger **sur/d'après** (les apparences)
to know* **about** sth	être au courant **de** qch
to know* sb **by** sight	connaître qn **de** vue
to learn sth **from** sth (a book)	apprendre qch **dans** qch (un livre)
to live **by** one's pen	vivre **de** sa plume
to look* **after** sb/sth	prendre soin **de** qn/qch
to make* sth **from** sth	faire qch **avec** qch
to marvel **at** sth	s'émerveiller **de** qch
to meddle **in** sth	toucher **à** qch
	se mêler/s'occuper **de** qch
to part **with** sth	se séparer **de** qch
to play tricks **on** sb	jouer des tours **à** qn
to rejoice **in** sth	se réjouir **de** qch
to result **in** sth	aboutir/mener **à** qch
to return* **to** sb	retourner **auprès de** qn
to serve **as** (act as)	servir **de** qch
to shelter **from** (the sun)	s'abriter **du** (soleil)
to smile **at** sth	sourire **de** qch
to spend* (money) **on** sth	dépenser (de l'argent) **en/pour** qch
to steal sth **from** sb	dérober/voler qch **à** qn
to suffer **from** sth	souffrir **de** qch
to surprise sb **with** sth	faire à qn la surprise **de** qch
to swear **at** sb, sth	jurer **contre** qch
to take* sth **from** sb	prendre qch **à** qn
to tear sth **from** sth	arracher qch **à** qch
to think* **about/of** sb, sth	penser **à** qn/qch (ne pas l'oublier)
	penser **de** qn/qch (opinion)
to triumph **over** sb/sth	triompher **de** qn/qch
to turn away **from** sb/sth	se détourner **de** qn/qch
to vouch **for** sb	répondre **de** qn
to wonder **at** sth	s'émerveiller **de** qch

Les prépositions suivantes font l'objet d'entrées particulières: *about, above, across, after, at, before, below, by, for, from, in, of, on, over, since, through, to, toward, under,* and *with.*

VOIR: **conjunctions** pour un tableau comparatif de prépositions et de conjonctions

geographical names pour l'emploi des prépositions devant des noms géographiques

infinitive pour l'emploi des prépositions devant des infinitifs

movement pour la traduction de certaines prépositions après des verbes de mouvement

presently

at present, now	maintenant, à présent, actuellement
	présentement (moins utilisé)
soon	bientôt, tout à l'heure

present participles   *le participe présent*

La forme en *ing* est très fréquente en anglais; elle se rencontre dans des noms, des adjectifs, aussi bien que dans des verbes. En français la forme en *ant* correspondante est beaucoup moins fréquente.

Suivant la nature grammaticale du mot anglais se terminant par *ing* on aura des équivalences différentes en français.

A. Le Participe Présent est un Nom

clothing	des vêtements
an ending	une fin, un dénouement
a happening	un évènement
spelling	l'orthographe
training	l'entraînement
a wedding	un mariage
fishing	la pêche
swimming	la natation
skiing	le ski

B. Le Participe Présent est un Adjectif

1. Il se traduit en français par un **adjectif**:

a boring day	une journée **ennuyeuse**
a concluding statement	une déclaration **finale**
a hard-working student	un étudiant **travailleur**
a killing frost	une gelée **meurtrière**
the leading part	le rôle **principal**
a neighboring town	une ville **voisine**
an understanding friend	un ami **compréhensif**

Un certain nombre d'adjectifs français dérivent du participe présent du verbe correspondant. Les adjectifs suivants ne s'écrivent pas tout à fait de la même façon que les participes présents dont ils dérivent.

participe présent	adjectif
-ant	**-ent**
adhérant	adhérent
affluant	affluent
coïncidant	coïncident
déférant	déférent
différant	différent
équivalant	équivalent
excellant	excellent
influant	influent
précédant	précédent
somnolant	somnolent
-geant	**-gent**
convergeant	convergent
divergeant	divergent
émergeant	émergent
négligeant	négligent
-guant	**-gant**
fatiguant	fatigant
intriguant	intrigant
naviguant	navigant
zigzaguant	zigzagant
-quant	**-cant**
communiquant	communicant
convainquant	convaincant
provoquant	provocant
suffoquant	suffocant
vaquant	vacant
pouvant	**puissant**
sachant	savant

2. Il se traduit en français par un **nom**:

a **boarding** school	un **pensionnat**
a **filing** cabinet	un **classeur**
a **shopping** cart	un **chariot**

3. Il se traduit en français par un **nom composé**:

a **carrying** case	un **porte**-documents
a **driving** school	une **auto**-école
a **sleeping** car	un wagon-**lit**

4. Il se traduit en français par un **complément de nom**:

- **à** avec un nom:

a **fishing** pole	une canne **à pêche**
a **rocking** chair	une chaise/un fauteuil **à bascule**
writing paper	du papier **à lettres**

- **de** avec un nom:

a **cleaning** woman	une femme **de ménage**
travelling expenses	des frais **de voyage**
a **waiting** list	une liste **d'attente**

- **à** ou **de** avec un verbe à l'infinitif:

a **building** permit	un permis **de construire**
an **ironing** board	une planche **à repasser**
a **sewing** machine	une machine **à coudre**

VOIR: **infinitive** pour une liste plus complète

5. Il se traduit en français par un **participe passé** ou un **adverbe**, lorsqu'il s'agit des **positions du corps**:

to be **bending**	être **penché**
to be **kneeling**	être **agenouillé**
to be **leaning**	être **penché**
to be **lying down**	être **couché**
to be **sitting**	être **assis**
to be **standing**	être **debout**

C. Le Participe Présent est un Verbe

1. En anglais le participe présent entre dans l'expression de la **forme progressive**:

En français:
- on met le verbe au temps de *to be*:

I **am having** a good time.	Je **m'amuse** bien.

- on emploie l'expression *être en train de* avec l'infinitif du verbe:

I **am thinking.**	Je **suis en train de réfléchir.**
If you come too early, I'll still be **sleeping.**	Si tu viens trop tôt, je serai **en train de dormir.**

- si la forme progressive est au passé, on a le choix entre l'imparfait du verbe ou de l'expression *être en train de* avec l'infinitif.

She **was cooking** the dinner when...	Elle **préparait** le dîner quand...
	ou
	Elle **était en train de préparer** le dîner quand...

Attention aux emplois suivants de la forme progressive en anglais avec *for*. En français, on n'emploiera pas l'expression *être en train de*, mais les verbes sont à des temps différents de l'anglais et *for* se traduit par *depuis*:

I **have been cooking for** 2 hours.	Je **fais la cuisine depuis** 2 heures.
I **had been cooking for** 2 hours when my guests arrived.	Je **faisais la cuisine depuis** 2 heures quand mes invités sont arrivés.

VOIR: **for**

2. Le participe présent correspond à une **proposition subordonnée relative**:

On le traduit en français, soit par un participe présent, soit, souvent, par une proposition relative:

a program **consisting** of 5 courses	un programme **comprenant** 5 cours un programme **qui comprend** 5 cours
There he is, **smoking** like a chimney!	Le voilà, **fumant** comme un pompier! Le voilà **qui fume** comme un pompier!

3. Le participe présent a la valeur d'un **complément circonstanciel de cause:**

On le traduit par un **participe présent:**

Thinking she was late, she started to run.	**Pensant** qu'elle était en retard, elle a commencé à courir. Elle a commencé à courir **parce qu'**elle pensait qu'elle était en retard.

4. Le participe présent est un **gérondif:**

On exprime le gérondif en français en faisant précéder le participe présent de la préposition *en* parfois renforcée par *tout*. *En* est la seule préposition qui peut se mettre devant un participe présent. Le gérondif a une valeur de complément circonstanciel de:

- **cause**

> *Il a gagné **en faisant** mieux que les autres.*
> He won **by doing** better than the others.

- **concession, opposition**

> **Tout en ayant** *plus de 70 ans, elle est en bonne forme.*
> **Although** over 70, she is in good shape.

- **condition**

> *Tu le répareras* **en utilisant** *un autre outil.*
> You'll repair it **by using** another tool.

- **manière**

> *J'ai appris à tricoter* **en regardant** *ma mère.*
> I learned knitting **by watching** my mother.

- **moyen**

> *Il a coupé l'arbre* **en se servant** *d'une hâche.*
> He cut down the tree **by using** an ax.

- **temps: simultanéité**

> *Il travaille* **(tout) en écoutant** *la radio.*
> He works **while listening** to the radio.

- **temps: moment**

> **En arrivant,** *nous avons découvert qu'on était entré*
> *chez nous par effraction.*
> **Upon arriving,** we discovered that our house
> had been broken into.

5. Le participe présent s'utilise après un grand nombre de verbes en anglais. Il se traduit par un infinitif en français.

VOIR: **infinitive** pour des listes de ces verbes

I enjoy **walking** in the country.	J'aime bien **marcher** à la campagne.
You should quit **smoking.**	Vous devriez vous **arrêter** de fumer.
I saw him **running.**	Je l'ai vu **courir.**

Lorsque le verbe anglais est suivi d'une préposition avec un participe présent, faire attention à la préposition à employer en français devant l'infinitif:

to talk **about doing** sth	parler **de faire** qch
to work **at doing** sth	travailler **à faire** qch
to keep sb **from doing** sth	empêcher qn **de faire** qch
to take pleasure **in doing** sth	se plaire **à faire** qch
	prendre plaisir **à faire** qch
to get tired **of doing** sth	se fatiguer **de faire** qch
to keep on **doing** sth	continuer **à faire** qch
to get used **to doing** sth	s'habituer **à faire** qch
to be satisfied **with doing** sth	se contenter **de faire** qch
to do without **doing** sth	se passer **de faire** qch

Faire attention au changement de sens des verbes *commencer* et *finir* selon la préposition qui les suit:

to start **doing** sth	commencer **à faire** qch
to start **by doing** sth	commencer **par faire** qch
to finish **doing** sth	finir **de faire** qch
to end up **doing** sth	finir **par faire** qch

preservative n

an additive that preserves   un agent de conservation

                         ⊖ un *préservatif*

preserves n

preserves	des conserves
fruit preserves	des fruits en conserve
	des conserves de fruits

prevent

to prevent sth	empêcher qch, prévenir qch
They try to prevent a conflict.	Ils essayent d'empêcher/de prévenir un conflit.
to prevent sb from doing sth	empêcher qn de faire qch

primary adj

primary education	l'enseignement *primaire*
a primary school	une école *primaire*
essential, important, fundamental	primordial, principal, capital, essentiel
a primary need	un besoin primordial
primary requirements	les principales conditions

privacy

I like my privacy.	J'aime bien ma vie privée.
	J'aime bien ma solitude.
	J'aime bien être seul.
	J'aime bien avoir la paix.
There is no privacy here.	On ne peut pas être tranquille ici.
	Il n'y a pas de vie privée ici.
	Il n'y a pas d'intimité ici.

problem

to have problems	avoir des *problèmes*/des ennuis
a problem child	un enfant difficile/caractériel

process n

a method   un procédé, une méthode
a scientific process   un procédé scientifique

a progression   un processus, un développement,
    une évolution

a physiological process   un processus physiologique

      ⊖ un *procès*

prohibit

to forbid sth   défendre qch, interdire qch
to forbid sb to do sth   défendre à/interdire à
    qn de faire qch

to ban legally (alcohol,   *prohiber* (l'alcool, le tabac,...)
tobacco,...)

proper adj

appropriate, suitable   correct, convenable, indiqué,
    approprié

      ⊖ *propre*

VOIR: **adjectives,** placement de

prove vi

He proved himself capable   Il s'est avéré capable de le faire.
of doing it.   Il s'est montré capable de le faire.
    Il s'est révélé capable de le faire.

prove vt

to demonstrate by evidence   *prouver*, démontrer
I can prove his innocence.   Je peux *prouver* son innocence.

provisions

stock of food   des *provisions* (de nourriture)
a measure taken, a stip-   une disposition, une clause,
ulation   une mesure

publish

to publish   publier, éditer

publisher

a publisher   un éditeur

purple adj

purple   violet
a purplish red   *pourpre*

quantities   *les quantités*

Voici des listes d'expressions de quantités, accompagnées de noms pour en préciser l'emploi.

Noms comptables	
ENOUGH people	ASSEZ DE gens
LESS savings	MOINS D'économies
MORE worries	PLUS D'ennuis ENCORE DES ennuis
FEW examples A FEW examples	PEU D'exemples QUELQUES exemples
MANY teenagers	BEAUCOUP DE jeunes BIEN DES jeunes
AS MANY opportunities SO MANY mistakes	AUTANT D'occasions TANT DE fautes TELLEMENT DE fautes
SO MANY mistakes ! TOO MANY movies HOW MANY times . . .?	QUE DE fautes ! TROP DE films COMBIEN DE fois. . .?
MOST people	LA PLUPART DES gens

Noms non-comptables	
ENOUGH rest	ASSEZ DE repos
LESS time	MOINS DE temps
MORE snow	PLUS DE neige ENCORE DE LA neige
LITTLE freedom A LITTLE freedom	PEU DE liberté UN PEU DE liberté
MUCH courage	BEAUCOUP DE courage BIEN DU courage
AS MUCH luck SO MUCH noise	AUTANT DE chance TANT DE bruit TELLEMENT DE bruit
SO MUCH noise ! TOO MUCH television HOW MUCH time . . .?	QUE DE bruit ! TROP DE télévision COMBIEN DE temps. . .?

Remarques: Contrairement à l'anglais, le français a des expressions semblables pour les noms comptables et non-comptables, à l'exception de *quelques* et *un peu de*. Ne pas oublier que la présence de la préposition *de* entraîne l'omission des articles indéfinis et partitifs sauf avec *bien*, *encore*, et *la plupart*.

La plupart est toujours suivi d'un nom pluriel en français, sauf dans l'expression *la plupart du temps*. *Most*, suivi d'un nom singulier, se traduira par *la plus grande partie de*, *la majeure partie de*.

la plus grande partie *de la journée*
most of the day

➖ *la plupart de la journée*

un sac de pommes de terre	a bag of potatoes
un panier de fraises	a basket of strawberries
une bouteille de vin	a bottle of wine
une boîte de bonbons	a box of candies
une tasse de thé	a cup of tea
une goutte/un soupçon/un nuage de lait	a speck of milk
un verre de jus	a glass of juice
un morceau de pain	a piece of bread
une tranche de jambon	a slice of ham

un kilo de carottes	a kilo of carrots
un litre de lait	a liter of milk
un mètre de ruban	a meter of ribbon
une livre de beurre	a pound of butter
une tonne de sable	a ton of sand
un quart de livre	a quarter of a pound
une moitié de poulet	a half of a chicken
une huitaine, dizaine, quinzaine, vingtaine, trentaine, quarantaine, cinquantaine, soixantaine, centaine de jours	about 8, 10, 15, 20, 30, 40, 50, 60, 100 days
une douzaine d'oeufs	a dozen eggs
un millier d'habitants	about 1,000 inhabitants
un million d'habitants	a million inhabitants
un milliard d'années	a billion years
une brassée de fleurs	an armful of flowers
une poignée de manifestants	a handful of demonstrators
une bouchée de pain	a mouthful of bread
une pincée de sel	a pinch of salt
une cuillerée à soupe de sucre	a tablespoon of sugar
une cuillerée à café de vanille	a teaspoon of vanilla
une journée de loisir	a day of leisure
une matinée de repos	a morning of rest
une soirée de détente	an evening of relaxation
une année de travail	a year of work

Expressions collectives:

une collection de verres	a collection of glasses
une foule de gens	a crowd of people
un ensemble de musiciens	a group of musicians
une multitude de spectateurs	a multitude of spectators
un groupe de touristes	a party of tourists
un tas de sable	a pile of sand
une quantité d'eau	a quantity of water
un banc de poissons	a school of fish
une série de malheurs	a series of ordeals
une suite de circonstances	a sucession of circumstances
une somme d'argent	a sum of money

question n

It is a question of time.	C'est une *question* de temps. Il s'agit de temps.

It's a question of knowing what you want to do.	La *question* est de savoir ce que tu veux faire. Il s'agit de savoir ce que tu veux faire.
to raise a question	soulever une *question*
to ask a question	poser une *question*
	⊖ *demander une question*

VOIR: **issue**

question v

to ask sb	*questionner* qn, interroger qn, poser des *questions* à qn
to doubt sth	douter de qch, mettre qch en *question*, mettre en doute qch

questionable

doubtful	discutable, douteux
	⊖ *questionable* n'est pas français

quiet

a peaceful place	un endroit calme/tranquille
You are quiet today!	Vous êtes bien silencieux aujourd'hui!
a quiet child	un enfant calme
a quiet evening	une soirée intime/au calme

VOIR: **peaceful**

quotation, quote n

something quoted	une citation
quotation marks	les guillemets
to open quotation marks	ouvrir les guillemets
to close quotation marks	fermer les guillemets

quote vt

to repeat exactly what sb said or wrote	citer qn ou qch
to name (a price)	indiquer/établir (un prix)

quote vi

	faire une citation

R

race n

a competition
une course
a race against time
une course contre la montre

a breed
une *race*, une espèce
the human race
la *race* humaine, l'espèce humaine

raw adj

raw vegetables
des légumes crus, des crudités

raw materials
des matières premières

reader

somebody who reads oc-
casionally
un lecteur, une lectrice

The paper has many readers.
Ce journal a beaucoup de lecteurs.

somebody who reads manu-
scripts for a publisher
un lecteur

somebody who is used to
reading a great deal
un liseur, une liseuse

realize

to understand sth
comprendre qch
to learn sth
apprendre qch
to know sth
savoir qch
to become aware of sth
se rendre compte de qch
réaliser qch (s'utilise de plus
en plus)

to make real, to carry out,
to fulfill
réaliser
to realize a plan, an idea,
a dream
réaliser un projet, une
idée, un rêve

really

in reality, actually	réellement, vraiment, véritablement
Really, you are going too far!	Vraiment, tu vas trop loin! Vraiment, tu exagères!
Really? (I can't believe it!)	Vraiment? Sans blague! Pas possible! C'est pas vrai!

reason n

the reason	la raison
I don't know the reason why she left.	J'ignore la raison pour laquelle elle est partie.
	J'ignore la raison de son départ.
	J'ignore pourquoi elle est partie.

⊖ *la raison pourquoi*

There is a reason to believe that she left for good.	Il y a lieu de croire qu'elle est partie pour de bon.

receiver

a part of a phone	un récepteur, un combiné
a person who receives	un destinataire, un receveur

Le mot *receveur* en français veut dire aussi: *a tax collector, a postmaster.*

recipient

somebody who receives sth	un destinataire, un bénéficiaire, un receveur

⊖ *un récipient*

recover vt

to regain one's health	recouvrer la santé
to regain consciousness, one's strength	reprendre connaissance, reprendre des forces
to get sth back	récupérer qch, reprendre qch, retrouver qch

recover vi

to convalesce	guérir, se rétablir se remettre (de qch)

red

the color	rouge

The French flag is blue, white and red.	Le drapeau français est bleu, blanc et rouge.
to go through a red light	brûler un feu rouge
red hair	des cheveux roux
a red haired person	un rouquin, une rouquine
red tape	la paperasserie, la bureaucratie, les formalités administratives
to be in the red	être en déficit

reflexive verbs   *les verbes pronominaux*

Les verbes pronominaux sont beaucoup plus nombreux en français qu'en anglais.

A. Correspondance avec l'Anglais

1. Des verbes réfléchis ou réciproques: verb + *oneself* or *one another/each other*:

s'amuser	*enjoy oneself/one another/each other*
se féliciter	*congratulate oneself/one another/each other*
se respecter	*respect oneself/one another/each other*

2. Des verbes simples qui ne sont pas accompagnés de pronoms réfléchis ni réciproques:

Voici la liste des principaux: (Les verbes marqués d'un asterisque font l'objet d'entrées particulières.)

s'agenouiller	to kneel (down)
s'améliorer	to improve
s'amuser	to have fun
s'apercevoir	to realize*, notice
s'approcher	to approach
s'appuyer contre	to lean on/against
s'arrêter	to stop
s'asseoir	to sit down
s'attendre à	to expect*
s'avancer	to come forward
se battre	to fight
se cacher	to hide
se casser	to break
se changer	to change (clothes)
se composer de	consist* of
se coucher	to go to bed
se débrouiller	to manage
se défier	to mistrust
se dépêcher	to rush, hurry
se désintégrer	to disintegrate
se détendre	to relax*

se déverser	to empty, flow into
se disputer	to quarrel
se dissoudre	to dissolve
se douter de	to suspect
s'échapper	to escape
s'écrier	to cry out
s'en aller	to go*, leave
s'endormir	to fall asleep
s'enfuir	to flee, run away
s'entendre	to get along
s'en tenir à	to hold on to
s'épanouir	to bloom, blossom
s'évader	to escape
s'évanouir	to faint
s'exclamer	to exclaim
s'excuser	to apologize
se fendre	to crack
se fermer	to close
se fier à	to trust
se garer	to park (one's car)
se gâter	to spoil
s'habiller	to dress
se hâter	to hurry
s'imaginer	to imagine
s'inquiéter	to worry*
s'inscrire	to register*
se jeter	to empty
se lever	to get up
se méfier	to distrust
se mettre à	to begin to
se moquer de	to make fun of
se noyer	to drown
s'opposer à	to oppose
s'ouvrir	to open
se passer	to happen
se passer de	to do without
se pencher	to lean
se plaindre	to complain
se plier	to bend
se porter volontaire	to volunteer
se poser	to land
se quitter	to part
se rappeler	to remember
se raser	to shave
se redresser	to sit up; straighten up
se réjouir	to rejoice
se rencontrer	to meet
se rendre	to surrender
se rendre (quelque part)	to go (somewhere)
se rendre compte de	to realize*
se renverser	to overturn
se renverser en arrière	to lean back

se repentir	to repent
se reposer	to rest*
se retirer	to retire, withdraw
se retourner	to overturn, capsize
se réunir	to gather
se révolter	to rebel
se séparer	to part, separate
se servir de	to use*
se soucier de	to care* about
se souvenir de	to remember
se taire	to keep* silent
se vanter	to boast
se vendre	to sell oneself

Quelques-uns des verbes ci-dessus sont toujours à la forme pronominale: ce sont des verbes essentiellement pronominaux. Voir la liste plus loin.

La plupart des autres se rencontrent aussi à la forme non-pronominale:

Nous nous réunissons *tous les mois.*
Nous réunissons *nos amis tous les mois.*

3. Un certain nombre d'expressions avec le verbe **to get**:

to get + past participle

s'attacher à	to get attached to
se débarrasser de	to get rid of
se décourager	to get discouraged
s'enivrer	to get drunk
s'ennuyer	to get bored
se faire à, s'habituer à	to get accustomed/used to
se faire nommer	to get appointed
se fatiguer de, se lasser de	to get tired of
se fiancer	to get engaged
s'habiller	to get dressed
se marier	to get married
se mêler de, se laisser entraîner à/dans	to get involved with
se noyer	to get drowned
se perdre, s'égarer	to get lost
se tuer, se faire tuer	to get killed

to get + adjective

s'adoucir	to get mild(er)
s'améliorer	to get better
s'éclaircir	to get light(er)
s'endormir	to get sleepy
s'énerver	to get nervous
s'enrichir	to get rich(er)
se fâcher, se mettre en colère	to get angry
se faire rare	to get scarce
se faire tard	to get late

se faire vieux	to get old(er)
s'obscurcir, s'assombrir	to get dark(er)
se préparer	to get ready
se ramollir	to get soft(er)
se réchauffer	to get warm(er)
se refroidir	to get cold(er)

to get + preposition or adverb

s'approcher de	to get near
s'absenter	to get away
s'entendre, se comprendre (avec)	to get along (with)
s'insinuer entre, s'intro- duire entre	to get between
se lever	to get up
se retrouver, se réunir	to get together
se soustraire à	to get out (of a situation)

4. Des constructions à la voix passive:

Il **s'intéresse à** *la politique.*
He is interested in politics.

Cela peut **se faire**.
It can be done.

VOIR: **passive voice** pour la liste des principaux verbes

B. Classifications des Verbes Pronominaux

1. Classification d'après leur sens

a. les verbes réfléchis ou réciproques: le pronom réfléchi est objet direct ou indirect du verbe:

se lever	to get up
se promener	to take* a walk
se battre	to fight
se ressembler...	to look* alike

b. les verbes non réfléchis: le pronom réfléchi n'est ni objet direct ni objet indirect du verbe:

s'apercevoir de	to realize*
s'attaquer à	to attack
s'attendre à	to expect*
s'aviser de	to become* suddenly aware of
se douter de	to suspect
s'échapper (de)	to escape
s'ennuyer (de)	to be/get bored (with, by)
se jouer de	to deceive
se plaindre (à, de)	to complain (to, about)
se saisir de	to grab
se servir de	to use*
se taire	to remain silent

271

c. les verbes à sens passif correspondent à une construction passive:

s'appeler	to be called
se faire	to be done
se dire	to be said
s'employer...	to be used

VOIR: **passive voice** pour une liste plus complète

2. Classification d'après leur forme

a. les verbes essentiellement pronominaux ne se rencontrent qu'à la forme pronominale. Voici la liste des plus courants:

s'absenter	to go away, leave
s'abstenir de	to abstain from
s'accouder	to lean on ône's elbow(s)
s'accroupir	to crouch down on one's heels
s'adonner à	to devote oneself to
s'affairer (à)	to busy oneself with
s'agenouiller	to kneel (down)
s'arroger	to assume (a right)
se bagarrer	to have a fight
se blottir	to snuggle up
se dédire (de)	to go back on one's word
se démener	to struggle
se désister	to desist
s'ébattre	to frolic
s'ébrouer	to shake oneself
s'écrier	to cry* out
s'écrouler	to crumble (down), to collapse
s'effondrer	to tumble down
s'efforcer de + inf	to try hard to
s'en aller	to go*, leave*
s'enfuir	to run away
s'enquérir	to inquire
s'entraider	to help* one another
s'entre-tuer	to kill one another
s'ensuivre (impers.)	to follow (impers.)
s'envoler	to fly away
s'éprendre de	to fall in love with
s'enrhumer	to catch a cold
s'évader	to escape
s'évanouir	to faint
s'évertuer à + inf	to strive to
s'exclamer	to exclaim
s'extasier	to be ecstatic
se fier à	to trust
se gargariser	to gargle
s'immiscer dans	to interfere in
s'infiltrer (dans)	to infiltrate
s'ingénier à + inf	to strive to
s'insurger (contre)	to protest
se lamenter	to lament

se méfier de	to mistrust
se méprendre	to be mistaken
se moquer de	make fun of
s'obstiner à + inf	to persist in
se parjurer	to perjure oneself
se prosterner	to prostrate oneself
se prélasser	to sprawl
se raviser	to change one's mind
se rebeller (contre)	to rebel (against)
se récrier	to cry* out
se réfugier	to take refuge
se repentir	to repent
se résigner	to resign* oneself
se soucier de	to be concerned with
se souvenir de	to remember
se suicider	to commit suicide

b. les verbes accessoirement ou accidentellement pronominaux sont les plus nombreux. Ils peuvent se rencontrer soit à la forme pronominale soit à la forme non-pronominale.

Certains gardent le même sens, comme: **voir** et **se voir**

Je l'**ai vu** partir.	I **saw** him leave.
Ils ne **se voient** plus.	They don't **see** each other any more.

D'autres changent de sens, comme: **conduire** et **se conduire**

Elle aime **conduire**.	She likes **to drive**.
Ils **se conduisent** comme des enfants.	They **behave** like children.

C. Temps Composés des Verbes Pronominaux

Tous les verbes pronominaux, sans exception, forment leurs temps composés avec l'auxiliaire **être**.

Il **s'est levé** *à 6 h.*
Vous **vous étiez trompés**.

Cependant, l'accord des participes passés des verbes pronominaux ne se fait pas toujours avec le sujet du verbe.

VOIR: **past participles** pour les règles et des exemples

D. Place des Pronoms Réfléchis

VOIR: **personal pronouns** pour la place des pronoms réfléchis par rapport aux pronoms personnels

regard n

thought or consideration   considération, égard

in regard to

quant à

in this regard

à cet égard, sous ce rapport

My regards to your mother.

Mes respects à votre mère.

⊖ un *regard*

register v

to put a name on a list/
  on a record

inscrire un nom sur une liste/
  sur un registre

to register for/enroll in
  a course

s'inscrire à un cours

to register for the draft

se faire recenser

to register a letter

recommander une lettre

to register an earthquake

enregistrer un tremblement de
  terre

Le mot *enregistrer* en français veut dire aussi: *to record, to tape, to check
(baggage)*.

⊖ *registrer* n'est pas français

registration

enrollment (for courses)

une inscription

registration fee

les droits d'inscription

les frais d'inscription

registration form

une fiche d'inscription

une feuille d'inscription

⊖ une *registration* n'est pas français

regulation

a rule

un règlement

regulation of temperature

régulation thermique

Le mot *régulation* en français veut dire aussi: the act of adjusting
something. Il s'emploie dans l'expression: *régulation des naissances*, birth
control.

relative n

a family member

un(e) parent(e)

a close relative

un proche parent

a distant relative

un parent éloigné

a relative by marriage

un parent par alliance

⊖ *relatif*, une *relation*

VOIR: **parent**

relative clauses   *les propositions subordonnées relatives*

VOIR: **subordinate clauses** pour l'emploi de l'indicatif du conditionnel ou du subjonctif dans certaines propositions subordonnées relatives

relative pronouns   *les pronoms relatifs*

A. L'Antécédent est Animé ou Non-Animé

Fonction	Antécédent	
	animé	**non-animé**
1. sujet	qui	qui
2. objet direct	que	que
3. *de* + complément	dont	dont
4. locutions prépositives avec *de* + complément	de qui duquel, de laquelle, desquels, desquelles	duquel, de laquelle, desquels, desquelles
5. *à* + complément	à qui auquel, à laquelle, auxquels, auxquelles	auquel, à laquelle, auxquels, auxquelles
6. autres prépositions + complément	prép + qui prép + lequel, laquelle, lesquels, lesquelles	prép + lequel, laquelle, lesquels, lesquelles
7. complément de lieu		où, d'où, par où, jusqu'où
8. complément de temps		où

Les numéros qui suivent correspondent à chaque section du tableau:

1. *L'homme **qui** entre est un étranger.*
    The man (who is) coming in is a foreigner.

    *C'est la maison **qui** a brûlé.*
    That's the house which burned down.

2. *Je voudrais rencontrer l'artiste **que** vous connaissez.*
    I would like to meet the artist (whom) you know.

    *L'appartement **que** je vais louer est au rez-de-chaussée.*
    The apartment (that) I am going to rent is on the first floor.

3. *Les gens **dont** vous parlez ne m'écouteront pas.*
The people (whom) you are talking about won't listen to me.

*Regarde la montagne **dont** le sommet est couvert de neige.*
Look at the mountain whose top is covered with snow.

4. *C'est lui **à cause de qui** j'ai été renvoyé.*
He is the one who made me lose my job.

*La statue **à côté de laquelle** tu te trouves est de Rodin.*
The statue (that) you are standing next to is by Rodin.

5. *C'est la personne **à qui/à laquelle** on doit s'adresser.*
She is the person (whom) to talk to.

*Le projet **auquel** il pense n'est pas réalisable.*
The project (that) he is thinking about is not feasible.

6. *Celui **avec qui/avec lequel** on va dîner est un gros bonnet.*
The one (whom) we are going to have dinner with is a big wheel.

*La cause **pour laquelle** je lutte est très utile.*
The cause (that) I am fighting for is very worthwhile.

7. *La ville **où** j'habite a plus de 10 000 habitants.*
The town where I live has more than 10,000 inhabitants.

*C'est le chemin **par où** tu devrais passer.*
This is the way (that) you ought to take.

8. *Il n'a pas dit le jour **où** il partirait.*
He didn't say the day (when) he'd leave.

Remarques:

Un pronom relatif ne peut jamais être supprimé en français, alors qu'il peut l'être en anglais.

*le livre **que** je lis*
the book I read

Un antécédent est un nom ou un pronom qui représente un relatif.

les gens que *je connais*
celui qui *arrive*

Une préposition doit toujours précéder le relatif.

*l'entreprise **pour laquelle** je travaille*
the firm I am working for

Avec les prépositions autres que *de*, on a le choix, quand l'antécédent est animé, entre l'emploi de *qui* ou *lequel* (voir exemples 5 et 6). Mais avec *entre*, *parmi* on ne peut utiliser que *lequel*:

*les candidats **parmi lesquels** nous devons choisir*

Quand la préposition est *de*, on peut utiliser: *dont, de qui, duquel, de laquelle,* etc.

On emploie *dont* quand l'antécédent précède immédiatement le relatif:

la personne **dont** *la maison a été vendue*
les fleurs **dont** *le jardin est rempli*
le document **dont** *je me sers*
ces robes **dont** *certaines sont chères*

On emploie *de qui, duquel,* etc. quand l'antécédent est séparé du relatif par une locution prépositive terminée par *de*, comme: *à côté de, près de, en face de, autour de,* etc.

l'invité **à côté de qui/duquel** *je suis assise*
l'immeuble **en face duquel** *on habite*

B. L'Antécédent est Indéfini

Fonction	Antécédent Indéfini (*ce, tout ce, rien de ce, quelque chose...*)
1- sujet	qui
2- objet direct	que
3- *de* + complément	dont
4- autres prépositions +complément	quoi

Les numéros suivants correspondent à chaque section du tableau:

1. **Ce qui** *me gêne, c'est que tu parles trop.*
   What bothers me is that you talk too much.

   Y a-t-il **quelque chose qui** *vous tente?*
   Is there anything that tempts you?

   Je n'aime **rien de ce qui** *te plaît.*
   I don't like anything that pleases you.

2. *Regarde* **ce que** *tu fais.*
   Look at what you are doing.

   Pourriez-vous m'expliquer **quelque chose que** *je ne comprends pas?*
   Could you explain to me something (that) I don't understand?

   Rien de ce qu'*ils veulent n'est disponible.*
   Nothing (that) they want is available.

3. *Je vais te donner* **ce dont** *tu as besoin.*
   I am going to give you what you need.

*Elle m'a dit **certaines choses dont** je ne me souviens pas.*
She told me certain things (that) I don't remember.

*Nous n'avons **rien de ce dont** vous parlez.*
We have nothing (that) you are talking about.

4. *Il m'a montré **tout ce avec quoi** il a fait son projet.*
He showed me everything (that) he did his project with.

*Citez-moi **quelque chose contre quoi** vous luttez.*
Name me something (that) you are fighting.

Rien de ce à quoi *je pense ne t'intéresse.*
Nothing (that) I am thinking about is of any interest to you.

Remarques:

Ces formes de pronoms se rencontrent aussi dans l'interrogation indirecte:

*Il m'a demandé **ce que** je voulais.*
*Je lui ai dit **ce qui** m'était arrivé.*

Lorsque le relatif est précédé d'une préposition, on supprime **ce**.

*Il m'a demandé **de quoi** j'avais besoin.*
*Il m'a demandé **avec quoi** j'avais peint ce tableau.*
*Il m'a demandé **à quoi** je pensais.*

VOIR: **relative clauses** pour le mode dans certaines propositions subordonnées
relatives

relax vi

to relax	se délasser, se détendre
	se décontracter
	se *relaxer* (s'utilise de plus en plus)

relief

easing of a pain	un soulagement
in geography (mountains, hills, etc.)	le *relief* (montagnes, collines, etc.)

renew

to extend	renouveler
to renew a subscription	renouveler un abonnement
to refresh, revive	renouer
to renew an acquaintance	renouer des relations
	renouer connaissance

renovate

to modernize	*renover*, remettre à neuf, moderniser
I renovated my kitchen.	J'ai *renové* ma cuisine. J'ai remis ma cuisine à neuf.
to restore a painting, a statue, a monument	restaurer une peinture, une statue, un monument

rent n

the sum paid by a tenant for rent	le loyer à louer

⬤ la *rente*

report n

a statement I have to write a report on the meeting.	un rapport, un compte-rendu Je dois écrire un rapport/un compte-rendu sur la réunion.
His report on the riots was excellent.	Son reportage sur les émeutes était excellent.
a report card	un bulletin scolaire un bulletin de notes
a weather report	un bulletin météorologique

⬤ un *report*

representative n

a member of the House of Representatives	un député
a sales representative	un représentant (de commerce)

⬤ *représentatif*

resign vi

to give up one's position, to quit	démissionner, donner sa démission
to submit (oneself) to sth	se *résigner à qch*

resort n

a recourse as a last resort	un recours en dernier recours en dernier *ressort*
a place for vacation a ski resort a summer resort	une station une station de ski une station estivale

| a seaside resort | une station balnéaire |
| a spa | une station thermale |

rest vi

| to relax, lie down | se reposer |

to be based on	reposer sur
to remain	*rester*
The decision rests with him.	La décision *reste* entre ses mains.
	C'est à lui de décider.

Le mot *rester* en français veut dire aussi: *to stay, to live on, to last, to remain.*

VOIR: **relax**

resume

to start sth again	reprendre qch
	recommencer qch
	se remettre à qch

🚫 *résumer*

return vt

to bring/give back sth	rapporter qch, rendre qch,
	retourner qch
to return a compliment	*retourner* un compliment

return vi

| to go back | *retourner* |
| to come back | revenir, rentrer |

review n

a military inspection	une revue militaire
studies for an exam	des révisions
a critical evaluation	une critique, un compte-rendu
a magazine	une revue, un périodique,
	un magazine

Le mot *revue* en français veut dire aussi: *a survey.*

VOIR: **magazine**

ride n

a small trip	une promenade, un tour
to go for a ride	aller faire une promenade
	aller faire un tour
	aller se promener

to give sb a ride	emmener qn
to have a ride to a place with sb	(pouvoir) s'en aller/partir quelque part avec qn
to have a ride back	(pouvoir) revenir/rentrer avec qn
a long ride	un long trajet
to take sb for a ride:	
- proper meaning	emmener qn se promener/ faire un tour/faire une promenade
- figurative meaning (to make a fool of sb)	faire marcher qn

ridicule v

to make fun of	*ridiculiser* tourner en *ridicule* tourner en dérision

⊖ *ridiculer* n'est pas français

right adj

- opposite of left	droit(e)
the right arm	le bras droit
- good (morally)	bien (adv), convenable, correct
It's not right to behave like this.	Ce n'est pas bien/convenable/ correct de se conduire ainsi.
- correct	juste, exact, correct, bon
a right answer	une réponse juste/exacte/ correcte une bonne réponse
He is right.	Il a raison. Il est dans le vrai.
to be on the right track	être sur la bonne voie
That's right.	C'est exact. C'est juste. C'est ça.
Right on!	Exactement!
My watch is right.	Ma montre est à l'heure.
- suitable	convenable, bon
the right reasons	les bonnes raisons
the right place	un endroit convenable
the right size	la bonne taille
at the right time	au bon moment, au moment voulu, à propos
You are doing the right thing.	Tu fais exactement ce qu'il faut. Vous faites la meilleure chose.

the right side of a fabric — l'endroit d'un tissu

right adv

opposite of left — à droite
Turn right. — Tournez à droite.

right in the middle — en plein milieu, au beau milieu
right now, right away — tout de suite
I'll be right with you. — Je suis à vous tout de suite.
Je suis à vous dans une minute.

to do sth right — bien faire qch
right behind me — (tout) droit derrière moi
directement derrière moi
juste derrière moi

right n

to have the right to do sth — avoir le droit de faire qch
opposed to the left — la droite

river

a major river — un fleuve
an average or small river — une rivière

En français les noms de fleuves et de rivières prennent l'article et le nom *river* ne se traduit pas quand il accompagne le nom propre:

Mississippi River — le Mississippi

ring n

worn on a finger — un anneau, une bague
an engagement ring — une bague de fiançailles
a wedding ring — une alliance
un anneau de mariage

rock n

a large mass of stone in the ground — un roc, un rocher
cut into the rock — taillé dans le roc
to build on rock — bâtir sur le roc

a boulder — un rocher
the rock of Gibraltar — le rocher de Gibraltar
rocks on a coastline — des rochers sur une côte
to go rock climbing — faire du rocher

a mineral matter	une roche
a volcanic rock	une roche volcanique
rock crystal	du crystal de roche
gravel	du gravier

Quelques expressions:

Falling rocks (a sign on a road)	Risque de chute de pierres
a scotch on the rocks	un scotch whisky avec des glaçons
a rock garden	un jardin de rocaille une rocaille

romanesque adj

romanesque art (XI and XII centuries)	l'art roman

⚫ *romanesque*

room

a part of a house	une pièce
How many rooms are in this house?	Combien y a-t-il de pièces dans cette maison?
a dining room	une salle à manger
a living room	une salle de séjour, un séjour
a bathroom	une salle de bain, une salle d'eau
a bedroom	une chambre (à coucher)
a classroom	une salle de classe
a showroom	une salle d'exposition
a waiting room, etc.	une salle d'attente, etc.
room temperature	température ambiante
Drink this wine at room temperature.	Boire ce vin chambré.
a roommate	un(e) camarade de chambre
space	de la place
I need more room to dance.	J'ai besoin de plus de place pour danser.
It takes too much room.	Ça prend trop de place.
to make room	faire de la place

ruin v

to ruin one's health	*ruiner* sa santé
to ruin one's reputation	*ruiner* sa réputation
to ruin one's life	gâcher sa vie
to ruin a dress	abîmer une robe

S

safe adj

not in danger	en sécurité
out of danger	hors de danger, sauf (m), sauve (f)
not dangerous, secure	sûr(m), sûre (f)
a safe car	une voiture sûre
a safe part of town	un quartier sûr
in a safe place	en lieu sûr
safe and sound	sain et sauf

⊖ *sauvé*

salad

a salad	une *salade*
potato salad	une *salade* de pomme de terre
a fruit salad	une *salade* de fruits
a shrimp salad	une *salade* de crevettes
a mixed salad	une *salade* composée

Le mot *salade* s'applique aussi à la plante qu'on fait pousser:

to grow lettuce	faire pousser de la *salade*/ des *salades*

save

to rescue sb	sauver qn
to save sb from sth	protéger qn de/contre qch
to put sth aside	mettre qch de côté, garder qch
to save money	économiser de l'argent, épargner, faire des économies
to save time	gagner du temps

⊖ *sauver de l'argent/du temps*

savings n

savings (money)　　　　　　　des économies (d'argent)
a savings bank　　　　　　　une caisse d'épargne
a savings account　　　　　un compte d'épargne

scallops

shell fish　　　　　　　　　des coquilles St. Jacques

⊖ des *escalopes*

scholar

a learned person (in general)　une personne cultivée, un érudit
a person learned in letters　un lettré

⊖ *scolaire*

scientist

a person learned in science　un scientifique, un savant

⊖ un *scientiste*

second v

to give support　　　　　　appuyer, soutenir
to second a motion　　　　appuyer/soutenir une motion

⊖ *seconder*

seconds n

imperfect items　　　　　　des articles de *second* choix
　　　　　　　　　　　　　des articles comportant des défauts

units of time　　　　　　　des *secondes*

seem v

- personal verb　　　　　　avoir l'air, sembler, paraître
They seem to be happy.　　Ils ont l'air heureux.
　　　　　　　　　　　　　Ils semblent heureux.
　　　　　　　　　　　　　Ils paraissent heureux.

- impersonal verb
it seems that　　　　　　　il paraît que + indic
　　　　　　　　　　　　　Il semble que + indic ou subj

it seems to me that...　　il me semble que + indic ou subj

VOIR: **subordinate clauses** pour le mode dans les propositions subordonnées complétives

sensible

reasonable   raisonnable, de bon sens, sensé,
                                        sage
a sensible decision   une décision raisonnable, sensée,
                                        sage

⊖ *sensible*

sensitive

emotional   sensible, émotif, émotionnable,
                                        impressionnable
easy to offend   susceptible
physically responsive   sensible (au froid, etc.)
  (to the cold, etc.)

⊖ *sensitif, sensitive*

seriously

earnestly   sérieusement, avec sérieux
seriously ill   gravement malade
seriously wounded   grièvement blessé

several adj or pron

a quantity between few   plusieurs
  and many
Several people saw him.   Plusieurs personnes l'ont vu.
                                    Plusieurs l'ont vu.

severe

a severe penalty   une peine *sévère*
severe pain   une douleur violente, vive
a severe illness or wound   une maladie/blessure grave
a severe winter   un hiver rude, rigoureux

shoot v

to shoot sb   tirer *sur* qn
to shoot and kill sb   tuer/abattre/descendre qn
                                        d'un coup de revolver/fusil
Somebody was shot.   Quelqu'un a été atteint/blessé
                                        d'un coup de revolver/fusil.
                                    Il a été atteint/blessé par une
                                        balle.

En français on dit *tirer sur qn*. Ce verbe n'est pas transitif direct. On ne
peut pas l'employer à la voix passive.

⊖ *Quelqu'un a été tiré.*

should aux

A. ought to (counsel)	devoir/falloir (au présent du conditionnel)
You should stop smoking.	Tu devrais t'arrêter de fumer.
	Il faudrait que tu t'arrêtes de fumer.
	Il faudrait t'arrêter de fumer.
B. should have (regret)	devoir/falloir (au passé du conditionnel)
You should have stopped smoking.	Tu aurais dû t'arrêter de fumer.
	Il aurait fallu que tu t'arrêtes de fumer.

Remarquer qu'on utilise l'infinitif avec *devoir* et le subjonctif ou l'infinitif avec *falloir*.

C. should (if)	
Should he come, let him in.	S'il vient, faites-le entrer.
	Au cas où il viendrait, faites-le entrer.

Remarquer que *si* s'utilise avec l'indicatif et *au cas où* avec le conditionnel.

D. other expressions	
I should say so!	Et comment! J'espère bien.
I should think so.	Probablement.
How should we know?	Comment voulez-vous que nous le sachions?

sick adj

I feel sick.	Je ne me sens pas bien.
to become sick	tomber malade
to be seasick	avoir le mal de mer
to be airsick	avoir le mal de l'air
I am sick to my stomach.	J'ai mal à l'estomac.
	J'ai mal au ventre.
It makes me sick.	Ça me rend malade.
	Ça me dégoûte.
	Ça m'écoeure.

VOIR: **stomach**

sign n

a gesture	un *signe*, un geste

He waved his hand.	Il a fait (un) *signe* de la main.
a mark	un *signe*
a sign of life	un *signe* de vie
a symbol	un *signe*
a sign of the zodiac	un *signe* du zodiaque
a billboard	un panneau publicitaire
	un panneau-réclame
a road sign	un panneau indicateur
	un poteau indicateur
	un panneau de signalisation
a notice board	un panneau d'affichage
a store sign	une enseigne
a small piece of paper, cardboard, wood, metal on a door, a wall, a desk, etc.	un écriteau, une pancarte

significance

- importance	l'importance
It is of little significance.	Cela a peu d'importance.
- meaning	une signification, un sens
the significance of a word	la signification d'un mot
	le sens d'un mot

⊖ *significance* n'est pas français

significant

- important, noticeable	important, notable
a significant improvement	une amélioration importante, notable
- revealing	révélateur(m) révélatrice (f) significatif
a significant fact	un fait significatif/révélateur

⊖ *significant* n'est pas français

silent

quiet	silencieux
a silent movie	un film muet
to remain silent	garder le silence, se taire, ne rien dire

⊖ *silent* n'est pas français

VOIR: **quiet**

since conj

- time	depuis que
I have not seen her since she arrived.	Je ne l'ai pas vue depuis qu'elle est arrivée.
- cause	puisque
Since he did not sleep well, let him rest a little longer.	Puisqu'il a mal dormi, laisse-le se reposer un peu plus longtemps.

since prep

	depuis
I have been waiting for her call since 2 o'clock.	J'attends son coup de téléphone depuis 2 heures.

Remarquer ici l'emploi du présent en français.

VOIR: **for** pour d'autres emplois de *depuis*

slow adj

She is a slow reader.	Elle lit lentement.
The traffic is slow.	La circulation est lente.
Your watch is slow.	Ta montre retarde.
Your watch is 8 minutes slow.	Ta montre retarde de 8 minutes.
a slow recovery	une lente convalescence
	une longue convalescence
a slow (but not stupid) person	une personne flegmatique/posée
stupid	stupide, bête

slowly adv

slowly	lentement, doucement

small

VOIR: **adjectives**

smell n

the sense of smell	l'odorat
an odor	une odeur

⊖ *senteur*

socialize

to socialize medicine (vt)	*socialiser* la médecine

to take part in social events (vi)	fréquenter des gens, voir des gens, sortir, avoir des relations

solid adj

opposed to liquid	*solide*
strong, firm	*solide*, robuste, fort
a solid line	une ligne continue
a solid color	une couleur unie
solid gold	de l'or massif

sometimes

sometimes	quelquefois (un seul mot) parfois, des fois

VOIR: **time**

special adj

specific, particular	*spécial*, particulier
a special authorization	une autorisation *spéciale*
a special order	une commande *spéciale*/ particulière
a very special friend	le meilleur ami, un ami intime, un vrai ami, un véritable ami, un ami exceptionnel, un ami extraordinaire

specific

- precise	précis
at a specific time	à un moment précis
- characteristic, special	*spécifique*, spécial
a specific odor	une odeur *spécifique*/spéciale
a specific case	un cas *spécifique*/spécial

spelling mistakes   *fautes d'orthographe*

Un grand nombre de mots s'écrivent presque de la même façon en anglais et en français. Voici une liste comparative de ceux qui sont le plus souvent mal écrits en français:

anglais	**français**
abbreviation	un abréviation
ace	un as
address	une adresse
adjourn	ajourner

adjust	ajuster
advance	une avance
advantage	avantage
adventure	une aventure
advocate	un(e) avocat(e)
aggressive	agressif, agressive
agreeable	agréable
alcohol	l'alcool (m)
alcoholic	alcoolique
ancient	ancien(ne)
announcement	une annonce
apartment	un appartement
appearance	une apparence
aristocracy	l'aristocratie (f)
assault	un assaut
authority	l'autorité (f)
baggage	un bagage
brilliant	brillant
carnival	un carnaval
carrot	une carotte
characteristic	une caractéristique
civilization	la civilisation
comedian	un(e) comédien(ne)
comfort	le confort
comfortable	confortable
committee	un comité
community	une communauté
comparison	une comparaison
consume (eat, use)	consommer
contract	un contrat
cotton	du coton
course	un cours
damage	un dommage
dance	la danse
democracy	une démocratie
desire	un désir
development	un développement
dinner	un dîner
eccentric	excentrique
effect	un effet
engineer	un ingénieur
enemy	un(e) ennemi(e)
enthusiasm	l'enthousiasme (m)
enthusiastic	enthousiaste
envelope	une enveloppe
establishment	l'établissement (m)
example	un exemple
exaggeration	une exagération
exchange	un échange
exercise	un exercice

flame	une flamme
foundation	une fondation
fundamental	fondamental
funds	des fonds
gallop	galoper
guard	un(e) garde
hazard	un hasard
honest	honnête
independence	l'indépendance (f)
individual, adj.	individuel(le) adj.
judge	un juge
judgement	un jugement
lesson	une leçon
literature	la littérature
lottery	loterie
marriage	le mariage
marry	se marier
mechanics	la mécanique
medicine	la médecine
melancholy	la mélancolie
movement	un mouvement
object	un objet
odor	une odeur
onion	un oignon
organization	une organisation
ornament	un ornement
permit	un permis
person	une personne
personal	personnel(le)
picturesque	pittoresque
pill	une pilule
practice	la pratique
project	un projet
public, n	le public
public, adj.	public, (m) publique (f)
pursuit	une poursuite
realize	réaliser
reasonable	raisonnable
reflection	une réflexion
resemble	ressembler
resource	une ressource
responsible	responsable
rhyme	une rime
romanticism	le romantisme
rhythm	le rythme
second	une seconde
sense	le sens
sex	le sexe
subject	un sujet
success	le succès
syllable	une syllabe

terrace	une terrasse
traffic	le trafic
universe	l'univers
virtue	une vertu

VOIR: **geographical names** pour l'orthographe des noms propres de pays et de villes

Voici d'autres mots français qui ne ressemblent pas à leur équivalent en anglais, mais qui sont souvent mal écrits:

l'Allemagne	Germany
un(e) Allemand(e)	a German
la campagne	the country
une compagne	a companion
chacun(e)	each one, pron
chaque	each, adj
un dessein	an intention
un dessin	a drawing
enfin (en 1 mot)	at last
en fin (de journée)	toward the end (of a day)
ensemble (sans s)	together
un magasin	a store
peut-être, adv.	maybe
Il peut être nerveux.	He may/can be nervous.
plusieurs (m ou f)	several
plus tôt	earlier, sooner
plutôt	rather
une religion (pas réligion)	religion
sinon (en 1 mot)	if not, otherwise
un travail, n	a job
Elle travaille. v	She works.
vieille (f)	old
vraiment (pas vraiement)	really

spend

to spend money	dépenser de l'argent
to spend time on sth	passer du temps sur qch
	consacrer du temps à qch
to spend time doing sth	passer du temps à faire qch
	consacrer du temps à faire qch

                                      ➖ *dépenser du temps*

sports

to play sports (in general)	faire du sport
to play a sport	pratiquer un sport
to play tennis	jouer au tennis, faire du tennis

to play soccer	jouer au football, faire du football
to ski	faire du ski, skier
to swim	faire de la natation, nager

stage n

a phase, a period	un stade, une phase, une étape, une période
a platform (in a theatre)	une scène

⊖ un *stage*

steady adv

to go steady	sortir avec le même garçon avoir un petit ami
	sortir avec la même fille avoir une petite amie
	sortir ensemble régulièrement
	sortir toujours ensemble

stomach

the stomach organ	l'estomac
the belly	le ventre
to sleep on one's stomach	dormir sur le ventre

Les Français font nettement la distinction entre ces deux parties du corps.

store n

a small shop	une boutique
an average sized store	un magasin
a department store	un grand magasin
a chain store	un magasin à succursales multiples

⊖ un *store*

straight adj

straight hair	des cheveux raides
a straight answer	une réponse franche
a straight whiskey	un whisky sec
	un whisky sans eau

strange

unfamiliar, queer	étrange, bizarre

⊖ *étranger*

VOIR: **foreign**

street

a street	une rue
on the street	dans la rue

● *sur la rue*

on the pavement (not on	dans la rue, sur la chaussée
the sidewalk)	(pas sur le trottoir)

VOIR: **on**

subjunctive   *le subjonctif*

Héritage du latin, le subjonctif est beaucoup plus employé en français qu'en anglais. Ce mode existe cependant en anglais; en voici quelques exemples:

dans une proposition indépendante il exprime:
- un souhait
  God forbid! God bless you!
- un ordre
  Let it be.
- une interdiction
  Don't let it be said.

dans une proposition complétive, après des verbes qui expriment:
- un souhait
  I wish I were there.
- une demande
  They request that she leave.
- une obligation
  It is imperative that he be expelled.

dans une proposition conjonctive de condition:
  If I were you, I would reconsider.

Ces emplois se retrouvent aussi en français, sauf le dernier, car *si* n'est jamais suivi du subjonctif en français.

A. Emplois du subjonctif

1. Le subjonctif dans des propositions indépendantes:

Quand il exprime un **souhait**, on l'emploie sans conjonction ou avec *que* ou *pourvu que*:

Vive *la France!*
Long live France!

> *Que Dieu vous* **bénisse!**
> God bless you!

> *Pourvu qu'il* **fasse** *beau!*
> Let's hope that the weather will be fine!

Quand il exprime **un ordre**, on emploie *que*:

> *Qu'il* **entre!**
> Show him in!

2. Le subjonctif dans des propositions subordonnées relatives:

> *Je cherche une secrétaire qui* **soit** *bilingue.*
> I am looking for a secretary who is bilingual.

VOIR: **subordinate clauses**

3. Le subjonctif dans des propositions subordonnées complétives:

> *Il a peur qu'on ne le* **comprenne** *pas.*
> He is afraid that no one understands him.

VOIR: **subordinate clauses**

4. Le subjonctif dans des propositions subordonnées conjonctives:

> *Parlez plus fort pour que je vous* **entende.**
> Speak louder so that I can hear you.

VOIR: **subordinate clauses**

B. Concordance des temps

La concordance des temps avec le subjonctif se trouve simplifiée aujourd'hui du fait qu'on utilise rarement l'imparfait et le plus-que-parfait de ce mode.

Dans la langue parlée, et même la plupart du temps dans la langue écrite, on n'utilise plus guère que deux temps du subjonctif: le présent (je fasse) et le passé (j'aie fait).

1. Le présent du subjonctif s'emploie lorsque l'action de la subordonnée est simultanée ou postérieure à celle de la principale:

> *Il faut que tu* **partes** *maintenant.*
> You must go now.

> *J'aimerais mieux que vous* **veniez** *demain.*
> I'd prefer if you came tomorrow.

2. Le passé du subjonctif s'emploie lorsque l'action de la subordonnée est antérieure à celle de la principale:

> *Je suis désolé que vous* **ayez été** *malade hier.*
> I am sorry that you were sick yesterday.

subordinate clauses   *les propositions subordonnées*

A. Emploi des Modes dans les Propositions Subordonnées Conjonctives Complétives ("that" clauses)

Ces propositions sont introduites par la conjonction *que*. Elles complètent une idée présentée par un verbe ou une expression qui précède:

> *J'espère **que** nous allons nous amuser.*
> I hope that we are going to have fun.

> *Il est important **que** vous me compreniez bien.*
> It is important that you understand me.

1. Le Conditionnel

Dans la plupart des cas on peut utiliser le conditionnel. Ce mode ne présente pas de difficulté, c'est pourquoi il ne figure pas dans les tableaux suivants.

2. L'Infinitif

On peut aussi utiliser l'infinitif dans certains cas:

> *Je pense que je peux faire ça.*
> *Je pense **pouvoir** faire ça.*
> I think I can do that.

VOIR: **infinitive**

3. L'Indicatif ou le Subjonctif

L'emploi de l'indicatif ou du subjonctif dans la proposition subordonnée complétive dépend du sens du verbe ou de l'expression qui l'introduit. Parfois on a le choix entre ces deux modes:

- l'**indicatif** s'emploie quand le fait est réel, certain

> *Il est certain qu'elle **viendra**.*

- le **subjonctif** s'emploie si le fait est douteux

> *Il n'est pas certain qu'elle **vienne**.*

Les listes ci-dessous sont classées de la façon suivante:

- verbes de certitude, déclaration, affirmation, probabilité
- verbes de sentiments, jugement, nécessité, possibilité, ordre, défense
- expressions personnelles de sentiment avec un adjectif ou un participe passé
- verbes impersonnels
- expressions impersonnelles avec un adjectif
- expressions impersonnelles avec un nom

Verbes de certitude, déclaration, affirmation, probabilité

		Indicatif	Subjonctif ou Indicatif	Subj...
admettre que	admit that	•		
affirmer que	assert that	•		
ajouter que	add that	•		
annoncer que	announce that	•		
s'apercevoir que/ de ce que	notice that	•		
apprendre que	learn that	•		
avertir que	warn, inform that	•		
avouer que	confess that	•		
cacher que	hide that	•		
comprendre que (négatif)	understand that			•
confesser que	confess that	•		
confier que	confide that	•		
convaincre que	convince that	•		
croire que (négatif, interrogatif)	believe that	•	•	
décider que	decide that	•		
déclarer que	declare that	•		
découvrir que	discover that	•		
deviner que	guess that	•		
dire que (négatif, interrogatif)	say that	•	•	
se douter que	suspect that	•		
écrire que	write that	•		
entendre que	hear that	•		
espérer que (négatif, interrogatif)	hope that	•	•	
être d'accord que	agree that	•		
expliquer que	explain that	•		
s'habituer à ce que	to be used to the fact that	•		
(s')imaginer que (négatif, interrogatif)	imagine that	•	•	
lire que	read that	•		
montrer que	show that	•		
se moquer que/ de ce que	care less that			•
oublier que	forget that	•		
parier que	bet that	•		
penser que (négatif, interrogatif)	think that	•	•	
présumer que	presume that	•		
prétendre que	claim that	•		
prévenir que	warn, inform that	•		
proclamer que	proclaim that	•		

	Indicatif	Subjonctif ou Indicatif	Subjonctif
promettre que — promise that	•		
(négatif, interrogatif)		•	
prouver que — prove that	•		
raconter que — tell that	•		
rappeler que — remind that	•		
se rappeler que — recall that	•		
(négatif, interrogatif)		•	
reconnaître que — recognize that	•		
remarquer que — notice that	•		
se rendre compte que — realize that	•		
répéter que — repeat that	•		
répondre que — answer that	•		
rêver que — dream that	•		
savoir que — know that	•		
sentir que — feel that	•		
songer que — dream that	•		
soupçonner que — suspect that	•		
se souvenir que — remember that	•		
(négatif, interrogatif)		•	
supposer que — suppose that	•		
(négatif, interrogatif)		•	
téléphoner que — telephone about	•		
trouver que — find that	•		
(négatif, interrogatif)		•	
voir que — see that	•		

Verbes de sentiments

	Indicatif	Subjonctif ou Indicatif	Subjonctif
accepter que — accept			•
adorer que — adore			•
s'affliger que/de ce que — be sorry that			•
aimer que — like that			•
aimer mieux que — prefer that			•
apprécier que — appreciate that			•
appréhender que — apprehend			•
attendre que — wait for			•
s'attendre à ce que — expect that			•
avoir besoin que — need			•
avoir envie que — wish that			•
avoir hâte que — be anxious for			•
avoir honte que — be ashamed that			•
avoir horreur que — detest			•
avoir peur que...ne — be afraid that			•
choisir que — choose			•
commander que — command, order that			•
comprendre que — understand that			•

	Indicatif	Subjonctif ou Indicatif	Subjonctif
compter que — intend, plan that			•
consentir que/à ce que — agree			•
craindre que...(ne) — be afraid that			•
défendre que — forbid that			•
demander que/à ce que — ask that			•
déplorer que — deplore			•
désapprouver que — disapprove that			•
(se) désespérer que — despair			•
désirer que — want, wish that			•
se désoler que — be upset that			•
douter que...(ne) — doubt that			•
s'émerveiller que — marvel that			•
empêcher que — prevent			•
entendre que — intend			•
s'épouvanter que/ de ce que — be terrified that			•
essayer que — try			•
s'étonner que/de ce que — be surprised that			•
éviter que — avoid			•
exiger que — demand that			•
exulter que — exult that			•
se fâcher que/de ce que — be angry that			•
faire attention que — be careful that			•
faire semblant que — pretend that			•
feindre que — pretend that			•
se féliciter que — be glad that			•
s'indigner que — be indignant that			•
s'inquiéter que — worry about			•
interdire que — forbid			•
s'irriter que — be annoyed about			•
nier que — deny that			•
s'opposer à ce que — be opposed			•
ordonner que — order			•
permettre que — let, permit			•
se plaindre que — complain that			•
préférer que — prefer that			•
prendre garde que — be careful not			•
prétendre que — claim that			•
prier que — pray			•
proposer que — propose that			•
recommander que — recommend that			•
redouter que — dread that			•
refuser que — refuse			•
regretter que — regret that			•
se réjouir que — be delighted that			•
se résigner à ce que — resign oneself to the fact that			•
se résoudre à ce que — make up one's mind that			•

	Indicatif	Subjonctif ou Indicatif	Subjonctif
souffrir que — tolerate			•
souhaiter que — wish that			•
supplier que — beg			•
supporter que — bear			•
tenir à ce que — be eager			•
travailler à ce que — work, endeavor			•
trembler que — fear that			•
trouver bon que — think it good that			•
trouver mauvais que — think it not good that			•
trouver juste que — find it fair that			•
trouver injuste que — find it unfair that			•
trouver naturel que — find it natural that			•
veiller à ce que — see to it that			•
voir que/à ce que — see to it that	•		•
vouloir que — want that			•

Expressions personnelles de sentiment avec un adjectif ou un participe passé

	Indicatif	Subjonctif ou Indicatif	Subjonctif
être affligé que — to be sorry that			•
être bouleversé que — to be upset that			•
être content que — to be glad, pleased that			•
être contrarié que — to be annoyed that			•
être désespéré que — to be despairing			•
être désolé que — to be sorry that			•
être ému que — to be touched that			•
être enchanté que — to be delighted that			•
être étonné que — to be surprised that			•
être fâché que — to be angry that			•
être fier que — to be proud that			•
être frappé que — to be amazed that			•
être furieux que — to be mad that			•
être heureux que — to be happy that			•
être honteux que — to be ashamed that			•
être impatient que — to be anxious			•
être impressionné que — to be impressed that			•
être indigné que — to be scandalized		•	
être mécontent que — to be displeased, unhappy that			•
être ravi que — to be delighted that			•
être résolu à ce que — to be determined that			•
être saisi que — to be struck that			•
être satisfait que — to be satisfied that			•
être scandalisé que — to be scandalized that			•
être surpris que — to be surprised that			•
être touché que — to be touched that			•
être triste que — to be sad that			•

		Indicatif	Subjonctif ou Indicatif	Subjonctif
Verbes impersonnels				
il advient que	it so happens that		•	
il s'agit que	it is necessary			•
il arrive que	it so happens that		•	
il convient que	it is proper that			•
il n'empêche que	it makes no difference that	•		
il s'ensuit que	the result is that		•	
il est à craindre que	it is feared that			•
il m'est avis que	I think that	•		
il faut que	it is essential that			•
il importe que	it is important that			•
qu'importe que	it matters little that			•
peu importe que	it matters little that			•
il paraît que	it seems that	•		
il ne paraît pas que	it does not seem that			•
il me paraît que	it seems to me that		•	
il se peut que	it is possible that		•	
il semble que	it seems that		•	
il me semble que	it seems to me that		•	
il suffit que	it is enough that			•
il survient que	it happens that		•	
il me tarde que	I cannot wait			•
il se trouve que	it turns out that		•	
il vaut mieux que	it is better that			•
Expressions impersonnelles avec un adjectif				
il est admissible que	it is permissible			•
il est agréable que	it is nice that			•
il est amusant que	it is funny that			•
il est bon que	it is good that			•
il est bouleversant que	it is overwhelming that			•
il est comique que	it is comical that			•
il est contestable que	it is questionable that			•
il est convenable que	it is suitable that			•
il est curieux que	it is curious that			•
il est drôle que	it is strange that			•
il est équitable que	it is fair that			•
il est essentiel que	it is essential that			•
il est fâcheux que	it is annoying that			•
il est fatal que	it is inevitable that			•
il est grotesque que	it is grotesque that			•
il est heureux que	it is a good thing that			•
il est honteux que	it is a shame that			•
il est humain que	it is human			•

		Indicatif	Subjonctif ou Indicatif	Subjonctif
il est important que	it is important that			•
il est impossible que	it is impossible that			•
il est inadmissible que	it is inadmissible that			•
il est incontestable que	it is without a doubt that	•		
il est incroyable que	it is incredible that			•
il est indiscutable que	it is undeniable that	•		
il est indispensable que	it is essential that			•
il est inévitable que	it is inevitable that		•	
il est injuste que	it is unfair that			•
il est juste que	it is fair that			•
il est logique que	it is logical that			•
il est mauvais que	it is bad that			•
il est naturel que	it is natural that			•
il est nécessaire que	it is necessary that			•
il est pitoyable que	it is pitiful that			•
il est possible que	it is possible that			•
il est préférable que	it is better that			•
il est raisonnable que	it is sensible that			•
il est rare que	it is rare that			•
il est regrettable que	it is unfortunate that			•
il est ridicule que	it is ridiculous that			•
il est surprenant que	it is surprising that			•
il est terrible que	it is terrible that			•
il est touchant que	it is touching that			•
il est tragique que	it is tragic that			•
il est triste que	it is sad that			•
il est urgent que	it is urgent that			•
il est utile que	it is useful that			•

Dans les expressions impersonnelles suivantes, le mode qui les suit dépend de leur forme: affirmative, négative, interrogative.

		Indicatif	Subjonctif ou Indicatif	Subjonctif
il est certain que	it is certain that	•		
il n'est pas certain que			•	
est-il certain que...?			•	
il est clair que	it is clear that	•		
il n'est pas clair que			•	
est-il clair que...?			•	
il est douteux que	it is doubtful that			•
il n'est pas douteux que		•		
est-il douteux que...?			•	
il est évident que	it is obvious that	•		
il n'est pas évident que			•	
est-il évident que...?			•	

		Indicatif	Subjonctif ou Indicatif	Subjonctif
il est faux que	it is incorrect that			•
il n'est pas faux que		•		
est-il faux que...?			•	
il est probable que	it is likely that	•		
est-il probable que...?			•	
il est peu probable que				•
il est improbable que				•
il est sûr que	it is sure that	•		
il n'est pas sûr que			•	
est-il sûr que...?			•	
il est vrai que	It is true that	•		
il n'est pas vrai que			•	
est-il vrai que...?			•	
il est vraisemblable que	it is likely that	•		
est-il vraisemblable que...?			•	
il est peu vraisemblable que				•
il est invraisemblable que				•

Expressions impersonnelles avec un nom

		Indicatif	Subjonctif ou Indicatif	Subjonctif
quelle barbe que (fam.)	what a drag that			•
quel bonheur que	what a joy that			•
quelle chance que	what luck that			•
quel dommage que	it's too bad that			•
c'est dommage que	it's too bad that			•
nul doute que	no doubt that	•		
sans doute que	no doubt that	•		
il n'y a pas de doute que	no doubt that	•		
il n'y a aucun doute que	no doubt that	•		
il est hors de doute que	no doubt that	•		
il ne fait pas de doute que	no doubt that	•		
il ne fait aucun doute que	no doubt that		•	
quel ennui que	what a nuisance that			•
il est de fait que	it is a fact that	•		
c'est l'habitude que	it is customary that			•
quelle honte que	what a shame that			•
c'est une honte que	what a shame that			•
quel malheur que	how unfortunate that			•
ce n'est pas la peine que	there is no point in			•
il est question que	it is possible that			•
il est de règle que	it is standard practice that			•
il est temps que	it is time that			•

B. Emploi des Modes dans les Propositions Subordonnées Conjonctives Circonstancielles (adverbial clauses)

Ces propositions sont introduites par des conjonctions à valeur circonstancielle (temps, lieu, cause, etc.)

VOIR: **conjunctions**

C. Emploi des Modes dans Certaines Sortes de Propositions Subordonnées Relatives

1. Subordonnées relatives introduites par une idée d'éventualité, de souhait:

Dans certains cas, la proposition qui précède la subordonnée relative amène une idée d'éventualité, de souhait, autrement dit, l'idée d'une action qui est encore dans le domaine du possible, qui n'est pas encore réalisée:

a. on emploie le **subjonctif** ou le **conditionnel** si l'on *doute* de l'existence de ce qu'on cherche.

> *Je cherche une secrétaire qui* **soit/serait** *bilingue.*
> I am looking for a secretary who is bilingual.

> *Connaissez-vous quelqu'un qui* **fasse/ferait** *ce genre de travail?*
> Do you know anybody who does/would do this kind of work.

> *Il ne peut pas trouver de voiture qui lui* **convienne/conviendrait.**
> He cannot find a car which suits/would suit him.

b. on emploie **l'indicatif** si l'on *est sûr* que ce qu'on cherche existe.

> *Je cherche une secrétaire qui* **est** *bilingue.*
> *Connaissez-vous quelqu'un qui* **fait** *ce genre de travail?*
> *Il ne peut pas trouver de voiture qui lui* **convient.**

2. Subordonnées relatives introduites par des expressions superlatives:

Dans certains cas, la proposition qui précède la relative contient une expression superlative (le plus, le premier, le seul, le dernier...):

a. on emploie le **subjonctif** si l'on exprime *une opinion personnelle.*

> *Michèle est la seule amie qui* **sache** *m'écouter.*
> Michèle is the only friend who knows how to listen to me.

b. on emploie **l'indicatif** si l'on exprime *un fait réel.*

> *Aujourd'hui est le dernier jour où vous* **pouvez** *vous inscrire.*
> Today is the last day you can apply.

VOIR: **clauses** pour les définitions des différentes sortes de propositions

subscription

to a magazine	un abonnement à une revue
to a club (Brit.)	une cotisation à un club
to a loan (Brit.)	une *souscription* à un emprunt
to a charity (Brit.)	une *souscription* à une oeuvre de charité

succeed

- to follow, to come after	*succéder* à, prendre la suite de, suivre
to be successful in sth	réussir dans qch
to be successful in doing sth	réussir à faire qch
This man is going to succeed.	Cet homme va réussir.

sue

to sue sb	intenter un procès à qn poursuivre qn en justice entamer une action contre qn
to sue sb for damages	poursuivre qn en dommages-intérêts
to sue sb for a divorce	entamer une procédure de divorce contre qn

suede

suede used for gloves	le *suède*, le cuir suédé, la peau suédée (peu utilisé aujourd'hui)
suede used for shoes, jackets, coats	le daim
suede shoes	des chaussures de/en daim

support v

to hold up	*supporter*, soutenir
walls that support a roof	des murs qui supportent/ soutiennent un toit
to advocate, to back	soutenir, être pour, être en faveur de, être partisan de
I support this candidate.	Je soutiens ce candidat. Je suis pour ce candidat.
I support the death penalty.	Je suis en faveur de la peine de mort. Je suis partisan de/pour la peine de mort.

to support financially	subvenir aux besoins de qn
	entretenir qn
to support oneself	gagner sa vie
to subsidize (a business)	subventionner, financer (une affaire)

Le mot *supporter* en français veut dire aussi: *tolerate*.

surroundings

| surroundings (geographical) | les environs, les alentours |
| surroundings (environment, setting) | l'entourage, le milieu, l'ambiance |

suspicious

| questionable | suspect, louche |
| distrustful | soupçonneux, méfiant |

sympathetic

| an understanding person | une personne compatissante, bienveillante, compréhensive |

⊖ *sympathique*

sympathize

| with sth | compatir à qch |
| with sb | plaindre qn, comprendre qn |

⊖ *sympathiser*

sympathy

compassion, pity	la compassion, la pitié, l'indulgence
My sympathies (relating to death).	Mes condoléances.
	Ma *sympathie*.

Le mot *sympathie* en français veut dire aussi: *liking, affinity*.

T

take

Ce verbe se traduit souvent par *prendre*. Mais voici quelques exemples courants où il se traduit autrement:

to take action	agir
to take advantage of	abuser de, profiter de
to take care of	s'occuper de, prendre soin de
Take care of yourself.	Portez-vous bien.
Take care! (be careful)	Attention! Fais attention!
to take place	avoir lieu
to take a chance	courir sa chance
to take a course	suivre un cours
to take an exam	passer un examen
	⊖ *prendre un examen*
to take 2 steps forward	faire 2 pas en avant
to take a trip	faire un voyage
to take a walk	faire une promenade
to take after sb	tenir de qn, ressembler à qn
to take sth apart	démonter qch
to take sth away	enlever qch/ôter qch
to take off (a coat)	ôter/quitter (un manteau)

to take sth in	rentrer qch
to take sth out	sortir qch
to take sb somewhere	emmener qn quelque part
to take sth somewhere	emporter qch quelque part
Take it easy!	Doucement! Ne t'en fais pas! Laisse-toi vivre!
It takes courage to do this.	Il faut du courage pour faire ça.

taste vt

- sample sth	goûter qch, goûter à qch
The cook tastes the soup for seasoning.	Le cuisinier goûte la soupe pour voir si elle est bien assaisonnée.
He tasted the salad and he did not like it.	Il a goûté à la salade et il ne l'a pas aimée.
- perceive sth	goûter/sentir qch
I can taste the wine in this sauce.	Je peux goûter/sentir le vin dans cette sauce.
- try for the first time	goûter de qch
Let's taste this strange fruit.	Goûtons de ce fruit étrange.

taste vi

to have a certain flavor	avoir goût (de)
This wine tastes good.	Ce vin a bon goût.
It tastes bad.	Il a mauvais goût.
It has no taste.	Il n'a goût de rien. Il est insipide.
It tastes like vinegar.	Il a (un) goût de vinaigre.

tax n

Suivant les expressions, on traduit ce mot par *taxe* ou *impôt*:

a local (municipal) tax	une *taxe* locale (municipale)
a tax on luxury goods	une *taxe* de luxe
a tax on gas	une *taxe* sur l'essence un droit sur l'essence
a sales tax	une *taxe* à l'achat
a value-added tax	une *taxe* sur la valeur ajoutée (TVA)
tax-free, duty-free	hors-*taxe*
income tax	l'impôt sur le revenu
tax on profits	l'impôt sur les bénéfices

tax on turnover	l'impôt sur le chiffre d'affaires
land tax, property tax	l'impôt foncier
wealth tax	l'impôt sur la fortune
a tax form	une feuille d'impôts
direct taxes	les impôts directs
indirect taxes	les impôts indirects
Internal Revenue Service	(le service de) la recette des finances/ les contributions le service des contributions
a tax collector	un receveur des finances/ contributions, un percepteur
a tax payer	un contribuable
tax evasion	une fraude fiscale
tax shelter	une échappatoire fiscale
tax deductible	sujet à dégrèvement

teach vt

teach sb sth	apprendre qch à qn enseigner qch à qn
teach sb to do sth	apprendre à qn à faire qch enseigner à qn à faire qch
teach oneself to do sth	apprendre tout seul à faire qch apprendre à faire qch tout seul
teach sb/sth	enseigner qn/qch
teach school (elementary)	être instituteur (à l'école élémentaire)
teach school (secondary)	être professeur (au lycée)

teach vi

| | enseigner |
| I like to teach/teaching. | J'aime enseigner. |

tell

- to say sth	dire qch
to tell (you) the truth	à vrai dire, à dire vrai
- to relate sth	raconter qch
to talk about sth/sb	parler de qch/de qn
- to know	savoir
I cannot tell.	Je ne sais pas.

tenses   *les temps des verbes*

Voici un tableau des temps français. Ils sont classés par temps simples,
composés, surcomposés et par modes.

VOIR: **moods**

Modes	Temps		
	simples	composés	surcomposés
Indicatif	**présent** Je fais J'arrive **imparfait** Je faisais J'arrivais **passé simple** Je fis J'arrivai **futur** Je ferai J'arriverai	**passé composé** J'ai fait Je suis arrivé **plus-que-parfait** J'avais fait J'étais arrivé **passé antérieur** J'eus fait Je fus arrivé **futur antérieur** J'aurai fait Je serai arrivé	**passé surcomposé** J'ai eu fait J'ai été arrivé **plus-que-parfait** J'avais eu fait J'avais été arrivé **futur antérieur** J'aurai eu fait J'aurai été arrivé
Conditionnel	**présent** Je ferais J'arriverais	**passé** J'aurais fait Je serais arrivé	**passé** J'aurais eu fait J'aurais été arrivé
Subjonctif	**présent** que je fasse que j'arrive **imparfait** que je fisse que j'arrivasse	**passé** que j'aie fait que je sois arrivé **plus-que-parfait** que j'eusse fait que je fusse arrivé	**passé** que j'aie eu fait que j'aie été arrivé
Impératif	**présent** fais arrive	**passé** aie fait sois arrivé	
Infinitif	**présent** faire arriver	**passé** avoir fait être arrivé	**passé** avoir eu fait avoir été arrivé
Participe présent	faisant	ayant fait	ayant eu fait
Participe passé	fait arrivé	eu fait été arrivé	

terminate

a day, a job	*terminer*/finir une journée/ un travail
a contract	résilier/révoquer un contrat
end a marriage (divorce)	divorcer

thank you

Quand cette expression est utilisée dans une réponse, sa traduction dépend de la forme de cette réponse. *Merci*, seul, est considéré comme un refus.

Question
Do you want any more dessert? — Veux-tu d'autre dessert?

Réponse affirmative
Thank you. (Yes, please.) — Oui, je veux bien.
Oui, j'en veux bien.

Réponse négative
No, thank you. — Merci.
Non, merci.

Thanks to him, I could do it. — Grâce à lui, j'ai pu le faire.

then conj

- at that time — **alors, à ce moment-là, à cette époque-là, en ce temps-là**

In the last century there was less traffic; the world was different then. — Au siècle dernier il y avait moins de circulation; alors/ à ce moment-là/à cette époque là/en ce temps-là le monde était différent.

You are going to work when you graduate? Then you'll be independent. — Vous aller travailler quand vous quitterez l'université? Alors/à ce moment-là, etc., vous serez indépendant.

- next — **ensuite, puis**

He read the book, then he summarized it. — Il a lu le livre, ensuite/ puis il l'a résumé.

- therefore — **alors, donc, dans ce cas, en ce cas**

We heard that you are going to find a job in Alaska; then you are going to move. — Il paraît que tu vas trouver du travail en Alaska; alors/ donc/dans ce cas/en ce cas tu vas déménager.

therefore

consequently
There was a bus strike,
therefore I had to drive
to work.

alors, c'est pourquoi, donc, aussi
Il y avait une grève d'autobus,
alors/c'est pourquoi/donc/aussi
j'ai dû aller au travail en voiture.

Si l'on choisit *aussi* pour traduire *therefore*, il faut faire l'inversion du
sujet et du verbe. (*Aussi* au début d'une phrase ne veut jamais dire *also*.)

Il y avait une grève d'autobus, **aussi** *ai-je dû aller au travail en voiture.*

VOIR: **also**

think

to think about sb/sth
I often think about my
friend/future.

penser à qn/ch
Je pense souvent à mon
ami/avenir.

to have an opinion of sb/sth
Tell me what you think of
this actor.
What do you think of his
last movie?

penser de qn/qch
Dis-moi ce que tu penses de
cet acteur.
Que penses-tu de son dernier
film?

through prep

- movement
to speak through the nose
to jump through the window
to go through a tunnel
Some water leaks through
the roof.

parler **du** nez
sauter **par** la fenêtre
passer **sous** un tunnel
Il y a de l'eau qui passe
à travers/par le toit.
Il y a de l'eau qui
traverse le toit.

The bullet went through
his arm.

La balle lui a **traversé/
transpercé** le bras.

- means
to look through a microscope
to look through binoculars
through a colleague
through his help

regarder **au** microscope
regarder **avec** des jumelles
par l'intermédiaire d'un collègue
grâce à lui

- time
Monday through Friday
January through May
through all his life

de lundi à vendredi
de janvier **jusqu'en** mai
pendant/durant toute sa vie

313

- reason
through carelessness

par négligence

- an expression
Get it through your head.

Mets-toi bien ça **dans** la tête.

time

- length or period of time
to have time

temps
avoir le temps (de
   faire qch)
avoir du temps (pour
   faire qch/pour qch)

to take time

prendre le temps (de
   faire qch)

It takes time.

Cela prend du temps.
Cela demande du temps.
Il faut du temps.

Take your time.

Prenez votre temps.
Ne vous pressez pas.

to spend time
to lose/waste time
to gain/save time

passer du temps
perdre du temps
gagner du temps

It is time to...
It's about time!
to work full time
to work part time

Il est temps de...
Il est temps! Enfin!
travailler à plein temps
travailler à mi-temps/à
   temps partiel

free time
a short time
a long time
modern times
the old times
in wartime
in peacetime
in due time

du temps libre
peu de temps
longtemps (adv)
les temps modernes
l'ancien temps, autrefois
en temps de guerre
en temps de paix
en temps voulu

some time (*not* sometimes)

un certain temps, quel-
   que temps

sometimes, at times,
   from time to time
at the same time
He has been here for
   some time.
at that time
in their time

de temps en temps
en même temps
Il est ici depuis quelque
   temps/depuis un certain temps.
en ce temps-là, à cette époque
de leur temps

| all this time | pendant (tout) ce temps-là |
| | durant (tout) ce temps-là |

- a repetition, comparison, multiplication

once	**une fois**
Once upon a time...	Il était une fois...
many times	bien des fois, souvent

● *beaucoup de fois*

sometimes, at times	quelquefois, parfois, des fois
every time	chaque fois, toutes les fois
How many times?	Combien de fois?
4, 10, etc...times	4, 10, etc...fois
this time	cette fois (-ci)
that time	cette fois (-là)
another time	une autre fois
twice more	deux fois plus
three times less	trois fois moins
(the) next time	la prochaine fois
(the) last time	la dernière fois

- a defined time   **moment**

at that time	à ce moment-là
at this time	en ce moment (-ci), maintenant
at this point in time	en ce moment, maintenant
for the time being	pour le moment
at times	à certains moments, par moments
at the same time	au même moment
at all times	à tous moments
from that time on	à partir de ce moment-là
from this time on	à partir de ce moment-ci
	à partir de maintenant
at the time when	au moment où
a difficult time	un moment difficile
a good, nice time	un bon moment
	un moment agréable
the right time	le bon moment
the wrong time	le mauvais moment
a short time after	un moment après
in my spare time	à mes moments perdus

- the hour   **heure**

| What time is it? | Quelle heure est-il? |

to be on time	être à l'heure
It is time (to leave).	C'est l'heure (de partir).
open at all times	ouvert à toute heure
at this time of night	à cette heure de la nuit
at any time of day	à n'importe quelle heure du jour
to work overtime	faire des heures supplémentaires
dinner time	l'heure de/du dîner
bed time	l'heure d'aller se coucher
	l'heure de se coucher
winter time	l'heure d'hiver
local time	l'heure locale
Paris time	l'heure de Paris
standard time	l'heure légale
daylight saving time	l'heure d'été
	l'heure avancée
Eastern standard time	l'heure de la côte est
	l'heure de l'est

- other translations

at all times	toujours
anytime	n'importe quand
at the present time	actuellement, à présent
at one time or another	un jour ou l'autre
at different times	à plusieurs reprises
	à différentes reprises
many times	souvent
a lifetime	une vie, toute une vie
during his lifetime	de son vivant
to have a good time	bien s'amuser
I had the best time of my life.	Je me suis amusé follement.
	Je me suis amusé comme un fou.
	Je ne me suis jamais autant amusé.
to have a hard time	avoir des difficultés
I knew it all the time.	Je le savais dès le début.
a time bomb	une bombe à retardement
the times we live in	à notre époque

to

- direction

to go to the country	aller **à** la campagne

to go to town	aller **en** ville
to go to Rome	aller **à** Rome
to go to Florida, to Belgium, to Israel	aller **en** Floride, **en** Belgique, **en** Israël
to go to Maine	aller **dans** le Maine
to go to Brazil	aller **au** Brésil

VOIR: **geographical names**

to go to a store	aller **dans** un magasin
to go to a bookstore	aller **à** la librairie/**chez** le libraire
to go to the Galeries Lafayette	aller **aux** Galeries Lafayette
to go to the dentist	aller **chez** le dentiste
to go to Jane's	aller **chez** Jeanne
a plane to Europe	un avion **à destination de** l'Europe
	un avion **pour** l'Europe
the road to Boston	la route **de** Boston
	la route qui va **à** Boston
from hand to hand	de main **en** main
to fall to the ground	tomber **par** terre/**à** terre

- position

to the left, to the right	**à** gauche, **à** droite
back to back	dos **à** dos
It's one hour from the city to the border.	La ville est à une heure **de** la frontière.

- limit

to count (up) to 100	compter **jusqu'à** 100
to this day	**jusqu'à** ce jour
	jusqu'à aujourd'hui
to the ends of the earth	**jusqu'au** bout du monde
to some extent (degree)	**jusqu'à** un certain point
	dans une certaine mesure
He stayed right to the end.	Il est resté **jusqu'au** bout/**jusqu'à** la fin.
to bring sth to an end	achever qch, conclure qch
to come to an end	se terminer, prendre fin

- progression

from bad to worse	de mal **en** pis
from father to son	de père **en** fils

- time

| from time to time | de temps **en** temps |
| It's ten to six. | Il est six heures **moins** dix. |

- purpose

| I work (in order) to earn a living. | Je travaille **pour** gagner ma vie. |

- after adjectives:

dangerous to (your health)	dangereux **pour** (la santé)
good to	bon **pour**
harmful to	nuisible **à/pour**
important to	important **pour**
new to me	nouveau **pour** moi
I am new to this.	Je n'ai jamais fait ça.
useful to	utile **à/pour**

- other expressions

I am attracted to him.	Il m'attire/me plaît.
to call attention to	attirer l'attention **sur**
The rain is changing to snow.	La pluie se change **en** neige.
to have to do sth	avoir **à** faire qch
	être obligé **de** faire qch
	devoir faire qch
to pray to God	prier Dieu
it's better compared to	c'est mieux en comparaison **de**
	c'est mieux à côté **de**
to me	**quant à** moi, **pour** moi, **à** mon avis
to my knowledge	**à** ma connaissance
	autant que je sache
to the best of my recollection	autant que je me souvienne
	si je m'en souviens bien
assistant to the director	assistant **du** directeur
ambassador to the Vatican	ambassadeur **auprès du** Vatican
Here's to you/to your health.	À votre santé. À la vôtre. À ta santé. À la tienne.
to bet 10 to 1	parier (à) 10 **contre** 1
4 goals to 3	4 (buts) **à** 3.
In the election, he won 50 to 12.	A l'élection, il a gagné par 50 voix **contre** 12.
My car gets x miles to the gallon.	Ma voiture consomme x litres **aux** 100 (kilomètres).
	Elle fait x litres **aux** cent.

together

jointly	ensemble
They live together.	Ils vivent ensemble.
simultaneously	en même temps, simultanément, à la fois
Don't answer all together!	Ne répondez pas tous en même temps/simultanément/ à la fois!

tour, n

a trip for pleasure	un voyage, une excursion
a city tour	un *tour* de ville
a European tour	un *tour* d'Europe
a trip around the world	un *tour* du monde
	un voyage autour du monde
a package tour	un voyage organisé
an organized trip	une tournée
a theater tour	une tournée théâtrale
a tour of inspection	une tournée d'inspection
a visit (of a monument, etc.)	une visite (de monument etc.)

Le mot *tour* s'emploie aussi dans des expressions comme: *faire un tour* (to take a walk). Au féminin *tour* veut dire: *tower*.

toward(s)

in the direction of	vers, dans la direction de, du côté de, en direction de
She ran toward the house	Elle a couru vers/dans la direction de/du côté de/ en direction de la maison.
near (in time)	vers
It will be ready toward the end of the week.	Ce sera prêt vers la fin de la semaine.
in relation to	envers
his attitude toward you	son attitude envers vous

transportation

the process or the means	un transport, un moyen de transport

⊖ la *transportation*

travel v

to take a trip	voyager
I like to travel.	J'aime voyager.
to go (to a place)	aller, faire un voyage
We often travel to Europe.	Nous allons souvent en Europe.
	Nous faisons souvent un
	voyage en Europe.
travelling within a place	voyager, être en voyage, parcourir
Right now they are travelling	En ce moment ils voyagent
in Europe.	en Europe/sont en voyage
	en Europe/parcourent l'Europe.

trivial

ordinary	banal
of little importance	insignifiant

⊖ *trivial*

trouble n

- problem	une difficulté, un ennui
to be in trouble	être en difficulté, avoir des ennuis
to get into trouble	s'attirer des ennuis
to get out of trouble	se tirer d'affaire
to make trouble	causer des ennuis
to look, ask for trouble	(se) chercher des ennuis
	chercher des complications
- effort	la peine, le mal
to take the trouble to do sth	se donner la peine de faire qch
	se donner le mal de faire qch
- unrest, disturbance	des *troubles*
social, political troubles	des *troubles* sociaux, politiques
a troublemaker	un fauteur de *trouble*/de discorde
	un provocateur
- health troubles	des *troubles*
heart trouble	des *troubles* cardiaques
vision trouble	des *troubles* de la vision

U

no U turn   interdiction de faire demi-tour

uneducated

ignorant   sans instruction, sans éducation,
                                               ignorant

                                      ⊖ *inéduqué* n'est pas français

under

- place
under cover   à l'abri, à couvert
The bird is under the roof.   L'oiseau est **sous** le toît.
It is under it.   Il est **dessous**.
to swim under water   nager **sous** l'eau

- quantity
to be under 18   avoir **moins de** 18 ans
to be under age   être mineur
people under 60   les gens **au-dessous de**
                                               60 ans
                                             les gens de **moins de**
                                               60 ans

a number under 15   un nombre **au-dessous de** 15
They number under a   Ils sont **moins de** mille.
  thousand.

- other expressions
under those circumstances   **dans** ces circonstances
under these conditions   **dans** ces conditions
                                             sous ces conditions

The situation is under   On tient la situation **en**
  control.   main.

321

Everything is under control.	Tout est **en** ordre.
I am under the impression that	j'ai l'impression que
under Napoléon	**sous** (le règne de) Napoléon
to be under obligation to do sth	être **dans** l'obligation/obligé de faire qch
to serve under sb	servir **sous** les ordres de qn
to work under sb	travailler **sous** les ordres de qn

unfortunate

unlucky	malheureux
regrettable	fâcheux, regrettable, *infortuné* (rarement employé)

use v

to employ, utilize sth	employer qch, utiliser qch, se servir de qch
I use a pencil to write.	Je me sers d'/J'emploie/J'utilise un crayon pour écrire.
to use one's influence	*user* de son influence
Can I use your phone?	Est-ce que je peux téléphoner ici?
Can I use your car?	Est-ce que je peux prendre/ emprunter ta voiture?
to consume	consommer, *user*
This car uses little gas.	Cette voiture consomme/*use* peu d'essence.

Le mot *user* en français veut dire aussi: to *wear out*.

used

a used car	une voiture d'occasion
a used appliance	un appareil usagé

usual

- ordinary	*usuel*
an expression	une expression *usuelle*
- habitual	habituel
at the usual time	à l'heure habituelle
as usual	comme d'habitude
Business continues as usual.	Les affaires continuent.
It's not usual for them to call.	Ils n'ont pas l'habitude de téléphoner.

V

vacancy

a vacant position/office   une *vacance*
No vacancy (in a motel)   complet

vacation

holiday   des *vacances*, un congé
to take a vacation   prendre des vacances
a day of vacation   un jour de vacances
to be on vacation   être en vacances

vegetable

a plant (carrots, etc.)   un légume (des carottes, etc.)
a brain-damaged person   une personne qui n'a plus
  (a "vegetable")   ses facultés

very adv

Very se traduit le plus souvent par *très*. Voici cependant deux exceptions:

- quand il modifie les expressions *avoir tort* et *avoir raison* il se traduit par *tout à fait*.

You are very right   Tu as tout à fait raison.
They are very wrong.   Ils ont tout à fait tort.

- quand il modifie *much*, il ne se traduit pas en français.

Thank you very much.   Merci beaucoup.

➖ *Merci très beaucoup.*

vest

a sleeveless garment   un gilet

➖ une *veste*

visit vt

- to visit a place (a museum, a country, etc.)	*visiter* (un musée, un pays, etc.)
- to visit somebody	aller voir qn
I am going to visit my friend.	Je vais aller voir mon ami(e).
to visit sb for a few days	aller passer quelques jours chez qn faire un séjour chez qn
to pay a formal visit	rendre *visite* à qn
visit the sick, prisoners	*visiter* les malades, des prisonniers
A doctor visits his patients.	Un docteur *visite* ses patients.

vivid

a vivid color	une couleur vive/éclatante/ voyante
a vivid imagination	une imagination vive
a vivid description	une description vivante

⛔ *vivide* n'est pas français

W

wait v

to wait for sth/sb	attendre qch/qn (pas de préposition)
to wait on sb	servir qn
to wait on a table	servir à table, faire le service
I cannot wait to do sth.	Il me tarde de faire qch.
	Je meurs d'envie de faire qch.
	Je meurs d'impatience de faire qch.
	Je brûle (d'impatience) de faire qch.
I cannot wait for the day I'll get married.	Je rêve du jour où je me marierai.

● *Je ne peux pas attendre de faire qch.*

I cannot wait for them.	Je ne peux pas les attendre.

waiter

a waiter	un serveur, un garçon
a waitress	une serveuse

● un *serviteur*, une *servante*

walk v

to walk one's dog (vt)	promener son chien
	marcher son chien
to walk a patient	faire marcher un malade
the exercise of walking (vi)	marcher
to walk in the street	marcher/se promener dans la rue
I like to walk.	J'aime marcher.

to walk to a place	aller quelque part à pied
I walk to school.	Je vais à l'école à pied.

I walk to school ne peut pas se traduire par *Je marche à l'école*. Cela veut dire: I walk when I am at school.

VOIR: **movement** pour le problème de traduction du mouvement et du changement de lieu

watch v

to look at	regarder
to keep an eye on	surveiller
to observe	observer
to guard	monter la garde, garder
to watch out for	faire attention (à)
Watch your step.	(Faites) Attention à la marche.
Watch your language.	(Faites) Attention à ce que vous dites.
	Surveillez votre langage.
Watch out!	Attention!

way n

a way of life	une façon de vivre
	une manière de vivre
	un mode de vie
a one-way street	une rue à sens unique
By the way!	A propos!
Which way did they go?	Par où sont-ils passés?
I slept all the way.	J'ai dormi jusqu'au bout.
	J'ai dormi tout le long du chemin.
I am for it all the way.	Je suis tout à fait pour ça.

whatever adj

Whatever your reasons, I don't agree.	Quelles que soient vos raisons, je ne suis pas d'accord.
	⊖ *n'importe quelles raisons vous avez*

whatever pron

Whatever I say, he does as he pleases.	Quoi que je dise, il n'en fait qu'à sa tête.
	⊖ *n'importe quoi je dis*

He does whatever he wants.   Il fait ce qu'il veut.

⊖ *n'importe quoi il veut*

VOIR: **any, anything**

when

Cette conjonction de temps se traduit le plus souvent par *quand*.
Lorsque est synonyme mais s'emploie moins.

Quand peut être suivi de n'importe quel temps de l'indicatif, y compris
le futur.

when I was in Italy	quand j'étais en Italie
at night, when it is dark	le soir, quand il fait nuit
I'll leave when I want.	Je partirai quand je voudrai.

VOIR: **future**

Comme *when* en anglais, *quand* a un sens très général. On peut le
traduire de façon plus précise:

- while:
  I like to listen to music
  when I work.

  pendant que, tandis que
  J'aime écouter de la musique
  pendant que je travaille.

- each time that:

  **chaque fois que, toutes les
  fois que**

  When I go shopping, I eat
  downtown.

  Chaque fois que je fais mes
  courses, je mange en ville.

- as soon as:
  Call me when you can.

  dès que, aussitôt que
  Téléphone-moi dès que tu
  pourras.

- after:
  He will be able to relax when
  he has finished his exams.
  He was able to relax when
  he had finished his exams.

  après que
  Il pourra se détendre après
  qu'il aura fini ses examens.
  Il a pu se détendre après
  qu'il a eu fini ses examens.

Après la conjonction *après que*, on doit toujours utiliser un temps
composé ou surcomposé pour marquer l'antériorité par rapport au verbe
de la proposition principale.

Dans les exemples ci-dessus, on a utilisé le futur antérieur (il aura fini)
pour marquer l'antériorité par rapport au futur (pourra) et le passé
surcomposé (il a eu fini) pour marquer l'antériorité par rapport au passé
composé (il a pu).

VOIR: **after**

When peut s'utiliser comme pronom relatif. On l'appelle souvent un adverbe relatif. Il se traduit alors par *où*.

There are days when I don't
feel like doing anything.

Il y a des jours *où* j'ai
envie de ne rien faire.

⊖ *il y a des jours quand*

Même si *when* est sous-entendu en anglais, on doit le traduire en français:

The year we were in Spain...

L'année où nous étions en
Espagne...

whenever conj

- at any/every time that
Whenever I speak, she
interrupts me.

Toutes les fois que je parle,
elle m'interrompt.
Chaque fois que je parle,
elle m'interrompt.

- at whatever time that
Whenever I come, she is
always busy.

Quel que soit/peu importe
le moment où je viens, elle
est toujours occupée.

⊖ *n'importe quand je parle...*

VOIR: **anytime**, adv

wherever conj

Wherever I go, everybody
recognizes me.

Où que j'aille /Partout
où je vais /Quel que
soit l'endroit où je vais,
tout le monde me reconnaît.

Noter que *où que* est suivi du subjonctif.

⊖ *n'importe où je vais*

VOIR: **anywhere**, adv

whether conj

VOIR: **conjunctions, if**

whichever adj

Whichever decision you make,
I'll approve.

Quelle que soit votre décision,
je l'approuverai.

whichever pron

Among these options, choose whichever is best for you.

Parmi ces options, choisissez celle qui est la meilleure pour vous.

Whichever one you choose, let me know what you'll do.

Quelle que soit celle que vous choisissiez, faites-moi savoir ce que vous ferez.

while conj

- during the time that
While you are here, let's visit your friends.

pendant que
Pendant que tu es ici, allons voir tes amis.

- whereas
It's easy for you while it is difficult for me.

tandis que, alors que
C'est facile pour vous tandis que c'est difficile pour moi.

- although
While you don't agree, we'll do it.

bien que, quoique (+ subj)
Bien que tu ne sois pas d'accord, nous le ferons.

- as long as
While he is alive, he won't give up.

tant que
Tant qu'il vivra, il tiendra bon/il ne cédera pas.

whoever, whomever pron

Whoever you are, leave me alone.

Qui que vous soyez, laissez-moi tranquille.

⊖ *n'importe qui vous êtes,...*

Whoever did this, will hear from me.

Quiconque a fait ça, entendra parler de moi.
Qui que ce soit qui a fait ça,...
Celui qui a fait ça...
Qui a fait ça,...

Ces deux dernières constructions sont les plus fréquentes.

⊖ *n'importe qui a fait ça,...*

Give it to whomever you want.

Donne-le à qui tu voudras.
Donne-le à celui que tu voudras.

⊖ *à n'importe qui tu voudras.*

VOIR: **anybody, anyone**, pron

width

width	la largeur

with

- accompaniment

I want to speak with the manager.	Je veux parler **au** gérant.
He'll be with you in a moment.	Il est **à** vous dans un instant.
with the help of	**à** l'aide de
to cut with a knife	couper **avec** un couteau
to go out with sb	sortir **avec** qn
to write with a pen	écrire **avec** un stylo
to live with sb	vivre **avec** qn/**chez** qn
covered with	couvert **de**
decorated with	décoré **de**, orné **de**
filled with	rempli **de**
loaded with	chargé **de**
to fill up with gas	faire le plein **d'**essence
in love with	amoureux **de**
to be content with	se contenter **de**
I saw it with my own eyes.	Je l'ai vu **de** mes propres yeux.
a house surrounded with a fence	une maison entourée **d'**une clôture
white with snow	blanc **de** neige
I don't have any identity papers with me.	Je n'ai aucun papier d'identité **sur** moi.

- manner

to be welcomed with open arms	être accueilli/reçu **à** bras ouverts
with courage, with pleasure, with hesitation	**avec** courage, **avec** plaisir, **avec** hésitation
He looked at me with a strange expression.	Il m'a regardé **d'**un drôle d'air.
I accept with all my heart.	J'accepte **de** tout mon cœur.
I did it with my own hands.	Je l'ai fait **de** mes propres mains.
I could go there with my eyes closed.	Je pourrais y aller les yeux fermés.

- reason

I am fed up with it.	J'en ai assez.

	J'en ai par-dessus la tête.
	J'en ai marre. (familier)
to cry with joy	pleurer **de** joie
green with envy	pâle **de** jalousie
red/purple with anger	rouge **de** colère, blanc **de** rage
white with fear	vert **de** peur, mort **de** peur
obsessed with money	obsédé **par** l'argent

- description

a child with blue eyes	un enfant **aux** yeux bleus
a church with a pointed steeple	une église **au** clocher pointu

- agreement

I am with you.	Je (vous) comprends.
I agree with you.	Je suis d'accord **avec** vous.
I go along with you.	Je suis d'accord **avec** vous.
It's okay with me.	(Je suis) d'accord.
I am pleased with you.	Je suis content **de** vous.
I am satisfied with your work.	Je suis satisfait **de** votre travail.
I am happy with what you have done.	Je suis content **de** ce que vous avez fait.

- opposition

to quarrel with	se disputer **avec**
to differ with, to be at odds with	ne pas être d'accord **avec**
	être d'avis différent **de**
to part with	se séparer **de**
to fight with	se battre **contre**, lutter **contre**
to be at war with	être en guerre **contre**

- other expressions

with regard to	**à** propos de
	en ce qui concerne
Leave your car with my sister.	Laisse ta voiture **à** ma soeur.
to be "with it"	être **dans** le vent
What is the matter with you?	Qu'est-ce que tu as?
to be finished with sth/sb	en finir **avec** qch, **avec** qn

woman

a woman	une femme

Ce nom, accompagné d'un adjectif de nationalité, ne se traduit pas en français puisque on a des formes pour le féminin.

an American woman	une Américaine

worry v

Don't worry.

Ne t'en fais pas.
Ne t'inquiète pas.
Ne te fais pas de bile.
Ne te fais pas de mauvais sang.

Don't worry about me.

Ne t'en fais pas pour moi.

X

x

X est la marque du pluriel des sept noms suivants qui se terminent par *ou*:

un bijou (a jewel)	des bijoux (jewels)
un caillou (a pebble)	des cailloux (pebbles)
un chou (a cabbage)	des choux (cabbages)
un genou (a knee)	des genoux (knees)
un hibou (an owl)	des hiboux (owls)
un joujou (a toy)	des joujoux (toys)
un pou (a louse)	des poux (lice)

Tous les autres noms et les adjectifs qui se terminent par *ou* prennent un *s* au pluriel: *un sou, des sous; un homme fou, des hommes fous.*

xerox n

a xerox machine	un photocopieur
a photocopy	une photocopie

xerox v

to make a photocopy	photocopier

x-rays

x-rays	des rayons x
an x-ray	une radiographie, une radio
to have an x-ray taken	se faire radiographier
	se faire faire une radio

Y

year

A. An

An s'emploie pour exprimer une unité de temps précise de 12 mois ou 365 jours:

- avec un adjectif numéral cardinal:

I worked 25 years.	J'ai travaillé (pendant) 25 ans.
He is 30 (years old).	Il a 30 ans.

- pour exprimer certaines dates:

in the year 800, 2000	en l'an 800, 2000
New Year's Day	le 1er de l'an, le jour de l'an, le nouvel an

- dans des expressions comme:

4 times a year	4 fois par an
He earns 20,000 dollars a year.	Il gagne 20.000 dollars par an.
every 5 years	tous les 5 ans

B. Année

Année s'emploie pour exprimer une durée de 12 mois ou une période en cours:

- avec un adjectif numéral ordinal ou un nombre approximatif:

I am in my second year at law school.	Je suis en deuxième année de droit.
He is entering his twentieth year.	Il entre dans sa vingtième année.
about 10 years	une dizaine d'années

- avec des adjectifs indéfinis et des expressions de quantités imprécises:

some years	certaines années
other years	d'autres années
a few years	quelques années, peu d'années
several years	plusieurs années
many years	beaucoup d'années
too many years	trop d'années

- avec des adjectifs qualificatifs:

It's a good year for wine.	C'est une bonne année pour le vin.
Happy New Year!	Bonne année!
leap-year	une année bissextile
a year on sabbatical	une année sabbatique
a school year	une année scolaire
these past 2 years	ces 2 dernières années
the preceding year	l'année précédente/d'avant
the following year	l'année suivante/d'après

- dans les expressions suivantes:

at the beginning of the year	au commencement de l'année
in the course of the year	au cours de l'année
in the middle of the year	au milieu de l'année
at the end of the year	à la fin de l'année
in the sixties	dans les années soixante
to be paid by the year	être payé à l'année
I have known him for years.	Je le connais depuis des années.
the year he died	l'année de sa mort

C. An ou Année

An ou *année* s'emploient sans différence de sens dans les expressions suivantes:

each/every year	tous les ans	toutes les années chaque année
last year	l'an dernier	l'année dernière
next year	l'an prochain	l'année prochaine
a year from now	dans un an	dans une année
within a year	en un an	en une année
during a year	pendant un an	pendant une année
every other year	un an sur deux	une année sur deux

you

Ce pronom personnel, lorsqu'il représente une seule personne, se traduit par:

tu (non accentué) *Tu m'ennuies.*
toi (accentué) *Je pars avec toi.*
vous (accentué ou non) *Madame, voulez-vous entrer?*

Dire *tu*, *toi*, c'est **tutoyer** ou le **tutoiement**. Dire *vous*, c'est **vouvoyer** ou le **vouvoiement**. Lequel choisir? Cette question d'ordre culturel et social embarrasse bien souvent des étrangers.

Le tutoiement s'emploie en général entre:

- les membres d'une même famille.
- les jeunes qui travaillent ou sortent ensemble.
- les adultes qui se connaissent bien, les amis intimes.

Le vouvoiement s'emploie dans les autres cas. Ne pas oublier qu'il implique un respect, une distance qu'il est souvent prudent de marquer.

Un bon conseil: en cas de doute, vouvoyez d'abord. Tutoyez ensuite si l'on vous y invite.

Z

zero

mark on a thermometer   *zéro*

Quelques équivalences:

degrés Fahrenheit	degrés Celsius
212	100
98.6	37,22
32	0
0	−18
−40	−40

Aux Etats-Unis *zéro* indique encore couramment un degré Fahrenheit; cependant on utilise de plus en plus les degrés centrigrades (Celsius). En France *zéro* indique toujours un degré centrigrade (Celsius).

LES FAUX AMIS

FRANÇAIS	ANGLAIS
achèvement (m)	completion
achever	to finish (off)
actuellement	now
affluent, n (m)	tributary of a river
agenda (m)	appointment book
agonie (f)	throes of death
allée (f)	lane, path, walk, driveway
apologie (f)	praise, defense, apologia
appointements (m pl)	salary
attendre	to wait (for)
audience (f)	a formal interview (with the Pope, etc.), a hearing in court
avertissement (m)	warning
bachelier (bachelière)	title given to students who passed the *baccalauréat* exam at the end of high school in France
balance(f)	scale
ballot (m)	bundle of goods, stupid person
billion (m)	trillion (1,000,000,000,000)
blesser	to wound, to hurt, to offend
brassière (f)	a baby's undershirt
bureau (m)	office, desk
caisse (f)	cash register or its contents, check out, large box, crate
canapé (m)	sofa, small open sandwich served as an hors d'oeuvre
du carton	cardboard
un carton	a cardboard box
caution (f)	guarantee, security, bail
cave (f)	cellar
chair (f)	flesh
challenge (m)	contest, competition in sports
chandelier (m)	candlestick, candleholder, candelabra
change (m)	exchange (of currency)
commencement (m)	beginning
considéré	respected, esteemed
corsage (m)	blouse, bodice of a dress

demander	to ask
empêcher	to prevent, to stop
emphase (f)	pomposity
empoisonné	poisoned
enfant (m ou f)	child
ennuyant	present participle of *ennuyer*, never used as an adjective
enregistrer	to record (a tape), to take note
entrée (f)	dish served after the appetizers and before the main dish, entrance
escalope (f)	escalope, cutlet
étrange	strange
étranger	foreign (adj), foreigner (n)
éventuellement	possibly
fabrique (f)	factory, mill
faste (adj)	lucky
faste (n, m)	splendor, magnificence
fat	conceited, vain
file (f)	line (of cars)
fixer	to fasten, to set, to stare at
fortuné	rich
fournitures (f)	supplies
fraîche (eau)	cool (water)
froideur (f)	coldness, cold attitude
gentil	kind, nice
gradué	graduated (ruler, thermometer), graded
hors d'oeuvre (m)	appetizer
individuel (adj)	characteristics relating to an individual, private
injure (f)	insult
insolation (f)	sunstroke
isolement (m)	isolation, solitude
journée (f)	day
large	wide
largesse (f)	generosity
lecture (f)	reading
légume (m)	vegetable
librairie (f)	bookstore
liqueur (f)	liqueur, after dinner drink
location (f)	rent
magasin (m)	store
marron (adj)	brown, chestnut

marron (n m)	chestnut
matériel (m)	equipment
mécanique (adj)	mechanical
mémoire (m)	report, memorandum
miserable	poor, pitiful, insignificant
nouvelle (n f)	short story, piece of news
nurse (f)	nanny
opportunité (f)	opportuneness, timeliness
papier (m)	paper (the material only)
parole (f)	speech, word
passer (un examen)	take (an exam)
phrase (f)	sentence
piquer	to sting, to prick, to sew, to catch, to rip off
plein	full
premier (adj)	first
preservatif (m)	condom
prêter	to lend
procès (m)	legal suit, trial
prochainement	soon
propre (après le nom)	clean
propre (avant le nom)	own
récipient (m)	container
regard (m)	look, glance, manhole, peephole
relatif (adj)	sth having some connection to sth else
relation (f)	connection, relationship, rapport
rente (f)	pension, annuity
report (m)	postponement, sth carried, brought forward (accounting)
représentatif (adj)	sth which stands for sth else, represents it
résumer	to sum up, to summarize
romanesque	sentimental (person), fabulous (story)
sauvé	saved, rescued
scientiste (m ou f)	follower of scientism
scolaire (adj)	related to school
seconder	to help
sensible	sensitive
sensitif (adj)	sensory (nerve)
sensitive (n f)	variety of plant that responds to a stimulus
servante (f)	servant
serviteur (m)	servant
signifiant (adj)	signifying
signifiant (n m)	sign, indicator

senteur (f)	scent, perfume
stage (m)	training session
store (m)	blind, shade
sucre en poudre (m)	granulated sugar
sympathique	friendly
sympathiser (avec qn)	to get along very well (with sb)
transportation (f, vieilli)	deportation, forced exile
trivial	vulgar
veste (f)	jacket

BIBLIOGRAPHIE SOMMAIRE

Baylon, Christian and Fabre, Paul. *Grammaire systématique de la langue française*. Paris: Editions Fernand Nathan, 1978.

Brueckner, John H. *French Contextuary*. Englewood Cliffs, NJ: Prentice Hall, Inc., 1975.

Brunot, Ferdinand. *La Pensée et la langue*. Paris: Masson et Cie, 1965.

Caput, J. and J.P. *Dictionnaire des verbes français*. Paris: Librairie Larousse, 1969.

Cellard, Jacques. *Le subjonctif: Comment l'écrire? Quand l'employer?* Paris-Gembloux: Editions Duculot, 1978.

Chevalier, Jean-Claude; Blanche-Benveniste, Claire; Arrivé, Michel; Peytard, Jean. *Grammaire Larousse du français contemporain*. Paris: Librairie Larousse, 1964.

Dagnaud-Macé, Pierre and Sylnès, Georges. *Le français sans faute*. Paris: Hatier, 1978.

Deak, Etienne and Simone. *Grand dictionnaire d'américanismes*. Paris: Editions du Dauphin, 1962.

Demarly, Amy. *500 fautes de français à éviter*. Paris: Hatier, 1983.

Dubois, Jean (Direction). *Dictionnaire du français contemporain*. Paris: Librairie Larousse, 1980.

Dubois, Jean. *Grammaire de base*. Paris: Librairie Larousse, 1976.

——————. *Grammaire structurale du français: le verbe*. Paris: Librairie Larousse, 1967.

Dubois, Jean and Lagane, René. *La nouvelle grammaire du français*. Paris: Librairie Larousse, 1973.

Galichet, Georges. *Grammaire structurale du français moderne*. Paris: Hatier, 1970.

Gerber, Barbara and Storzer, Gerald. *Dictionary of Modern French Idioms*. New York: Garland Publishing, Inc., 1976.

Godiveau, Roland. *1000 difficultés courantes du français parlé*. Paris-Gembloux: Editions Duculot, 1978.

Grevisse, Maurice. *Le bon usage. Grammaire française*. Paris: Hatier, 1964.

_____. *Le français correct*. Gembloux: Editions Duculot, 1973.

_____. *Problèmes de langage*. (4 vol.) Gembloux: Editions Duculot, 1967.

_____. *Savoir accorder le participe passé*. Gembloux: Editions Duculot, 1973.

Koessler, Maxime and Derocquigny, Jules. *Les faux amis*. Paris: Librairie Vuibert, 1964.

Larousse. *Dictionnaire des anglicismes*. Paris: Librairie Larousse, 1982.

_____. *Larousse trois volumes en couleurs*. Paris: Librairie Larousse, 1966.

Lasserre, E. *Est-ce A ou De?* Lausanne: Librairie Payot, 1959.

Mauger, G. *Grammaire pratique du français d'aujourd'hui*. Paris: Librairie Hachette, 1968.

Miller, J. Dale and Essig, Kaylinda B. *700 French Idioms*. Salt Lake City: Brigham Young University Press, 1976.

Perrin, Porte G. *Reference Handbook of Grammar and Usage*. (derived from *Writer's Guide and Index to English*) New York: William Morrow and Company, Inc., 1972.

Quirk, Randolph and Greenbaum, Sidney. *A Concise Grammar of Contemporary English*. New York: Harcourt Brace Jovanovich, 1973.

Rat, Maurice. *Le participe et ses règles d'accord*. Paris: Editions Garnier Frères, 1963.

Robert, Paul. *Le petit Robert*. Paris: Société du nouveau Littré, 1967.

Robert and Collins. *Le Robert et Collins. Dictionnaire français-anglais, English-French*. Paris: Société du Nouveau Littré, 1980.

Roget's II. The New Thesaurus. Boston: Houghton Mifflin, 1980.

Steward, Marie M.; Lanham, Frank W.; Zimmer, Kenneth. *College English and Communication*. New York: McGraw-Hill Publishing Company, 1964.

Thomas, Adolphe V. *Dictionnaire des difficultés de la langue française*. Paris: Librairie Larousse, 1956.

Veslot H. and Banchet, J. *Les traquenards de la version anglaise*. Paris: Librairie Hachette, 1928.

Vinay, J.P. and Darbelnet, J. *Stylistique comparée du français et de l'anglais*. Paris: Didier, 1960.

Webster's New Collegiate Dictionary. Springfield, MA: G. and C. Merriam Company, 1976.

INDEX

A

à
  à + inf = to be + pp, 216
  à + geographical names,
    124-134
  adj + *à* + inf, 150
  at, 42-43
  for, 113
  of, 204
  noun + *à*, 40, 149-150, 256
  to, 316-318
  verb + *à*, 250-253
  verb + *à* + inf, 158
a, an, voir: ARTICLES, 33-39
accords
  entre le sujet et le verbe,
    21-22
ABILITY, 1
ABOUT, 1-2
ACROSS, 4
ADJECTIVES
  (descriptive), 5-15
  adj + *de* + noun, 38
  adj + *à* / *de* / *pour* + inf,
    150-151
  agreement, 10-13
  c'est / *il est* + adj, 235
  de / *des* + adj pl, 37
  placement, 5-10
ADVERBS
  c'est / *il est* + adv, 233
  placement,13-18
admitting that, 86
en admettant que, 86
AFTER (prep), 18-19
  (conj), 19-20, 88
afin de / *afin que,* 83, 89
agreement
  between subject and verb,
    21-22
  of adjectives, 10-11
  of colors, 11-13
ainsi que (conj), 84
ALL
  adj, 22
  adv, 23
  all the more, 84
  pron, 22-23
alors
  alors que, 85, 88
  alors même que, 86
  placement, 16
  then, 312

ALREADY (placement), 16
ALTHOUGH, 85
ALWAYS (placement), 16
amener / *apporter*
  voir: BRING, 61
American states
  gender, use of article and
    prep,128-129
an, année
  voir: YEAR, 334-335
ANSWER sb sth, 250, 251
ANY
  adj indef, 25
  adv, 25-26
  anybody, anyone, 26
  anyhow, anyway, 26
  anymore, 25
    not anymore, 186
  anything, 26-27
  anytime, 27
  anywhere, 27
  pron, 26
après (adv, prep, conj)
  voir: AFTER, 18-20
  après que, 88
  après / *après que,* 90
ARTICLES, 28-42
  definite (the), 29-33
  indefinite (a / an), 33-35
  partitive (some / a
    number of), 35-39
  plural, 29
AS
  as a, 34
  as ... as, 73, 74
  as ... as (conj), as far as, as
    if, 84
  as long as (conj), 88
  as many ... as, 74, 77
  as much ... as, 73, 77
  as much as (conj), 84
  as soon as (conj), 88
  the same ... as, 74
assez de, 262, 263
assez / *suffisamment ...*
  pour que, 87
AT, 42-43
  at + geographical names,
    124-134
ATTEND (vt), 44
  attend to sth, 252
attendant
  en attendant /
    en attendant de /

  en attendant que, 90
  en attendant que, 88
  attendu que, 83
at the moment when, 88
attribut
  voir: FUNCTIONS, 119
auquel
  voir: INTERROGATION,
    162-163
  voir: RELATIVE
    PRONOUNS, 275-276
aussi (adv)
  aussi ... que (comparison),
    73
  aussi ... que (conj), 84
  placement, 16
aussitôt que, sitôt que, 88
autant
  autant de, 262-263
  autant que, 73
  autant de ... que, 73-74
  autant que (conj), 84
  d'autant moins / *plus que,*
    83,84
  pour autant que, 86
autre
  voir: OTHER, 208
  d'autres / *des autres,* 34,
    208
AUXILIARIES
  modal, 47-51
    voir: CAN / COULD,
      64-65
    voir: HAVE TO, 139
    voir: MAY / MIGHT,
      174-175
    voir: MUST, 184
    voir: SHOULD, 287
  primary (be / have), 44-47
avant, voir: BEFORE, 57-58
avant / *avant de* / *avant*
  que, 90
avant que + subj, 88
avec, voir: WITH, 330-331
  verb + with = verb + *de* +
    noun without article,
    39
avoir
  accord des pp employés
    avec avoir, 217-220
  aux, 45-48
  avoir à, voir: HAVE TO, 139
  be, 55
  il y a ... que = for, 115

B

BAD, BADLY, 52-53
  badly (placement), 14,15
barely when, 88
BE, 54-56
  agreement of pp with *être*,
    217-220
  avoir, 55
  be about to do, doing,
    going to do, in the
    process of doing, 47
  be able to do, used to do, 48
  be better to do (impers),
    48, 155
  be interested in sb / sth,
    252
  be born, aux used, 45
  être, 44-48
  faire, 55-56
  other translations, 56
  voir: PASSIVE VOICE,
    212-216
beaucoup
  beaucoup de / des
    voir: ARTICLES, 38
  + *comparatif*, 76
  placement, 13, 16
  voir: QUANTITIES, 262-
    263
BECAUSE, 56
  all the more because, 83
  either because ... or
    because, 83
  not because, 83
  (this is) because, 83
  this is not because, 83
BECAUSE OF, 57
BECOME, 57
  + pp / adj, 57
BEFORE (adv), 57
  adv / prep / conj, 90
  (conj), 58, 88
  placement, 14, 17
  (prep), 57-58
BELOW (adv, prep), 59
bien
  bien + *comparatif*, 76
  bien / bon, 75
  bien des / du, 263
  bien que, 85
  de mieux en mieux, 76
  mieux, le mieux, 75-76
  placement, 14
  si bien que, 87
  tant et si bien que, 87

bon
  bon / bien, 75
  meilleur, le meilleur, 75-76
  placement, 5
BY (prep), 61-63
  by + –ing form, 257-258
  par / de + agent of the
    passive, 213

C

CAN, COULD, 64-65
Canadian provinces
  gender, use of prep and
    article, 129
CAPABILITY, 66
CAPITAL LETTERS, 66-67
cas
  au cas où, 86
  en cas de / au cas où, 89
case
  in case that, 86
cent
  agreement, 202
ce que, 163
ce qui, 163
c'est / il est, 232-235
chacun, chacune
  voir: EACH (pron), 101
  voir: EVERYBODY,
    EVERYONE, 107
CHANGE (v)
  changer de, 39, 250
chaque
  voir: EACH (adj), 101
  voir: EVERY, 106
CITY, 70
  cities
    use of article, 30
    use of prep, 133-134
CLAUSES, 70-72
COLORS
  agreement, 11-13
combien de ... ?, 262-263
come, come back
  auxiliary used, 45
comme
  as, 84, 88
  comme si, 84
  comparaison, 74
  since, 83
commencer à / par, 47-48,
    259
COMPARISON
  comparatives, 73-74
  superlatives, 74-75

  remarks, 75-78
COMPOUND NOUNS
  plural, 78-79
CONDITION, 80-81
  à (la) condition que, 86
  à condition de / que, 89
CONDITIONAL
  conj + cond, 83-88
  tenses, 311
  use, 81, 223
conduire
  voir: MOVEMENT, 180
  aller ... en voiture, 182-183
CONJUNCTIONS
  + ind / sub / cond, 82-89
  forms of conj / prep, 89-90
connaître / savoir
  voir: KNOW, 167-168
CONSIST (v), 92
continents
  gender, use of prep and
    article, 125
countries
  country, 93
  gender, use of prep and
    article, 125
  voir: ARTICLES, 30
courir
  avec aux avoir / être, 46
crainte
  *de crainte de / de crainte
    que*, 89
  de crainte que, 83
crosswise
  voir: ACROSS, 4

D

dans / en
  voir: IN, place, 145
    time, 146-147
dates
  expressions of time, 96-97
davantage
  voir: MORE, 76
DAY, 95-96
  days, article (frequency),
    31
  capital letters, 66
de
  adj + *de* + inf, 150-151
  adj + *de* + noun, 38
  instead of/ *de la / des*,
    37-39
  de + geographical names,
    124-133

for, 113-114
from, 117-119
noun + *de*, 39-40, 256
of, 203-204
verb + *de* + noun, 250-253
verb + *de* + inf, 158-159
definite article, 29-33
déja ≠ ne pas encore
voir: NEGATIONS, 187
depuis
depuis / depuis que, 90
depuis que, 88
voir: SINCE, 289
for, 115
from, 118-119
since, 289
dernier
placement, 8
dès / dès que, 90
dès que, 88
despite, 85
devoir
be going to, 47
have to, 139
must, 184
should, 287
die (v)
auxiliary used, 45
DISPUTE (n), 98
distribution
use of article, 32
DIVISION OF WORDS,
98-99
do nothing but, 47
do without, 39
dont
voir: RELATIVE
PRONOUNS, 275-278
drive
voir: MOVEMENT, 180
drive to (a place), 182-183
du / de l' / de la / des
28-29, 33-39
duquel
voir: INTERROGATION,
162
voir: RELATIVE
PRONOUNS, 275-277

E

EACH (adj, pron), 101
each / every time (conj), 88
each other / one another,
101-102
EARLY (adj, adv), 103
placement of adv, 17

en (pers pron), 229, 232, 239-
242
with geographical names,
124-133
en / de + pron tonique, 237
en / dans, voir: IN place,
145, IN time, 146-147
encore de + article, 262-263
end up doing, 48, 259
enough, 262-263
enough ... (for sb) to, 87
enter (a place), 250
environ
voir: ABOUT, 1
epithète
voir: FUNCTIONS, 119
être
auxiliaire, 44-47
ce n'est pas que, 83
*étant donné / étant donné
que*, 89
étant donné que, 83
even
even if, 85, 86
EVENING, 106
EVERY, 106-107
everybody, 107
everyone, 107
everything, 107
everywhere, 107
frequency, *voir:* definite
article, 31

F

façon
de façon (à ce) que, 83, 87
*de façon à / de façon (à
ce) que*, 89
faire + inf, 49-50
fait + inf (agreement), 220
fall, fall again
auxiliary used, 45
far
as far as, 84
far from, 85
FAST (adj, adv), 110
il faut
fallu, 220
have to, 139
must, 184
should, 287
fear
for fear that, 83
few, a few, 262
fewer and fewer, 77
fewer ... than, 74

the fewest, 75
finally
voir: EVENTUALLY, 106
finir de / par, 48, 259
**finish doing / end up
doing**, 48, 259
FIRST (adj, adv), 113
fly (v)
voir: MOVEMENT, 180
fly (to a place), 182-183
fois
chaque fois que, 88
time, 315
une fois que, 88
following, the following
suivant, 9
fonctions grammaticales
voir: FUNCTIONS,
119-121
FOR, 113-115
for example, 114
for fear of / that, 83, 114
*pendant / pour / depuis /
il y a ... que*, 115
forgive sb sth, 251
**French departments,
regions**
gender, use of article and
prep, 129-133
FROM, 117-119
with geographical names,
124-133
FUTURE TENSE, 122-123

G

gens, voir: PEOPLE, 225-227
**GEOGRAPHICAL
NAMES**
gender, use of articles
and prep, 124-134
gerund, 257-258
get + pp, 270-271
give sb sth, 251
GO, 134
be going to, 47
go, go back / by / down /
out / up, aux used, 45-
46
good
be going to, 47
better, better and better,
the best, 75-76
grand, 9
guère,ne ... guère
voir: NEGATIONS,
186

H

H (aspirated), 137-138
have (aux), 45-48
  have sth done, 49
HAVE TO / not have to,
  139
HEAR, 140
heure, voir: TIME, 315-316
holidays
  use of article, 31
HOWEVER, 142
  si (+ adj) *que*, 85

I

IF, 144, 86
  as if, 84
  even if, 85, 86
  "if" clauses, 80-81
  if, whether, 122-123
il, 232
il est / c'est, 232-235
imparfait, 221-222
  *imparfait / passé
    composé*, 222-224
imperative mood, 178
  tenses, 311
  placement of pers pron,
    241-243
impersonal verbs,
  expressions
  + ind / sub, 302-304
IN, 145-148
  after a superlative, 148
  en / dans (place), 145
    (time), 146-147
  in case, insofar, 86
  in such a way that, 83
  with geographical names,
    124-133
indefinite articles, 33-39
indicative
  mood, 177
  tenses, 311
  use after conj, 83-88
  use after that, 297-304
indirect object
  voir: FUNCTIONS, 121
INDIVIDUAL (n), 148
INFINITIVE, 149-159
  instead of pres part, 149-
    150, 157-159, 258-259
  tenses, 311
intransitive verbs
  voir: FUNCTIONS, 120

–ing
  voir: INFINITIVE, 149-150,
    157-159
  voir: PRESENT
    PARTICIPLE, 254-259
instead of, 85
interested
  be interested in, 252
INTERROGATION, 161-
  164
islands
  gender, use of article and
    prep, 125-128

J

jamais ... ne / ne ... jamais,
  voir: NEGATIONS, 185-186
jeune, 10
jour / journée
  voir: DAY, 95-96
jusqu'à / jusqu'à ce que,
  88, 90
JUST (adv), 165

K

KNOW, 166-167
  know about, 2
  know how to do ..., 48, 65

L

laisser
  + inf, 50-51
languages
  use of articles, 31
  voir: CAPITAL LETTERS, 66
la plupart, 262-263
  most, 77
  voir: ARTICLES, 38-39
last, the last
  dernier, 8
  voir: FINAL, 112
le (pers pron), 231, 239-241
le / la / les
  voir: ARTICLES, 28-33
least
  the least, 74-75
LEAVE (vi), 169
  aux used, 45
*lequel ..., auquel ...,
  duquel ...*
  voir: INTERROGATION,
    162-164
  voir: REL. PRON., 275-277

less

less
  all the less that, 84
  less and less, 76
  less than, 73, 76
  less ... than =
    comparison, 73-74
    conj, 84
  placement with verb, 16
  the less ... the less / more,
    77
  voir: QUANTITIES,
    262-263
let
  + inf, 50-51, 153
leur (pers pron), 231, 237,
  239-242
lieu
  au lieu de / au lieu que, 89
  au lieu que, 85
like, 74
  like a, 34
little
  (a) little, 263
  petit, 9
  a little better, 75
loin de / loin que, 89
  loin que, 85
long
  as long as, 88
lorsque, 88
lot, a lot
  a lot / many of the ..., 38
  a lot of = many, much,
    262-263
  cost, placement, 15
lui, 231, 235-242

M

maintenant (adv)
  placement, 17
maintenant que (conj)
  83, 88
MAKE
  make + adj, 173
  make sb do sth, 49-50, 173
  translations other than
    faire, 172-173
mal
  voir: BAD, BADLY, 52-53
malgré que, 85
manière
  *de manière à / de manière
    (à ce) que*, 89
  de manière (à ce) que, 83,
    87

many
  as many, so many, too
  many, how many, 262
  many of the .../a lot of ..., 38
manquer
  manquer de, 39, 177
  voir: MISS, 176-177
marcher
  marcher / aller ... à pied,
  voir: MOVEMENT, 181-183
  voir: WALK, 325
mauvais
  placement, 5
  voir: BAD, BADLY, 52-53
MAY, MIGHT, may not,
  174-175
MAYBE, 175
meilleur, le meilleur, 75
même
  même si, 85
  de même que, 84
mesure
  à mesure que, 88
  au fur et à mesure que, 88
  au fur et à mesure de / au
    fur et à mesure que, 90
mieux, le mieux, 75-76
MISS (vt, vi), 176-177
moins
  à moins de / à moins que,
    89
  à moins que ... (ne), 86
  de moins en moins, 76-77
  le moins (de), 74-75
  moins de, 262-263
  moins / moins de ... que,
    73-74, 76
  moins ... moins / plus, 76
  moins que, 73
  moins ... que (conj), 84
moment, *voir:* TIME, 315
  au moment de /
    au moment où, 90
  au moment où, 88
  du moment que, 83
months, *voir:*
  CAPITAL LETTERS, 66
monde
  voir: PEOPLE, 225-227
MOODS, 177-178
  cond, *voir:* CONDITION, 81
    CONJUNCTIONS, 83
  ind, *voir:*
    CONJUNCTIONS, 83
    voir: SUBORDINATE
      CLAUSES, 297-305
  inf, 149-159, 258-259
  past part, 216-220

pres part, 254-259
sub, 295-296, *voir:*
  CONJUNCTIONS, 83
  voir: SUBORDINATE
    CLAUSES, 297-305
tenses, 311
more
  all the more that, 84
  more and more, 76
  more important, 77
  more than, 73, 76
  more ... than, 73-74
  more ... than (conj), 84
  the more ... the more /
    less, 77
  placement, 16
  voir: QUANTITIES, 263
MORNING, 178-179
most, most of, 38-39, 77-78,
  262-263
  the most, 74-75, 78
MOVEMENT (and change
  of place), 180-183
much
  as/so/too/how much, 263
  as much as, as much ... as,
    73
  beaucoup (placement), 13,
    16
  much better, 75
  much more / less, 76
  so much the better, 76
  too much (for sb) to, so
  much that, so much that ...,
    87
MUST (aux), 184

N

nationalities
  voir: CAPITAL LETTERS, 66
  with *c'est / il est*, 234
nations
  gender, use of article and
    prep, 125-128
  voir: ARTICLES, 30
ne
  ne ... guère, 186
  ne ... jamais, 186
  ne ... pas, 186
  ne ... pas encore, 187
  ne ... personne, 186
  ne ... plus, 186
  ne ... rien, 186
need (v)
  avoir besoin de, 39, 48, 251
NEGATIONS, 185-187
  omission of articles, 37

neither ... nor
  ni ... ni, 187
neuf / nouveau
  voir: NEW, 187-188
never
  voir: NEGATIONS, 185-186
NEW (adj)
  nouveau, placement, 7
  nouveau / neuf, 187-188
NEXT (adj), 188
  next (adv), 188
    placement, 17
  prochain, 8-9
  the next, 188
NIGHT, 189
n'importe ...
  comment, voir:
    CARELESSLY, 67
  lequel, voir: ANY (pron), 26
  où, voir: ANYWHERE, 27
  quand, voir: ANYTIME, 27
  quel, voir: ANY (indef adj),
    25
  qui, voir: ANYBODY, 26
  quoi, voir: ANYTHING, 26
nobody
  voir: NEGATIONS, 185
nombres, 200-202
  articles used, 32
non (pas) que, 83
not any more ≠ **still**, 186
nothing
  voir: NEGATIONS, 185
not yet ≠ **already**, 187
NOUNS
  c'est / il est + noun, 234
  compound nouns, plural,
    78-79
  gender, 189-196
  noun complement, 120
  number, 196-199
  noun functions,
    voir: FUNCTIONS, 119
  noun modifiers, 39-40, 120-
    121, 149-150, 256
  professions, nationalities
    with / without article,
    33-34, 234
nouveau
  placement, 5, 7
  nouveau / neuf
    voir: NEW, 187
now (adv)
  placement, 17
  now that (conj), 83, 88
nuit, voir: NIGHT, 189
NUMBERS, 200-202
  use of articles, 32

O

obey sb / sth, 251
object
adj complement, 121
direct obj, 199
indirect obj, 120
obj of a prep, 120
noun complement, 120
voir: FUNCTIONS, 119
OF, 203-204
often
placement, 71
OLD, 204-205
vieux, 10
on
pers pron, 230-231
to form passive voice, 215
ON (prep), 205-207
every (frequency), 31
on the condition that, 86, 122-123
on purpose, 15
on top, 14
once (conj), 88
voir: TIME, 315
orthographe
common mistakes, 290-293
OTHER (adj, pron), 208
others / the others, 34, 208
où, d'où, par où, jusqu'où, 275-276
où que (conj), 85
voir: WHEREVER, 328
OUTSIDE, 208
OVER, 209
over there, placement, 14

P

par
par / de, complément d'agent, voir: PASSIVE VOICE, 213
voir: BY, 62
voir: FOR (example), 114
parce que, 83
parce que / à cause de, 89
participes passés
agreement, 216-220
translation of pres part, 256
present, past, 311
participes présents
adj, 254-256
gerund, 257-258
noun, 254
present, past, 311

verb, 256-259
expressed by inf, 258-259
expressed by pp, 256
partitive articles
some, any, 35-39
parts of the body
use of articles instead of possessive adj, 33
pas, voir: NEGATIONS, 186
passé composé, 220-221
passé composé / imparfait, 222-224
PASSIVE VOICE
form, 212-213
replacement of, 215-216
uses, 213-215
PAST PARTICIPLES
agreements, 216-220
present, past, 311
translating pres part, 256
PAST TENSES, 220-224
pays
genders, articles and prep used, 124-128
peine
à peine ... que, 88
pendant, voir: FOR, 115
+ *passé composé / imparfait*, 224
pendant / pendant que, 90
pendant que, 88
PEOPLE, 225-229
person
voir: PEOPLE, 225-228
PERSONAL PRONOUN
forms, uses, 229-237
placement, 238-243
personne
voir: PEOPLE, 227-228
ne ... personne, personne ne, 185
petit, 9-10
peu, un peu
placement, 16
peu de, un peu de, 262-263
un peu + comparative, 76
peuple(s)
voir: PEOPLE, 228
voir: CAPITAL LETTERS, 66
peur
de peur de / que, 89
de peur que, 83
peut-être
placement, 14
voir: MAYBE, 175
play (v), 251

plural
of compound noun, 78-79
of noun ending with –*ou voir*: X, 333
plus
de plus en plus, 76
le plus (de), 74-75
ne ... plus, 186
plus de, 262-263
plus / plus de ... que, 73-74, 76
plus personne / rien ne, 185
plus ... plus / moins, 77
plus que, 73, 76
plus ... que (conj), 84
point
to the point where, 87
point
a tel point que, 87
au point de / au point que, 89
au point que, 87
political parties (n, adj)
voir: CAPITAL LETTERS, 67
with *c'est / il est*, 234
positions of the body
use of past part instead of pres part, 256
possession
use of definite article, 33
POSSIBLY, 247
placement, 14
voir: MAYBE, 175
pour
adj + *pour* + inf, 151
for, 115
pour / pour que, 89
pour que, 83
to, 318
pourvu que, 86
pouvoir, pouvoir / savoir voir: CAN, 64-65
PREPOSITIONS
after adj, 150-151
after n, 39-40, 149-150, 256
after superlatives, 213
after verb, 249-254
prep / conj forms, 89-90
voir:
ABOUT, 1-2
ABOVE, 2-3
ACROSS, 4
AFTER, 18-19
AT, 42-43
BECAUSE OF, 57
BEFORE, 57-58

BELOW, 59
BY, 61-63
FOR, 113-115
FROM, 117-120
IN, 145-148
OUTSIDE, 208
OVER, 209
THROUGH, 313-314
TO, 316-318
TOWARD(S), 319
UNDER, 321-322
WITH, 330-331
PRESENT PARTICIPLE
adj, 254-255
gerund, 257-258
noun, 254, 255
present / past, 311
verb, 256-259
    translated by inf, 258
    translated by pp, 256
pronoms personnels, 229-243
c'est / il est, 232-235
en, 232, 239-242
il, 232
lui, 231, 235-242
le, 231, 239-241
leur, 231, 237, 239-242
on, 230
passive voice, 215
placement, 238-243
pron toniques, 235-237
table of forms, 229
tu / vous, 336
y, 231-232, 239-242
pronouns
c'est / il est + pron, 234
interrogative pron, *voir*:
    INTERROGATION, 161
pers pron, 229-243
relative pron, 275-278
prochain
placement, 8-9
voir: NEXT (adj), 188
proper nouns
c'est + proper noun, 234
pronoms relatifs, 275-278
propositions, 70-72
ind / sub used in:
    adverbial clauses, 83-88
    relative clauses, 305
    "that" clauses, 297-304
provided that, 86
puisque, 83
puisque / depuis que
    voir: SINCE (conj), 289

Q

quand
    + ind / sub / cond, 85, 88
    quand même, 86
    quand bien même, 85
    voir: FUTURE, 122
QUANTITIES, 262-264
que
    ce que, voir:
        INTERROGATION, 163
    conj, 90-92
    que de, 262, 263
    que ... ou non, que ... ou que, 86
    relative pron, 275-277
quel + adj + *que*, 85
quelque
    + noun + *que*, 85
    quelques, 262
quelque chose de + adj, 11
quelqu'un de + adj, 11
qu'est-ce que / qu'est-ce que c'est que, 162
questions, *voir*:
    INTERROGATION, 161
qui
    interrogative pron, 161-164
    prep + *qui*, 161, 163-164
    qui que, qui que ce soit
    qui / que, 85
    relative pron, 275-277
quoi
    interrogative pron, 161-164
    prep + *quoi*, 161, 163, 164
    quoi que / quoi que ce soit qui / que, 85
    relative pron, 277-278
quoique, 85

R

REFLEXIVE VERBS
agreement of pp, 218-220
classifications, 271-273
compound tenses, 273
equivalence to Engl. verb, 268-271
instead of passive voice, 215-216
placement of reflexive pron, 229, 242-243
REGISTER (v), 274
relative clauses, 71
use of ind / sub, 305
RELATIVE PRONOUNS, 275-278

religion (n, adj)
after *c'est / il est*, 234
use of capital letters, 67
remember sb / sth, 251
REST (vi), 280
RETURN (v), 280
rien
    ne ... *rien*, 185-186
    rien ... ne, 185-186
right
    adj, 281-282
    adv, 282
    noun, 282

S

same
    the same ... as, 74
savoir / connaître
    voir: KNOW, 166
savoir / pouvoir
    voir: CAN, 64
seasons
    use of articles, 30
SEEM (v), 285
    seem to do / be doing, 48
SEVERAL (adj, pron), 286
SHOULD, 287
si
    voir: CONDITION, 80-81
    voir: CONJUNCTIONS, 85
        même si, 85, 86
        si (+ adj) *que*, 85
        si ... que, 87
        si bien que, 87
SINCE (prep), 289
    (conj) = *depuis que / puisque*, 289
    + ind / cond, 83, 88
small / little, 9
so
    so many, 262
    so much, 263
    so much that, so ... that, 87
    so much ... that, 87
    so that, 83, 87
soi, 229-230
soir, voir: NIGHT, 189
soir / soirée
    voir: EVENING, 106
soit ... soit / soit que ... soit, 89
soit que ... soit que ..., 83, 86
some
    a few / little, 262-263
    indefinite article, 33-35
    partitive article, 35-39

somebody
quelqu'un de + adj, 11
something
quelque chose + *de* +
adj, 11
SOMETIMES, 290
soon
as soon as, 88
sorte
de sorte que, 83, 87
SPELLING MISTAKES,
290-293
standing (adv), 256
placement, 15
start to do (aux), 47-48
start doing / by doing, 259
states (American)
gender, use of article and
prep, 128-129
stay
aux used, 45
stop doing, 49
subject
voir: FUNCTIONS, 119
SUBJUNCTIVE, 295-296
use of sub / ind:
in relative clauses, 305
in "that" clauses, 297-
304
with conj, 83-88
tenses, 311
**SUBORDINATE
CLAUSES**
use of ind / sub:
in relative clauses, 305
in "that" clauses, 297-
304
with conj, 83-88, 90-91
**subordinating
conjunctions**
+ ind / sub / cond,
82-92
SUCCEED, 306
such
in such a way that, 83
such a ..., 34
suivant, 9
voir: NEXT (adj), 188
superlatives, 74-75
+ *de* + noun, 148
use of articles, 32
supposing that, 86

T

TAKE (v)
translations other than
prendre, 308-309
take care of sb
voir: CARE, 67
take place (aux used), 45
take sth from sb, 253
take sth out (aux used), 45
tandis que
while (opposition), 85
while (time), 88
tant
tant et si bien que, 87
tant de, 262-263
tant que, 87, 88
tellement
tellement de, 262-263
*tellement que, tellement ...
que*, 87
temps, voir: TIME, 314-315
temps passés, 220-224
imparfait, 221-221
*imparfait / passé
composé*, 222-224
passé composé, 220-221
plus-que-parfait, 223
TENSES, 311
future, 122-123
in "if" clauses, *voir*:
CONDITION, 80-81
past tenses, 220-224
sequence with sub, 296
that
relative pron, 275-277
"that" clauses, 71
use of ind / sub, 297-304
the (definite article), 29-33
then (conj), 312
therefore, 313
THINK (v), 313
think of doing ..., 48
THROUGH (prep), 313-314
voir: ACROSS, 4
TIME
fois, 315
each / everytime that ..., 88
heure, 315-316
moment, 315
other translations, 316
temps, 314

titles (people's)
use of article, 31
voir: CAPITAL LETTERS,
67
TO, 316-318
to the point where, 87
with geographical names,
124-133
TOGETHER, 319
too
placement, 16
too many / much, 262-263
too much (for sb) to ..., 87
voir: ALSO (adv), 24
toujours
placement, 16
tout, toute, tous, toutes
voir: ALL, 22-23
voir: EVERY, 106-107
voir: EVERYBODY,
EVERYONE, 107
voir: EVERYTHING, 107
TOWARD(S), 319
transitive verbs
voir: FUNCTIONS, 120
TRAVEL (v), 320
travers
*à travers, de travers, en
travers de, voir*:
ACROSS, 4
*à travers, traverser
voir*: THROUGH, 313
très, voir: VERY, 323
trop
trop de, 262-263
trop ... pour que, 87
tu
voir: PERSONAL
PRONOUNS, 229
tu / vous, voir: YOU, 336

U

un, voir: NUMBERS, 201
un, une, des, voir:
indefinite articles, 28-29,
33-39
unless, 86
until (conj), 88
UNDER (prep), 321-322
USE (v), used, 322
(se) servir de, 39

V

verbal expressions
without articles, 35, 40-42
verbes pronominaux
agreement of pp, 218-220
aux used, 45
classifications, 271-273
compound tenses, 273
equiv. in English, 268-271
instead of passive voice,
215-216
placement of reflexive
pronoun, 229, 242-243
verbs
aux, 44-51
expressing movement, 180
moods, 177-178, 311
cond, 80
imperative (use of pers
pron in the affirmative
form), 241-242
ind, 177
ind / sub / cond after
conj, 83-88
ind / sub / cond in
relative clauses, 305
ind / sub in "that"
clauses, 297-304
inf, 149-159, 258-259
past part (agreement),
216-220
present part, 254-259
sub, 295-296
passive voice, 212-216
reflexive verb, 268-273
tenses, 311
future, 122-123
past, 220-224
transitive / intransitive, 120
v + *de* (without article), 39
v + direct obj, 249-253
v + indirect obj (use of
prep *à / de*), 250-253
v + other prep, 250-253
vers, voir: ABOUT, 1
very, very much, 323
vieux, 10
voir: OLD, 204-205
vingt
agreement, 202
vite, voir: FAST (adv), 110
VISIT, 324
voix passive, 212-216

voler
voir: MOVEMENT, 180
aller ... en / par avion,
182-183
vous, 229, 236, 239-242
vous / tu, voir: YOU, 336
vu / vu que, 89
vu que, 83

W

WAIT (v), 325
waiting for ... to, 88
WALK, 325-326
walk to a place, 181-183
WATCH (v), 326
WAY, 326
in a way / manner that, 87
in such a way that, 83
well / good, 75
better, the best, 75-76
better and better, 76
placement of adv, 14
well-known
voir: FAMOUS, 110
what
interrogative pron, 161-164
relative pron, 277-278
what a, 34
WHATEVER
adj, pron, 326-327
conj, 85
WHEN, 88, 327-328
even if, 85
+ future, 122-123
at the moment when, 88
barely when, 88
WHENEVER, 328
WHERE
où, voir: RELATIVE
PRONOUNS, 275-276
WHEREVER, 85, 328
whether, 86
whether ... or not, 86
whether ... or whether, 86
voir: IF, 144
which, which one
interrogative pron, 162-164
relative pron, 275-276
WHICHEVER
adj, 328
pron, 329
conj, 85
which one(s), 162-164

WHILE (conj), 329
+ ind / cond, 85, 88
WITH, 330-331
verb + with = verb + *de*
(without article), 39
without
sans (with or without
article), 36
who, whom
interrogative pron, 161-164
relative pron, 275-276
WHOEVER (conj), 85
whoever, whomever,
(pronoun), 329
whose
relative pronoun, 275-277
wrong
be wrong, 55

X Y Z

X
plural of noun ending with
–ou, 333
y
voir: PERSONAL
PRONOUNS, 231-
232, 239-242
y / à + pron tonique, 237
y / lui, leur, 237
YEAR, 334-335
yet
placement, 17
not yet ≠ already, 187
YOU
use of *tu* or *vous*, 336
young
jeune, 10
ZERO, 337